シン・世界の超ミステリー

未確認動物UMA超図鑑

監修：並木伸一郎
文：こざきゆう

はじめに

今、アメリカでUMAが熱い！

なぜなら代表的UMA「獣人ビッグフット」が、各地に出没。その毛むくじゃら姿がスマホやトレイルカメラで撮られているからだ。従来、森林や山岳地帯の奥深くに隠棲していたはずのビッグフットがハイカーに接近したり、ときには民家周辺に出没し、人々を驚かせているのだ。

ビッグフットばかりではない。湖や海、そして河川にはネッシータイプの水棲UMAが出現、さらには沼地でも怪物めいたUMAの姿が目撃され、海岸の砂浜に異様な姿のUMAが漂着している。陸だけではない。空では太古の翼竜もどきのUMAが飛翔し、謎の飛行怪人フライング・ヒューマノイドが出現している。

もちろん、アメリカにかぎったことではない。イギリスではピューマもどきのUMA「エイリアン・ビッグ・キャット」

（通称ABC）が多発。民家の庭を徘徊する姿が撮られている。またオーストラリアでは絶滅したはずの「タスマニアタイガー」を観光客が撮影している。

長年にわたり、人々に目撃されてきた、あるいは画像に残されてきたUMAたちの活動が活発化しているのだ。理由は世界的な気象異変がUMA界にも影響しているせいだろうか？

ひとくちにUMAといえど、見れば見るほど、その姿形はさまざま。本書では、世界各地に出現した謎に満ちたUMAたちの姿形を網羅したばかりでなく、カラーによるイラストで再現して見せている。さらにはその存在をリアルに示すべく実写画像も豊富に載せてある。

知られざるUMAのすべてを網羅した本書は、まさに超図鑑の名に恥じない出来栄えになっている。

最後までご堪能いただければ幸いである。

2024年6月吉日

並木伸一郎

もくじ

4章 空のUMA編 185

1章

川・湖のUMA編

ネス湖にひそむ巨大水棲獣!!!

UMA FILE 001

ネッシー

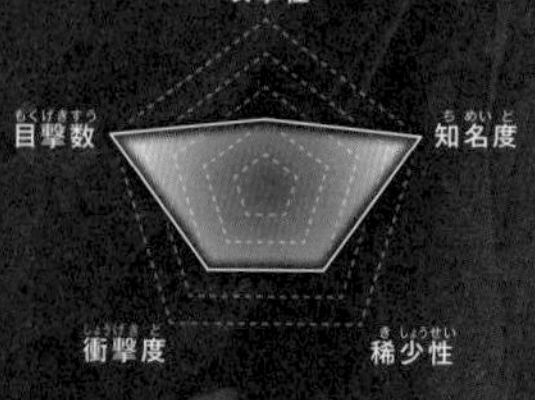

DATA

目撃地・生息地	イギリス、ネス湖
属性	水棲獣
初目撃	約1500年前
推定体長	約10〜12メートル
見た目の特徴	首長竜を思わせる姿。背中にはコブがあり、小さな頭部には2本の角があるとも。

イギリス、スコットランドのネス湖には、世界でもっとも名の知られたUMAがひそむ。それがネッシーだ。ネス湖での怪獣目撃の歴史は古く、約1500年前から長期にわたり記録が残されている。その怪獣こそがネッシーのことではないかと考えられている。

怪獣が〝伝説〟から〝リアル〟になったのは、国道82号が開通した1933年以降。多くの観光客がネス湖を訪れだしたことで、目撃者も激増した。このころから「ネッシー」と呼ばれるようになった。

以後、写真や映像にも姿が撮られ続けると、1972年には学者らによって、本格的な学術調査が行われた。結果、1975年には水中カメラが謎の巨大生物の姿を写している。

さらに調査は2020年代の現在まで、断続的に行われており、目撃も続いている。

その正体をめぐっては、約2億年～1億4500万年前の海棲爬虫類プレシオサウルスの生き残りではないかと考えられている。

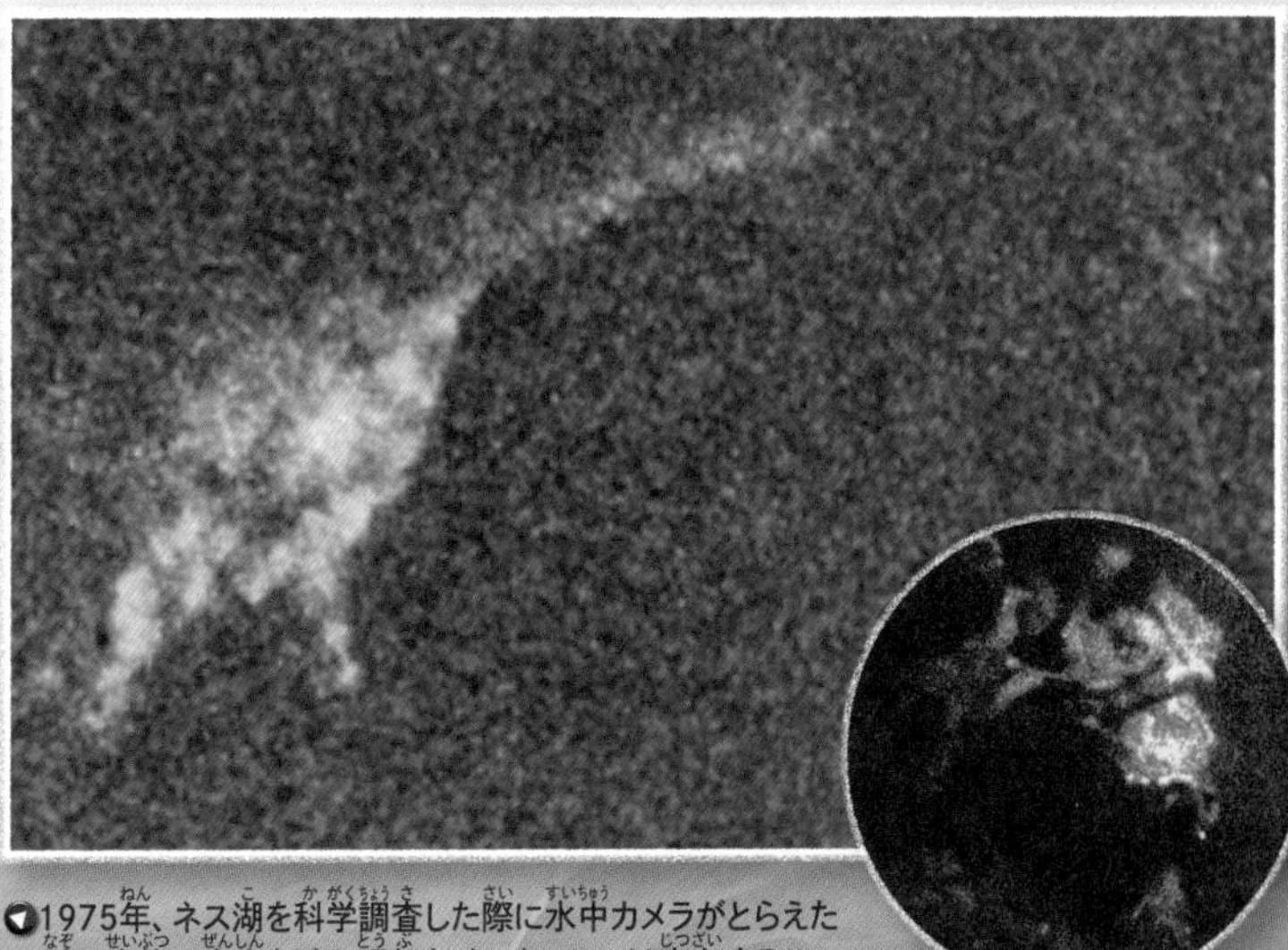

◀1975年、ネス湖を科学調査した際に水中カメラがとらえた謎の生物の全身（↑）と頭部（→）。ネッシーは実在する!!

超！衝撃スクープ！！

これがネッシー実在を示す証拠だ！！

▲1977年に撮影され、世界に衝撃をあたえたカラー写真。にせものとの声も多いが、ネッシー最強の証拠と考える学者もまた多い。

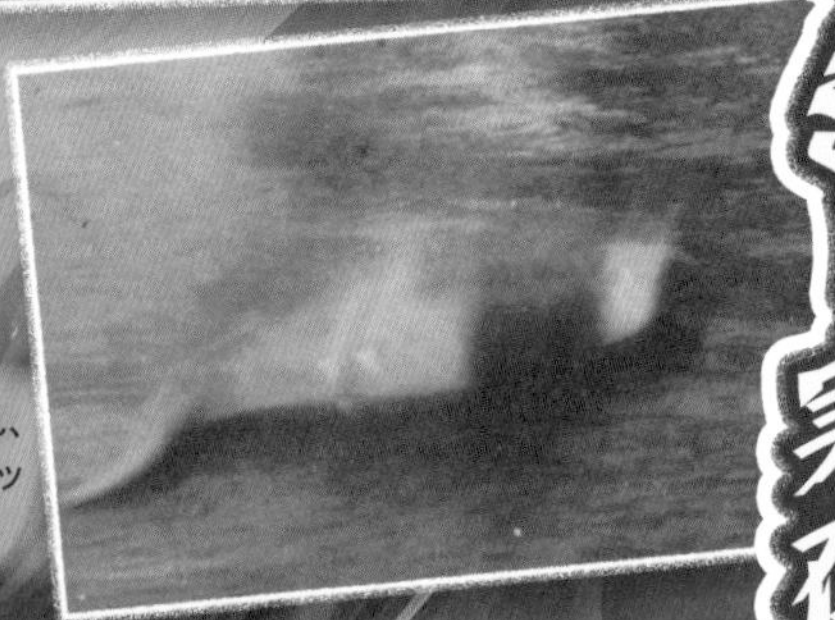

▶1933年11月に撮影され、世界初といわれていたネッシーの写真。

▲1990年になって公表されたネッシー。撮影は1933年3月で、現在ではこれが世界初のネッシー写真と考えられている。

▶2002年にネス湖畔をドライブ中の夫婦による、首を湖面に出したネッシーの写真。

2022年、ネス湖の定点カメラのライブ映像に映った、湖面を移動する2体の怪生物。

2022年、ある夫婦が撮影した画像。湖面に航跡を残しながら、謎のコブが動いていることがわかる。

2017年、ネス湖畔を車で走行中の男性が、長い首と頭をもつ黒い怪物を発見。ボートが接近するようすを撮影した。

2016年、アマチュア写真家によって撮られた、ネス湖の湖面に身をくねらせて移動していく怪物の姿。

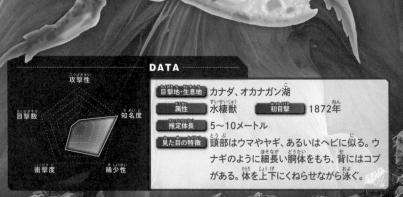

人間がじかに体にふれた稀有な水棲獣

UMA FILE 002

オゴポゴ

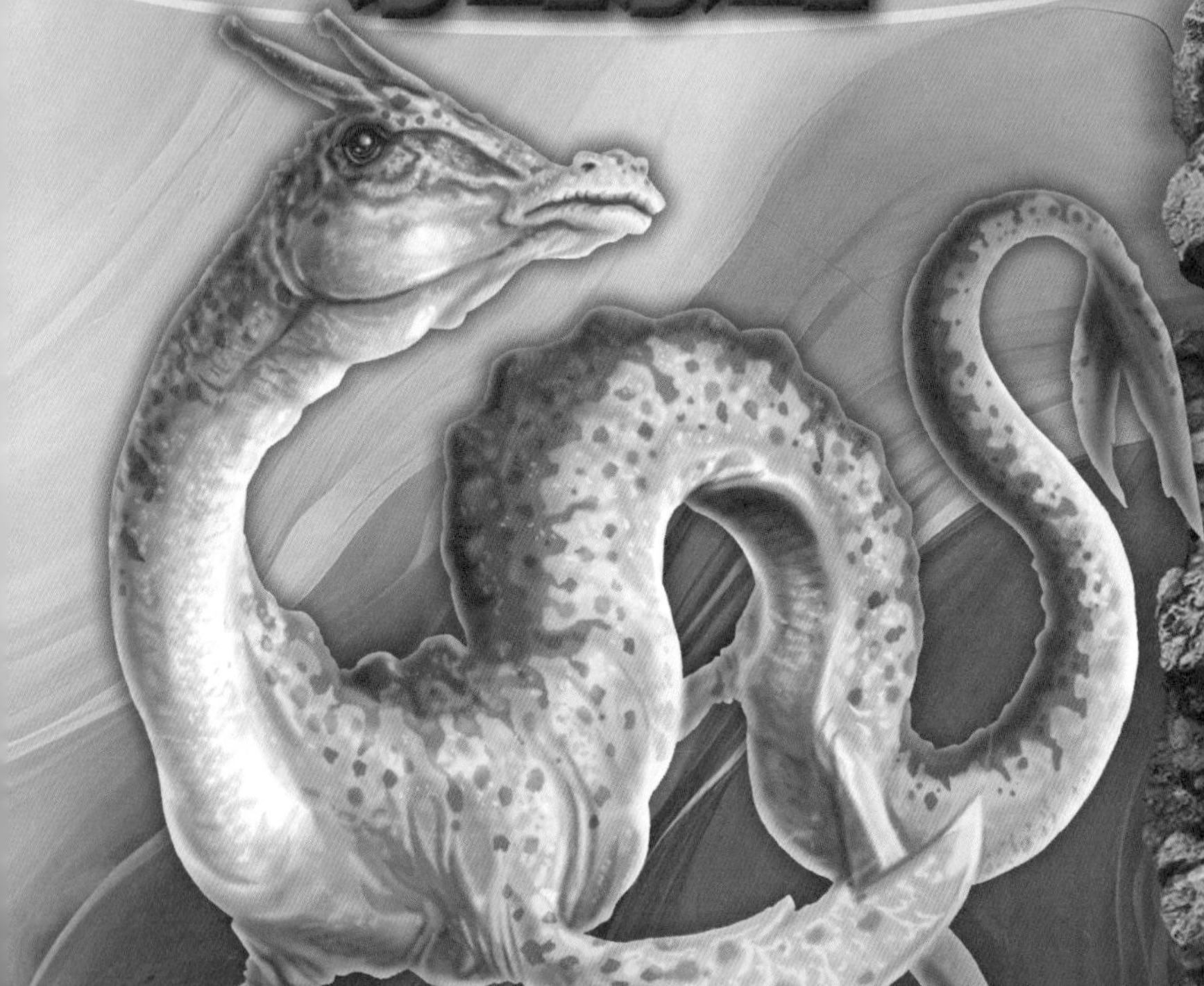

DATA

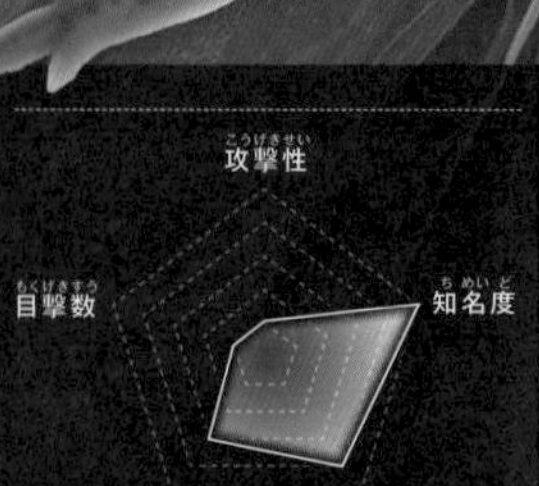

目撃地・生息地	カナダ、オカナガン湖
属性	水棲獣
初目撃	1872年
推定体長	5〜10メートル
見た目の特徴	頭部はウマやヤギ、あるいはヘビに似る。ウナギのように細長い胴体をもち、背にはコブがある。体を上下にくねらせながら泳ぐ。

　カナダ、ブリティッシュコロンビア州のオカナガン湖には、地元のネイティブ・アメリカンの間で古くから「湖の悪魔」と呼ばれる水棲獣オゴポゴがいる。目撃記録は1872年、蒸気船が立てた波をのりこえるように泳ぐオゴポゴが報告されたことに始まる。

　また、1974年には、この湖で水泳を楽しんでいた女性の足が、水中でオゴポゴにふれるという、水棲UMAとしてはたいへんめずらしい事件も起きている。

　1964年に世界初のオゴポゴの写真が撮られて以降、現在までに、数多くの目撃報告とともに、写真や映像が残されている。近年では、2018年9月に、3週間で3度も目撃されるという、きわめて異例の出来事も報告されている。

　こうしたことから、実在する可能性は高いと見られ、アメリカのある新聞では、有力な目撃情報には1000ドルの賞金をかけているほどだ。

　オゴポゴの正体は、約5600万年～3400万年前のクジラの先祖、ゼウグロドンの生き残りとの説がある。

2018年9月、オカナガン湖を波しぶきをあげながら泳ぐ姿を見せたオゴポゴ（↑）と、その頭部の拡大（←）。

UMA FILE 003

シャンプレーン湖の湖底水棲獣

チャンプ

DATA

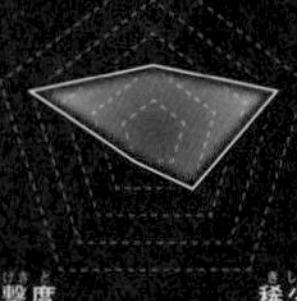

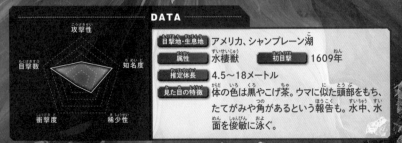

目撃地・生息地	アメリカ、シャンプレーン湖
属性	水棲獣
初目撃	1609年
推定体長	4.5〜18メートル
見た目の特徴	体の色は黒やこげ茶。ウマに似た頭部をもち、たてがみや角があるという報告も。水中、水面を俊敏に泳ぐ。

アメリカのニューヨーク、バーモント両州にまたがるシャンプレーン湖にひそむ水棲UMAチャンプ。最初の目撃記録は1609年、フランスの探検家によるもので、以後、ひんぱんに目撃されるようになった。

その存在が全世界に知れわたるきっかけは、1977年7月に撮影された1枚の写真だった。岸から約45メートル先の湖面で、頭を出した姿がとらえられた。この写真は新聞で紹介され大きな話題になっただけでなく、1982年、カナダのブリティッシュコロンビア大学の海洋生物学者が「写真は本物だ」と断定したのだ。

また、同年にはチャンプの研究団体が設立され、毎年、科学調査が行われている。

チャンプの目撃は、現在まで300件以上にのぼり、近年の目撃で代表的な例では2023年7月。チャーター船のソナーが、太めの胴体、一対のヒレ、長い首、尾をもつ生物のほぼ全身をとらえ、話題になった。

その正体はやはりネッシー（12ページ）と同じく海棲爬虫類プレシオサウルスなのかもしれない。

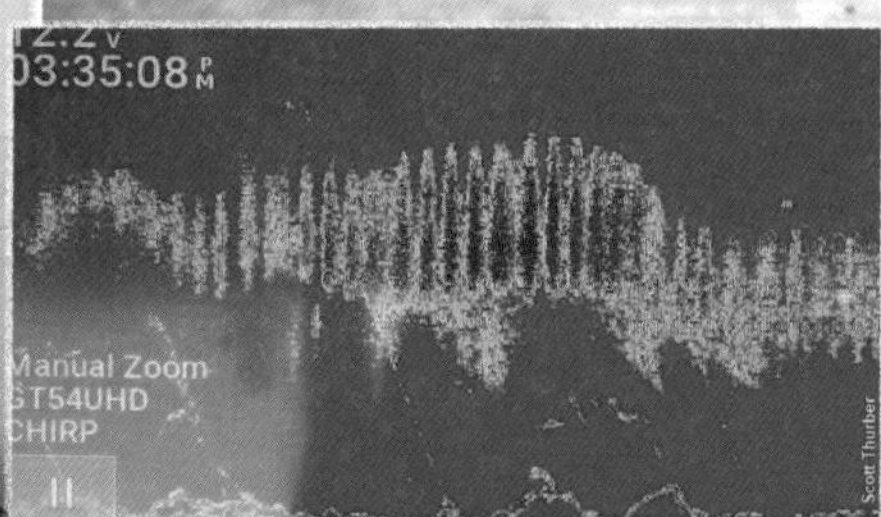

1977年7月に撮影されたチャンプ。本物と断定され話題に（↑）。2023年7月、チャーター船のソナーがとらえた謎の怪物（←）。

UMA FILE
004

二本角の黒光りした怪人

バイーア・ビースト

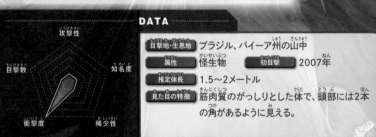

△沼地にたたずむ2本角の怪物の姿。

2007年7月、アメリカからツアー旅行に参加していた15歳の少女が、ブラジル、バイーア州のポルト・セグーロの森林を散策中のこと。遠くに見える川べりに、奇妙な怪物の姿を目撃した。

怪物の頭には角がはえ、全身が黒く光り、魚のようなものをかかえているように見えた。少女があわててカメラで撮影したところ、怪物は少女の気配に気づいたのか、姿を消した。

この写真が公表されてから、多くの野次馬が現地を訪れたというが、その後、怪物が現れることはなく、正体はいまもって不明である。

DATA

目撃地・生息地	ブラジル、バイーア州の山中
属性	怪生物
初目撃	2007年
推定体長	1.5〜2メートル
見た目の特徴	筋肉質のがっしりとした体で、頭部には2本の角があるように見える。

UMA FILE 005

死を招くテレ湖の怪物
モケーレ・ムベンベ

モケーレ・ムベンベと思われる生物が、湖を悠然と進んでいく姿が撮影されている。

テレ湖周辺では、モケーレ・ムベンベのものと考えられる90センチ幅の足跡が見られるという。

モケーレ・ムベンベは、アフリカのコンゴ奥地、テレ湖にひそむ巨大怪獣だ。

この怪物は、現地では「死を招く」不吉な存在として恐れられる。1959年に現地の人がこの怪獣を殺し、その肉を食べた全員が死ぬ事件が起きているのだ。

ふつうなら迷信で終わる話だが、具体的な目撃証言が多かったため、世界中から探検家らがこぞって調査に乗りだした。その結果、1980年代には、アメリカの生物学者が姿を撮影し、湖畔に響く無気味な鳴き声の記録に成功した。

なお、さまざまな調査から、恐竜アパトサウルスの生き残り説がある。

DATA

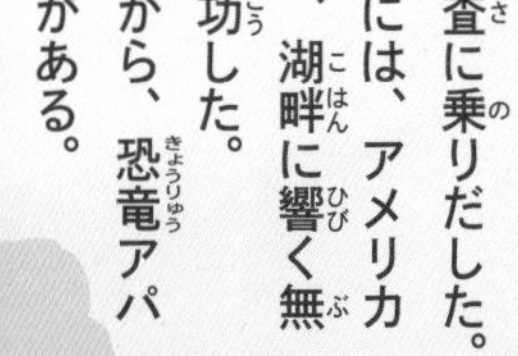

目撃地・生息地	コンゴ共和国、テレ湖		
属性	怪生物	初目撃	1776年
推定体長	8〜15メートル		
見た目の特徴	長い首、小さい頭でてっぺんに角が1本。横腹から4本あしをはやし、長い尾をもつ。肌の色は赤茶色か茶色よりの灰色。		

UMA FILE
006

ボウネッシー

背に連なるコブをもつ水棲獣

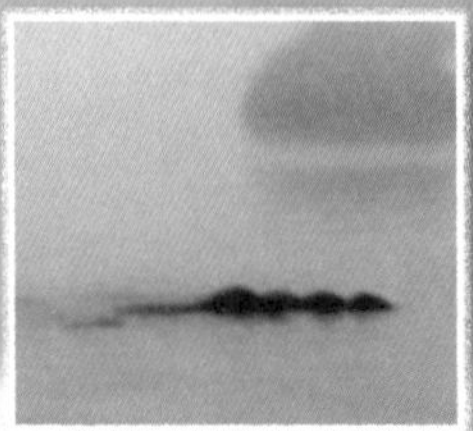

背にコブ状のものがある怪物。2011年2月撮影。

イギリス、カンブリア州のウィンダミア湖で、100年ほど前から目撃が報告されている、巨大な水棲獣。

2006年に水泳選手が湖で水泳中に、水中で目撃して話題になった。以後、目撃事例は急増するようになり、これまで10件以上報告されている。

また、写真にも数多く撮られるようになる。2011年、会社員が湖でカヤックをこいでいたときに撮影した写真には、ボウネッシーの背のコブが写っていることで話題に。

ウィンダミア湖には何かが存在することはまちがいなさそうだ。

DATA

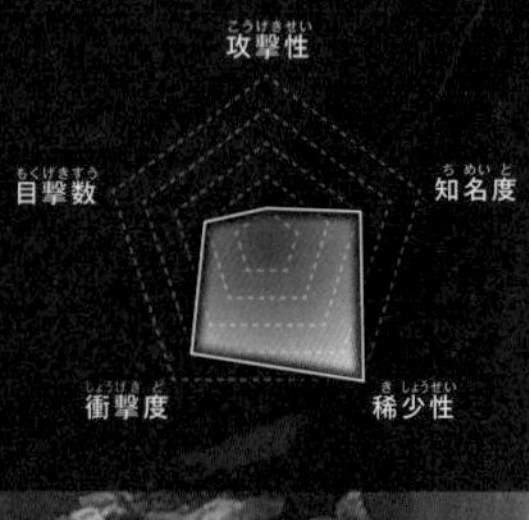

目撃地・生息地	イギリス、ウィンダミア湖
属性	水棲獣
初目撃	1900年代
推定体長	10～15メートル
見た目の特徴	イヌに似た頭部に、背に十数個の小さなコブのある長い体、短いヒレをもつ。

UMA FILE 007

古都の滝つぼで人肉を食う凶暴な怪物

インカニヤンバ

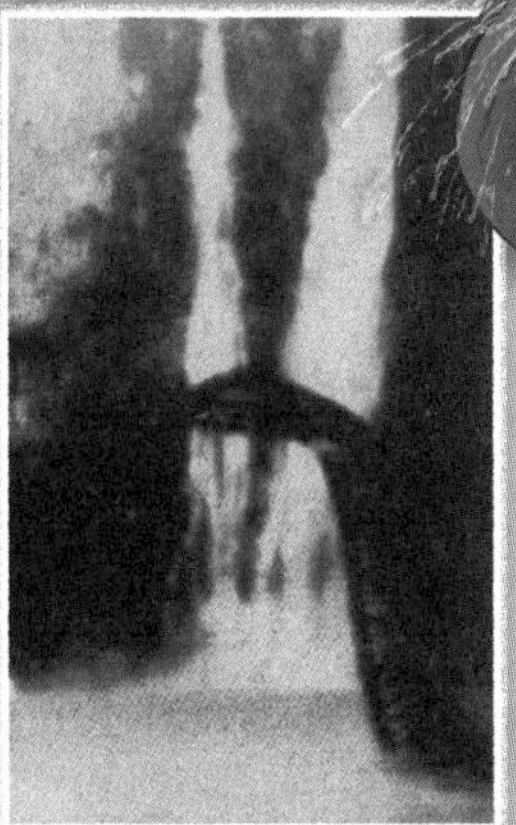

1995年にホーウィックの滝で撮影されたインカニヤンバ。

南アフリカの古都ホーウィックには、先住民の聖地である滝つぼを中心にした大きな池がある。その水域で目撃されるのが、怪物インカニヤンバだ。

1967年には、この滝で遊んでいた子どもが突然、何かに水中に引きずりこまれ死亡する事件が発生。インカニヤンバのせいだと考えられた。

その正体は、大蛇とも巨大ウナギともいわれ、1995年には滝に現れたインカニヤンバらしき怪物が撮影されている。

DATA

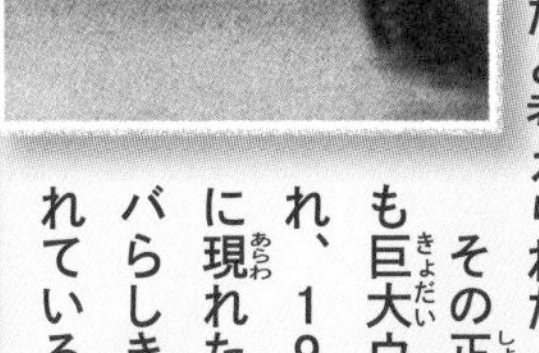

目撃地・生息地	南アフリカ、ホーウィック滝と周辺の河川
属性	水棲獣
初目撃	古来
推定体長	10〜20メートル
見た目の特徴	巨大なウナギもしくは大蛇のような体をしている。頭部はウマを思わせ、たてがみやひげがあるともいわれる。

UMA FILE 008

プレッシー

正体不明、湖の大蛇伝説の正体か!?

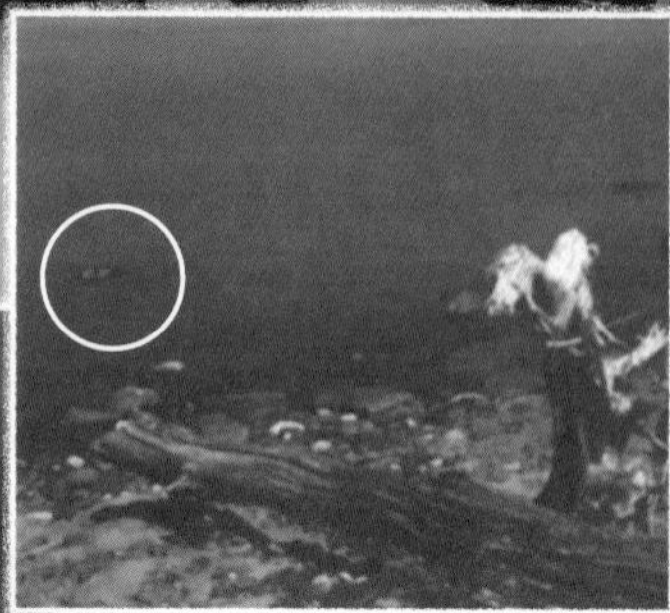

▲1977年、スペリオル湖周辺をハイキング中の人物が撮影したプレッシー（丸囲み）。

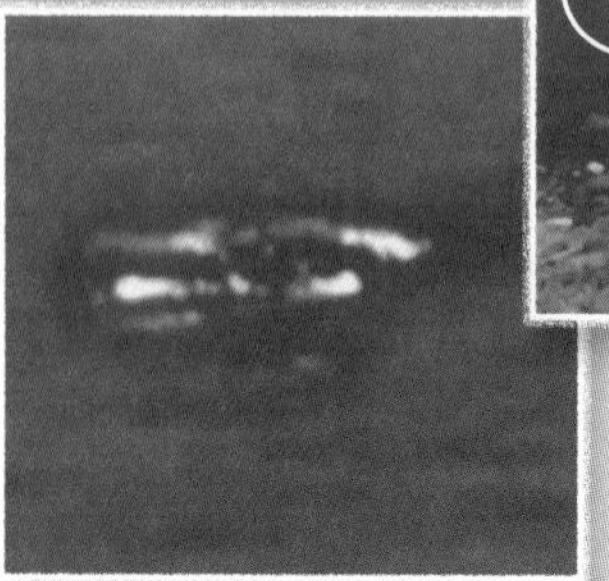

▲右上の丸囲み部分を拡大したもの。プレッシーのウマのような頭部であることがわかる。

北アメリカにある世界最大の淡水湖、スペリオル湖の正体不明の生物。

1894年に蒸気船の乗組員が、水面にウマのような頭を突きだした未知の生物を目撃し、知られるようになった。

この奇妙な生物は、その後もこの湖に注ぐプレスクアイル川で多く目撃され、プレッシーと呼ばれるようになった。

また、現地にはミシュピシュという大怪蛇の伝説が残されており、プレッシーと同じ怪物と見られている。

1977年には、目撃報告と同じくウマのような頭の生物が撮影され、プレッシー実在を思わせる衝撃をあたえた。

DATA

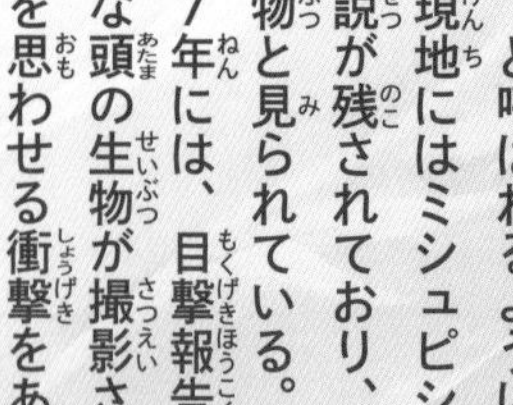

目撃地・生息地	アメリカ、スペリオル湖
属性	水棲獣
初目撃	1894年
推定体長	不明
見た目の特徴	ウマのような頭部を水面に突きだして泳ぐ、巨大なヘビのような生物と考えられている。

UMA FILE 009

セルマ

鳴き声の録音に成功した謎の大蛇

2004年に調査チームがビデオ撮影。巨大な生物が湖面を泳ぐ姿（丸囲み）が写っていた！

セルマの想像図。巨大なアナコンダのような生物だと考えられている。

セルマはノルウェー南西部のセヨール湖で250年以上前から目撃されている大蛇のような怪物だ。

釣り人が湖に引きずりこまれ行方不明になるなど、100件以上の目撃報告から、実在の可能性も濃厚で、2004年〜2005年には世界水中探査チームが、調査・捕獲に乗りだした。この調査で、体長約6メートルの生物の姿の撮影に成功しただけでなく、セルマのものと思われる鳴き声の録音にも成功した。

その正体は4億年以上前に絶滅したヤモイティウスの生き残りとの説がある。今後の調査結果に期待したい。

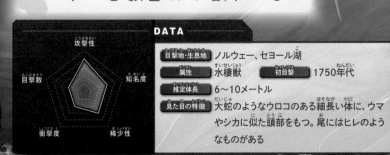

DATA

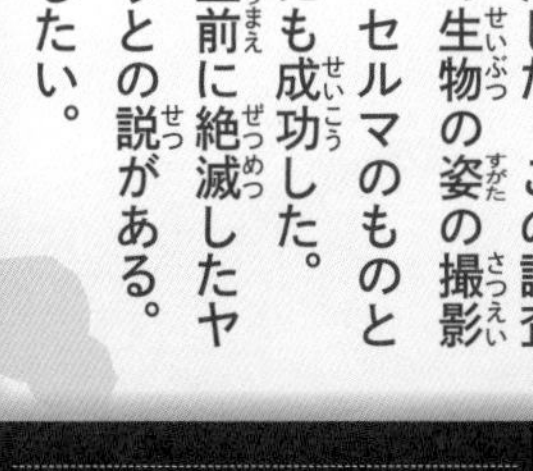

目撃地・生息地	ノルウェー、セヨール湖		
属性	水棲獣	初目撃	1750年代
推定体長	6〜10メートル		
見た目の特徴	大蛇のようなウロコのある細長い体に、ウマやシカに似た頭部をもつ。尾にはヒレのようなものがある		

UMA FILE
010

紙幣にも描かれたパタゴニアの怪物

ナウエリート

DATA

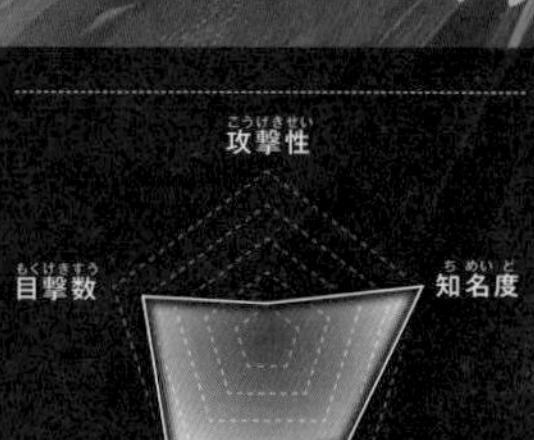

目撃地・生息地	アルゼンチン、ナウエルウアピ湖
属性	水棲獣
初目撃	1897年
推定体長	5〜20メートル
見た目の特徴	長い首、小さな頭部、口にはするどいキバをはやし、大蛇のような長い体をもち、背にはコブがある。体の色は黒灰色とも。

アルゼンチンでは、使われていた紙幣にも描かれていたほどの知名度をほこる、ナウエルウアピ湖の怪物だ。初めての目撃報告は1897年だが、もちろんそれ以前から地元住民がその存在を語り伝えてきた。一躍有名になったのは1910年のこと。会社経営者がナウエルウアピ湖でヨットを操船し、着岸させようとしたとき、湖面に2メートルもの高さまで首を伸ばしたナウエリートに遭遇した事件が知れわたってからだ。

また、2006年4月、新聞社にもちこまれた写真には、はっきりとナウエリートの姿が写っており、新聞に掲載されると大きな話題を呼んだ。2008年には真偽不明ながら、顔を湖面に出した写真まで公開された。

ナウエリートの目撃報告は後をたたないことから、ネッシー（12ページ）のように大規模な科学的調査が行われている。また、保護生物指定も受けている。

その正体は約1億4000万年～4500万年前の首長竜プレシオサウルスや、魚竜イクチオサウルスともいわれている。

ナウエリートの姿。2008年、湖面に顔を出した（↑）。2006年、新聞で公開された画像（←）。

UMA FILE 011

悪臭を放つ沼地の半魚人

ハニースワンプ・モンスター

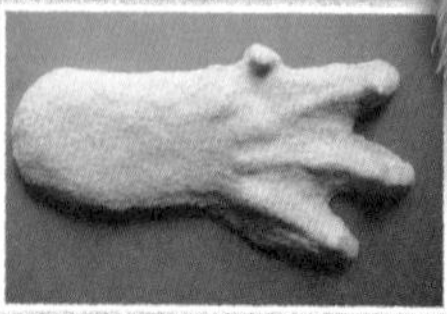

△目撃現場に残された足跡からとった石こう型。

ハニー・アイランド沼近くでたびたび目撃されている半魚人、ハニースワンプ・モンスター。最初は1963年に、狩猟に出かけた男性が、異臭を放ちながら沼から出てきたところを目撃した。このとき、その場に残されていた3本指の足跡が石こうで型どりされている。

その後、2000年代までにこの沼付近では、数度の目撃、足跡の発見、また、おそわれたと思われる野生動物の死体の発見もされている。

今も怪物は、この沼のほの暗い水の中にひそんでいる可能性は高い。

DATA

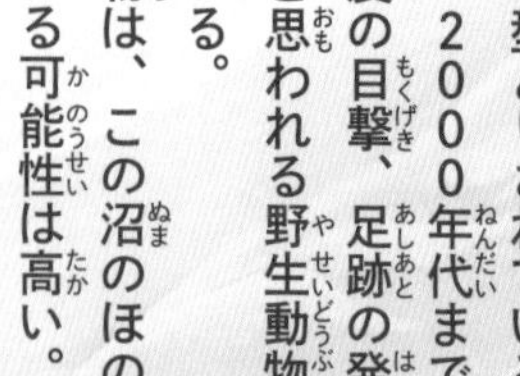

目撃地・生息地	アメリカ、ハニー・アイランド沼
属性	半魚人
初目撃	1963年
推定体長	1.5〜2.1メートル
見た目の特徴	二足歩行する。目の色は黄色。ヘドロが腐ったようなにおいを発する。

UMA FILE 012

レイ

人工の湖に移動してきた古代生物

2006年に首と背を出すレイ（丸囲み）が撮影された。

1990年以降、ペンシルベニア州ハンティンド郡のレイスタウン湖で目撃されるようになった、首長竜のような怪生物。現地の人々から、レイと呼ばれる。

とくに人々に衝撃をあたえたのが、2006年4月、地元の漁師によって撮影された、レイが湖面に首と背を出しながら泳いでいる写真だ。

なお、レイスタウン湖は、1912年にできた人造湖なので、太古の首長竜に似た生物がここで生き残っていたとは考えられない。つまり、周辺にある湖から移動してきたのかもしれないのだ。

DATA

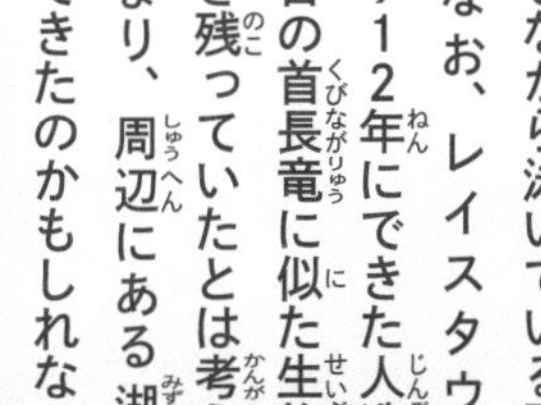

目撃地・生息地	アメリカ、レイスタウン湖
属性	水棲獣
初目撃	1990年代
推定体長	5〜10メートル
見た目の特徴	小さな頭部と長い首、背には連なったようなコブをもつ。体の色は、黒または黒灰色をしている。

UMA FILE 013

シベリアン・ネッシー

水中ソナーがとらえた謎の湖底生物

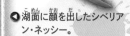

◀湖面に顔を出したシベリアン・ネッシー。

ロシア東部にあるラビンキル湖で、古くから地元先住民によって「湖底の悪魔」が目撃されている。やがて19世紀より、通称シベリアン・ネッシーとして報告されるようになった。

2002年以来、このラビンキル湖の怪物の科学調査が、モスクワ大学の生物学者らによって行われている。2012年にはなんと、水中ソナーによって、ヒレをもつ巨大な生物が探知された。また、湖面に顔を出す怪物の姿も写真におさめられた。

はたしてどのような怪物なのか？調査の続報が待ちのぞまれる。

DATA

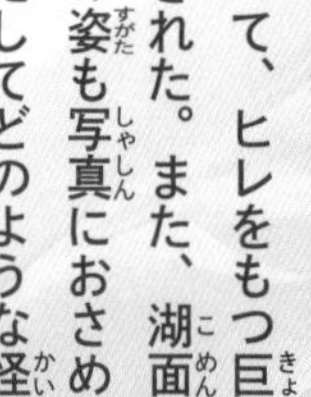

目撃地・生息地	ロシア、ラビンキル湖		
属性	水棲獣	初目撃	古来
推定体長	約9メートル		
見た目の特徴	するどい歯をもち、ときどき湖面に顔を出す。しかし姿などについてくわしいことはわかっていない。		

UMA FILE 014

人間をかみちぎる凶悪な怪物

ロシアン・ネッシー（ネスキー）

△チャヌイ湖に現れた巨大なヘビのような怪物。

ロシア版ネッシーとも呼ばれるのが、ロシアの西シベリアにあるチャヌイ湖のネスキーだ。

古来、チャヌイ湖には、首長竜のような姿をした水棲獣のうわさが絶えない。このネスキーによって、漁師や釣り人が湖に引きずりこまれ、かみちぎられた死体で見つかることが続いている。

また、同湖では、過去には3年間で〝わかっている〟だけでも19人が行方不明になっている。この19人は、ネスキーの犠牲者と考えられているのだ。

DATA

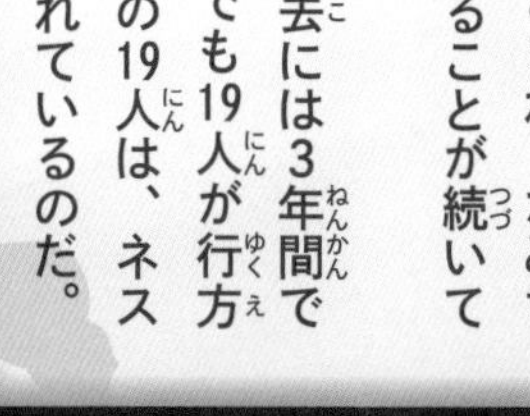

目撃地・生息地	ロシア、チャヌイ湖
属性	水棲獣
初目撃	古来
推定体長	6～20メートル
見た目の特徴	長い首に大きなヒレと長い尾をもつといわれる。いっぽう、巨大なヘビのように長い体をもつという目撃証言もある。

UMA FILE 015

沼から現れ人をおそうトカゲ怪人

リザードマン

DATA

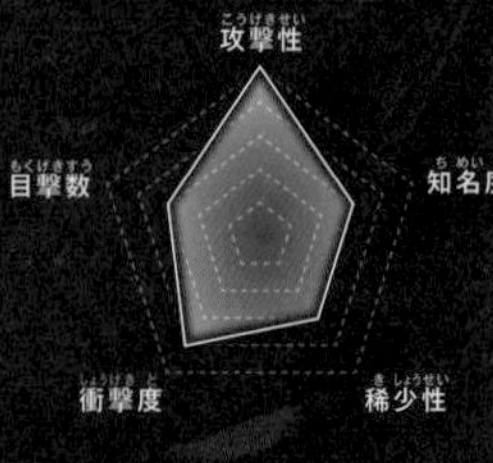

目撃地・生息地	アメリカ、スケープオレ沼
属性	都市伝説
初目撃	1988年
推定体長	約2メートル
見た目の特徴	トカゲのような顔で、緑色のウロコにおおわれた全身、長いツメをもち、目が赤く光る、爬虫類型の怪人。

アメリカ、サウスカロライナ州のビショップビルにあるスケープオレ沼近くで目撃された、トカゲのような姿をした怪人がリザードマンだ。

まず、1988年6月。深夜、スケープオレ沼近くを走行中の車のタイヤがパンク。その場で修理をしていた運転手に、沼の方から走ってきたリザードマンが接近。おそわれる恐怖を感じ、あわてて車を走らせた。リザードマンは車を追ってきたが、逃げることができた。

この体験談は地元のテレビに取りあげられ、センセーションを巻きおこした。見まちがいやウソではないか、などの声があがったが、リザードマンが目撃された場所では正体不明の足跡が残されていることが判明した。

また、その後も同じような怪物の目撃が続いたが、なぜか翌年から目撃はプツリとなくなった。

そして2015年、スケープオレ沼で27年ぶりにリザードマンの姿が目撃、撮影された。以前と異なるのは、体つきががっしりしていたことだという。出現しなかった間に、体が強化されたのかもしれない。

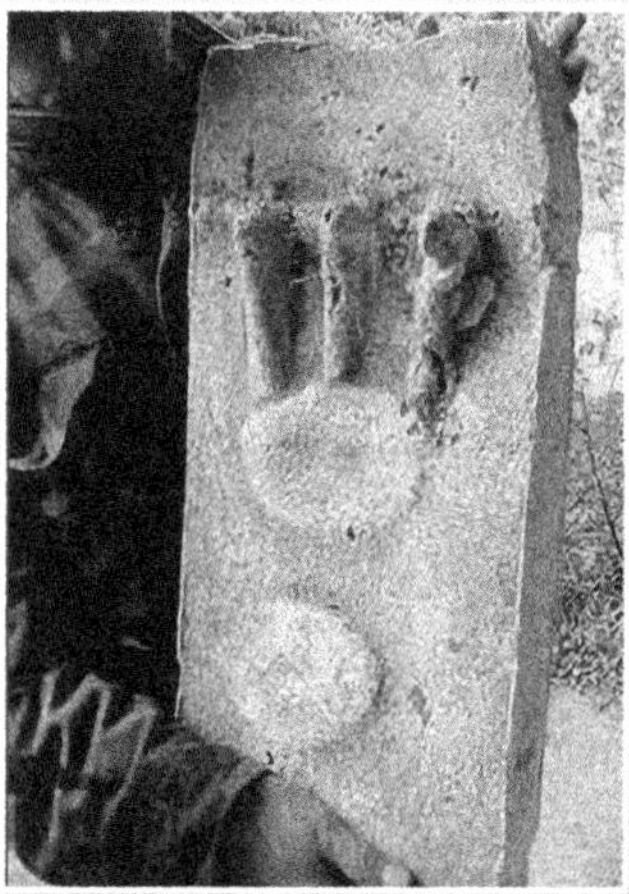

▼リザードマンが目撃された場所に残されていた、謎の生物の足跡(→)。足跡を石こうで型どりしたもの(←)を見ると、明らかに人間のものではないことがわかる。

UMA FILE 016

ブロスニー

頭をもたげるロシアの水棲大蛇

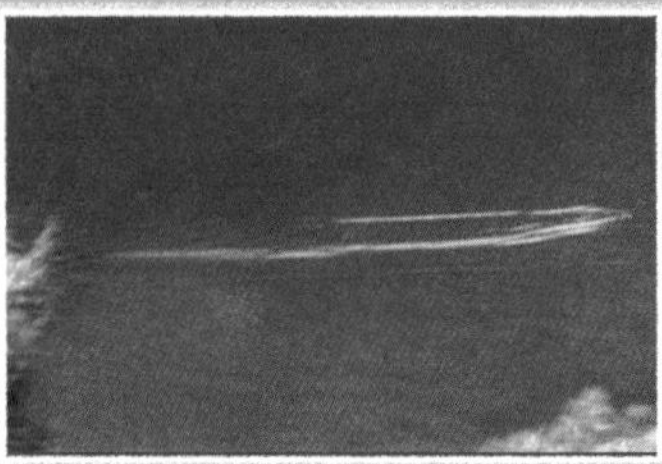

1997年1月に観光客が撮影したブロスニー。

首都モスクワから400キロ北西にあるブロスノ湖で目撃されたのが、地元で「ロシアのネッシー」とも呼ばれるブロスニーだ。

1997年1月には、この湖で観光旅行を楽しんでいたある家族が、湖面に鎌首をもたげて泳ぐ怪物を発見、撮影に成功した。それが上の写真だ。

ブロスノ湖の怪物の出現記録は1854年までさかのぼるため、久しぶりの目撃報告ということで、地元では話題を呼んだ。

しかし、このUMAについて、今も正体は何もわかっていない。

DATA

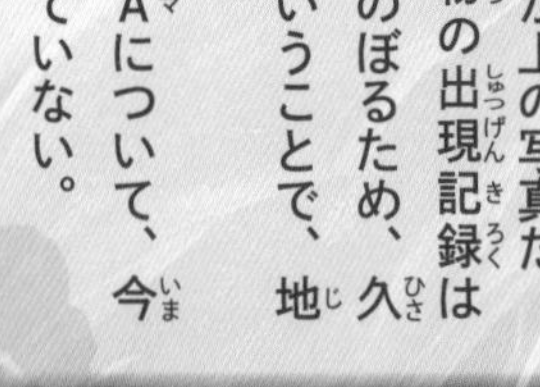

目撃地・生息地	ロシア、ブロスノ湖
属性	水棲獣
初目撃	1854年
推定体長	約5メートル
見た目の特徴	頭は魚類、体つきはヘビによく似て細長いといわれる。

UMA FILE 017

ホラディラ

謎だらけの〝地獄のキバ〟

▲まるで丸ノコギリを思わせる、ギザギザとしたホラディラの突起。ただしキバなのか背なのかは不明。

1993年8月、アマゾン奥地の湖で、イギリス人ジャーナリストが現地の言葉で「地獄のキバ」という意味をもつホラディラの調査を行っていた。

そしてボートから約30メートルの距離に現れたホラディラを撮影したのだ。

ジャーナリストはさらにくわしく調べるため、現地の人へ聞きこみ調査を開始。ところが、だれもホラディラについて語ろうとしなかった。なぜなら、ホラディラは彼らにとっての守護神であり、また恐怖の対象だったからだ。

ホラディラについてそれ以上の情報は今もってわかっていない。

DATA

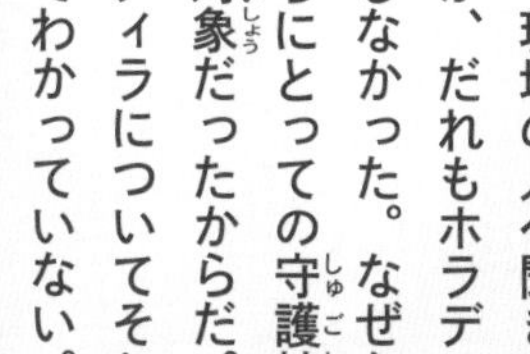

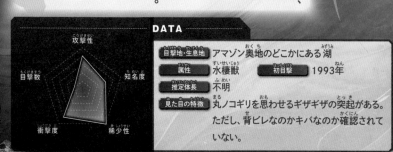

目撃地・生息地	アマゾン奥地のどこかにある湖
属性	水棲獣
初目撃	1993年
推定体長	不明
見た目の特徴	丸ノコギリを思わせるギザギザの突起がある。ただし、背ビレなのかキバなのか確認されていない。

UMA FILE 018

クジュラ

スサーナ湖に古来から語られる大蛇

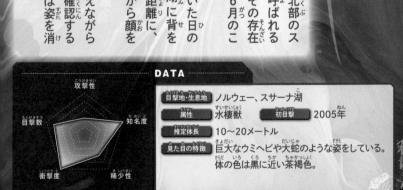

2005年6月にスサーナ湖で農夫が撮影した大蛇の姿。地元で昔からうわさされるクジュラと考えられる。

ノルウェー、ステインヘール北部のスサーナ湖には古来、クジュラと呼ばれる大蛇がひそむといわれてきた。その存在が撮影されたのは、2005年6月のことだ。

ある農夫が友人と釣りをしていた日の夕暮れ、ちょっと休もうと、湖に背を向けたとき、20メートルほど近距離に、巨大なヘビのような怪物が湖面から顔を出していたのだ。

あまりのことに、農夫はふるえながら携帯電話で怪物を撮影。写真を確認するために目を離した一瞬に、怪物は姿を消した。

DATA

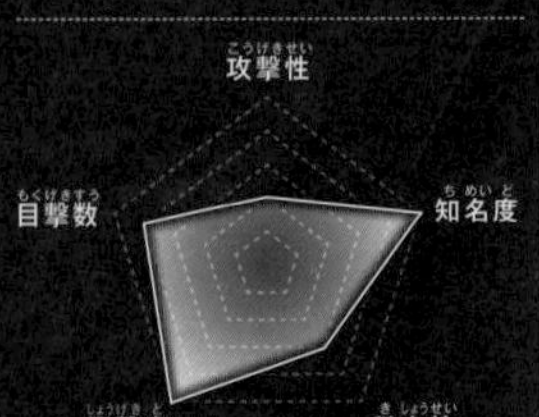

目撃地・生息地	ノルウェー、スサーナ湖		
属性	水棲獣	初目撃	2005年
推定体長	10～20メートル		
見た目の特徴	巨大なウミヘビや大蛇のような姿をしている。体の色は黒に近い茶褐色。		

UMA FILE 019

ジャノ

クジラの先祖がトルコに生存する!?

ジャノの頭部から背、尾が湖面に出現!

トルコ・東アナトリア地方のヴァン湖には、1990年代から目撃が急増した、ヴァナ、キャナヴァーと呼ばれるUMAがいる。日本での呼び名はジャノだ。

1997年5月、その生物の鮮明な映像が撮影され、大きな話題を呼び世界中に知られることとなった。

ジャノは潮を吹くこと、体を縦にくねらせる、夜中に「ウォー」と鳴き声をあげるなどの特徴があるという。その正体は、数千万年前に絶滅したクジラの先祖、ゼウグロドンと見られる。

DATA

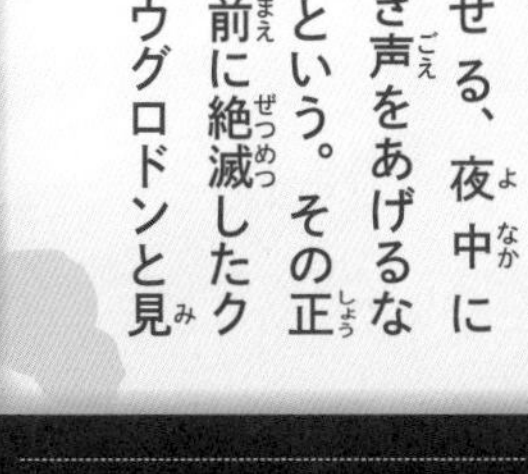

目撃地・生息地	トルコ、ヴァン湖
属性	水棲獣
初目撃	1990年代
推定体長	15～20メートル
見た目の特徴	体の色は黒とこげ茶をまぜたような色をしている。体を上下に動かし、潮を吹きあげたりする。

UMA FILE 020

暗がりに出没するカエル型の獣人

フロッグマン

DATA

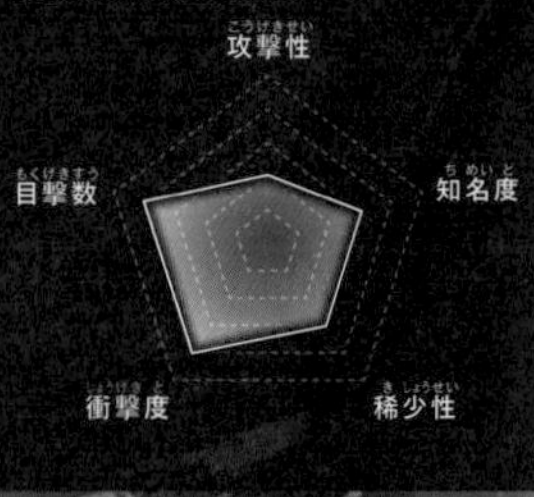

目撃地・生息地	アメリカ、リトルマイアミ川
属性	都市伝説
初目撃	1955年
推定体長	約1.2メートル
見た目の特徴	ヌメヌメとした両生類のような皮ふにおおわれ、背中にはトゲのようなものがあり、手足の指には水かきがある。体の色は緑、暗緑、茶など。

アメリカ、オハイオ州ラブランドには、カエルに似た顔に、ヌメっとした体のフロッグマンが、１９５５年から出現している。

有名なのは１９７２年の目撃事件だ。パトロール中の警官が、路上にうずくまるフロッグマンに遭遇、すぐさま近くのリトルマイアミ川に飛びこむのを目撃した。その事件の１週間後には、別の警官がやはりフロッグマンを目撃している。

また近年では、２００８年３月の夜に、若い男女のカップルが、体長１・２メートルのフロッグマンらしき怪物を目撃した。

リトルマイアミ川だけでなく、同州イザベラ湖では、暗がりの中で目を光らせるカエルのような怪人が、やはり目撃されている。その怪人は、そっと姿を消した。

ラブランドの周辺一帯には、おそらくカエルのような姿をした何か未知の生物がいる可能性は高いのかもしれない。その正体は未知の両生類か、河童（41ページ）のようなＵＭＡか？　はたまた異星人なのか？

▶2016年8月にイザベラ湖で撮られたフロッグマン(↑)。ネットで拡散された真偽不明のフロッグマン画像(←)。

UMA FILE 021

ストーシー

正体不明ながら絶滅危惧種認定！

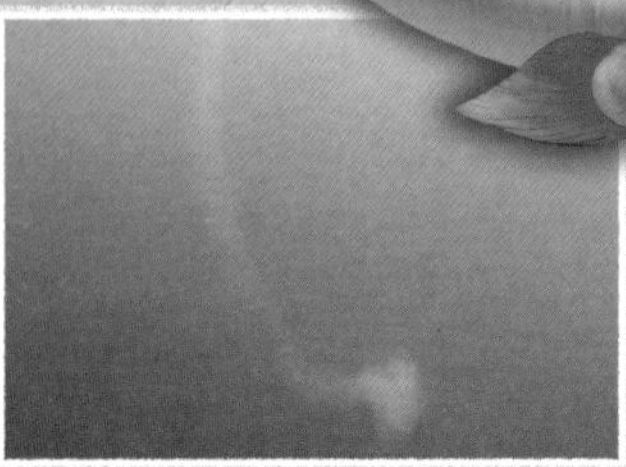

◀2008年に湖底カメラがとらえた怪生物。ストーシーか？

ストーション湖で1635年に目撃が記録されて以来、現在までに500件をこす目撃情報のあるストーシー。

1986年には、スウェーデン・イェムトランド県の環境局が「絶滅が心配される生物」に指定した。

ただし、ぼう大な目撃数があり、絶滅危惧種になっているわりに、はっきりした姿はわかっていない。

なお、2008年、ストーシーの探査協会によって湖底にカメラが設置され、ヘビのような生物の姿が録画された。この湖には何らかの巨大生物がいるのはまちがいない。

DATA

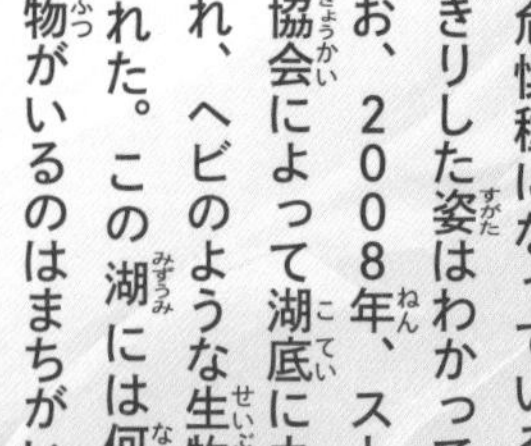

目撃地・生息地	スウェーデン、ストーション湖		
属性	水棲獣	初目撃	1635年
推定体長	6～9メートルもしくは15～50メートル		
見た目の特徴	頭部はウマやワニ、イヌやネコなどの哺乳類など、まちまち。体も首長竜型やウナギ型などの報告があり、はっきりしていない。		

UMA FILE 022

河童

伝説の水棲妖怪は実在する!

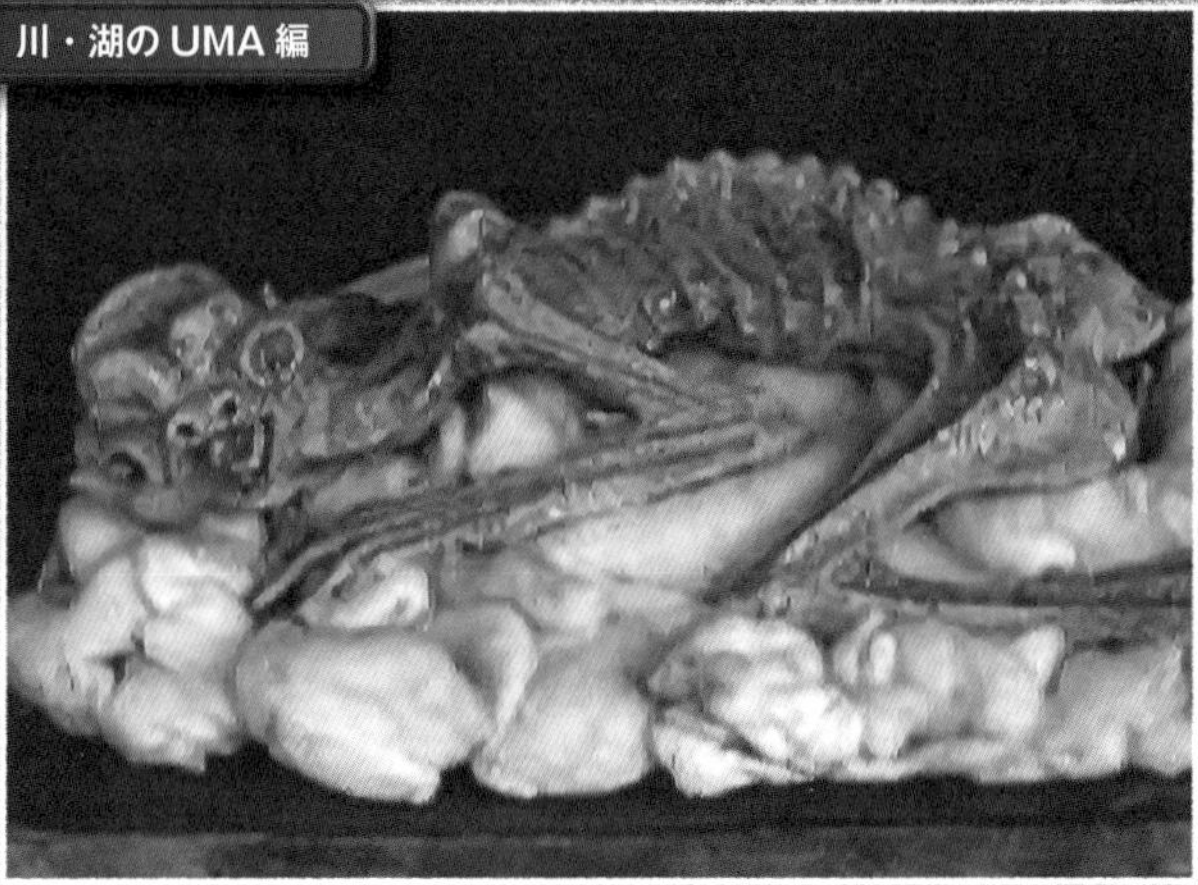

佐賀県伊万里市の松浦一酒造に安置されている、河童の全身ミイラ。

河童といえば、川や沼にすむ伝説の妖怪のイメージがあるだろう。しかし、昔から全国各地で目撃されている、まぎれもない半人半魚UMAだ。

これまで、その実在の証拠として、各地に「河童のミイラ」とされる全身ミイラや、手のミイラが数多く伝わっている。上の写真はその代表的なものだ。

また、現在でも九州地方を中心に出現したという情報がある。ただし、河童は水質のきれいな場所にしかすめないという話もあり、目撃報告もまた近年は激減しているため、絶滅に向かっているのかもしれない。

DATA

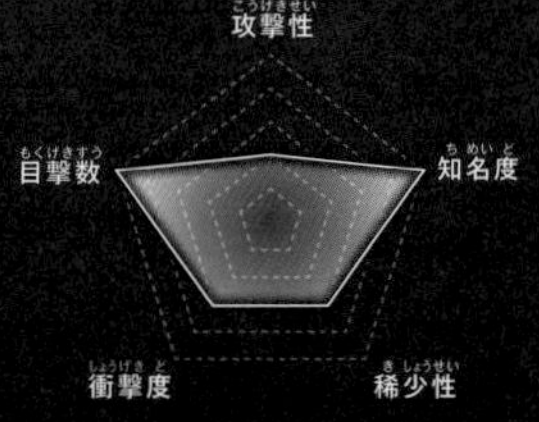

目撃地・生息地	日本各地の川や湖、沼など
属性	怪生物
初目撃	古来
推定体長	約1メートル
見た目の特徴	頭に皿のようなもの、背には甲羅、手足には水かきがある。体の色は緑で、表面はヌメヌメとしている。

UMA FILE
023

タキタロウ

魚群探知器がとらえた巨大魚

▶1984年に行われた大鳥池の調査の際に捕獲された未知の魚だという。タキタロウの稚魚なのだろうか?

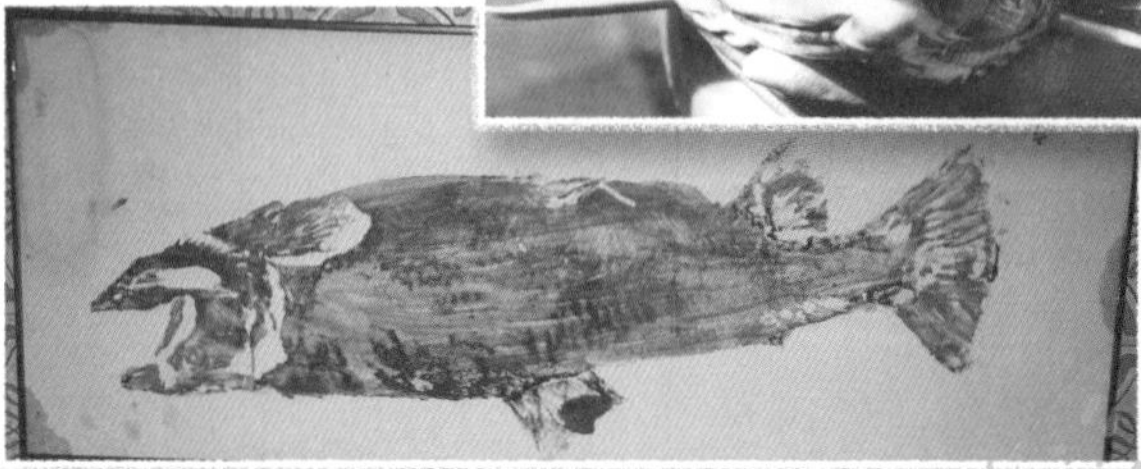

▲1965年に捕獲されたタキタロウと考えられる巨大魚の魚拓。

山形県鶴岡市の大鳥池には、1615年以来、湖の主とされるタキタロウの伝説がある。

その存在が有名になったのは1982年7月のこと。地元の登山グループが、大鳥池近くを登山中、全長2メートルはある巨大魚が泳ぐ姿を目撃したのだ。

この事件をきっかけに、水中カメラや魚群探知器による科学調査が開始された。その結果、大鳥池には常識外れの巨大魚がいることがわかった。

はたして古代魚の生き残りか、巨大化したイワナやマスなのか。いずれにせよ、タキタロウが実在する確率は高い。

DATA

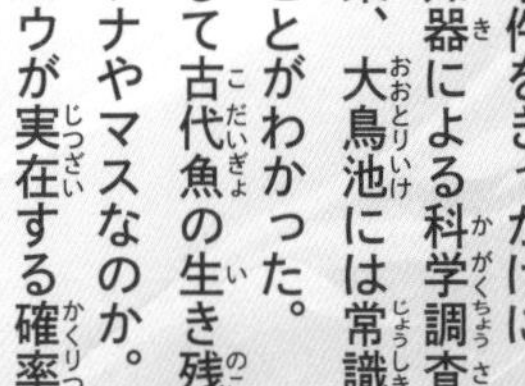

目撃地・生息地	山形県、大鳥池
属性	巨大魚
初目撃	1615年
推定体長	2～4メートル
見た目の特徴	下あごが上あごに食いこむほど長く、体長のわりに体高がある。体の色は赤茶色で、ヌメヌメしたウロコにおおわれ、尾ビレはおうぎ形。

UMA FILE
024

イッシー

20人が同時目撃した怪竜！

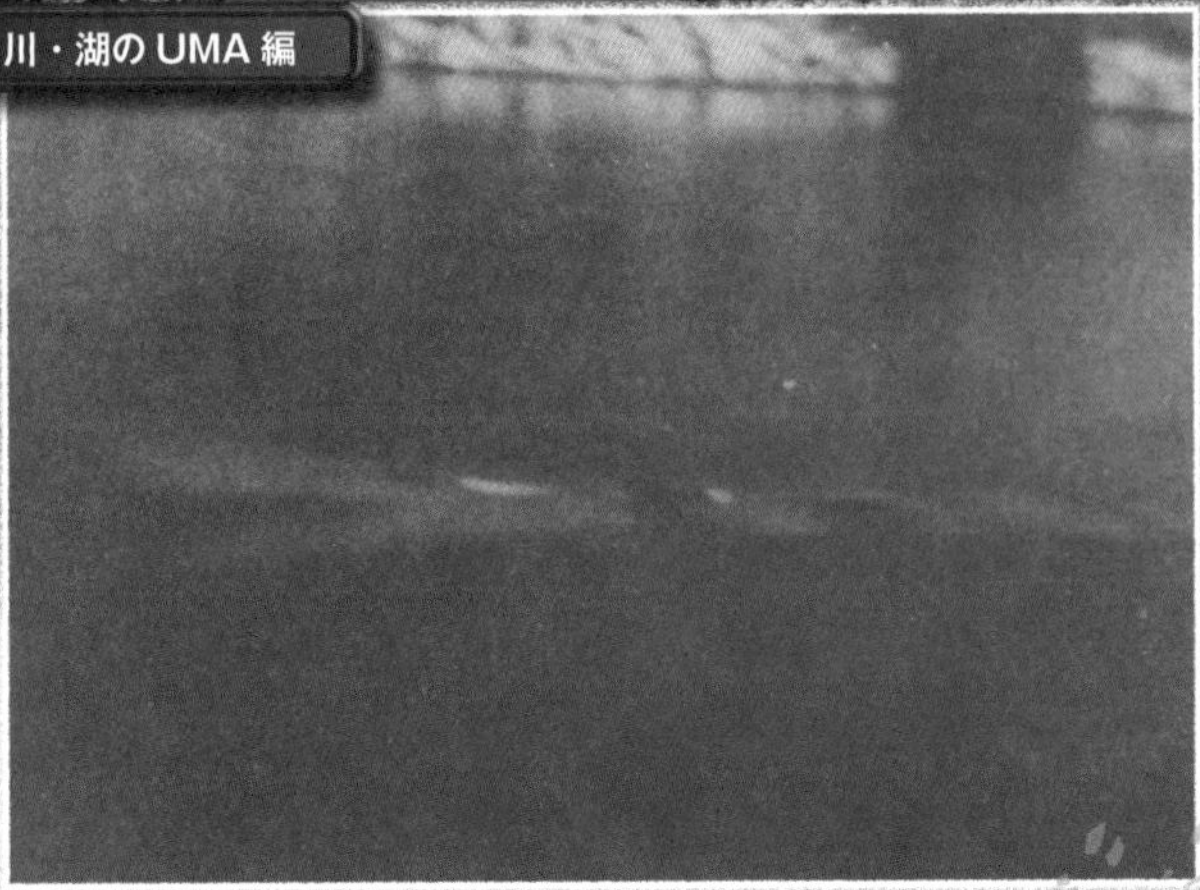

▲1978年12月、イッシー多発ポイントである夫婦岩で撮影された怪生物。

鹿児島県指宿市にある池田湖には、おそろしい「池の主」がいるという伝説があった。その「主」が全国的に話題となる出来事が1978年に起きた。

池田湖の近所に住む小学生ら20人が、湖面が波打ち、黒いコブ状の物体が浮きしずみするようすを目撃。それは、体長20メートルもあろう怪物だった。

この目撃事件が新聞、雑誌に大きく取りあげられると、怪物はイッシーと呼ばれ、全国的に知れわたった。

1986年には水中の音波調査で泳ぐ巨大な物体が確認されているので、池田湖には何かがいる（いた？）はずだ。

DATA

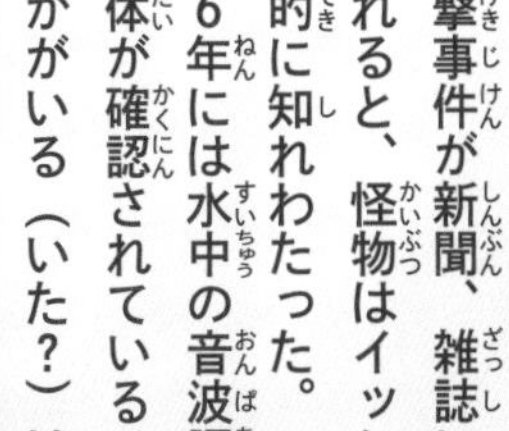

目撃地・生息地	鹿児島県、池田湖
属性	水棲獣
初目撃	1978年
推定体長	10～20メートル
見た目の特徴	頭部、尾部は不明だが、背にふたつのコブもしくは背ビレ状の突起がある。体の色は赤みをおびた黒。

UMA FILE 025

クッシー

屈斜路湖にひそむ伝説の巨大水棲獣

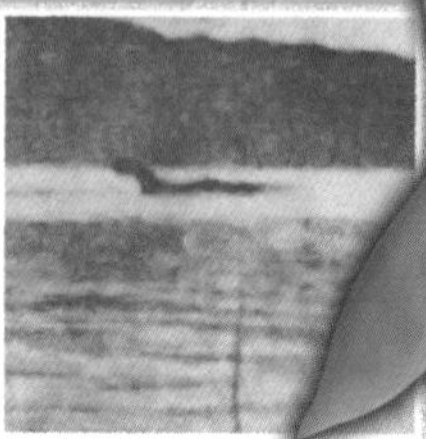

1979年8月に初めて撮影されたクッシーの姿。

アイヌの伝説では、北海道の屈斜路湖に巨大ヘビが登場する。

それが事実であると思わせる事件が、1973年8月に起きた。遠足をしていた中学生たちが、湖面を移動する巨大な生物を見たのだ。

この話はまたたく間に広まり「私も見た」という人が次つぎ現れ、怪物はクッシーと名づけられた。

また、クッシー調査のために湖にしかけたイカが、正体不明の生物の歯で食いちぎられたこともある。

ただし2000年代以降、巨大生物の目撃報告はほとんどない。

DATA

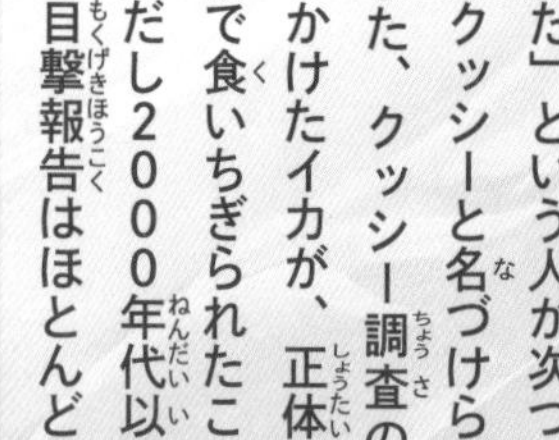

目撃地・生息地	北海道、屈斜路湖
属性	水棲獣
初目撃	1972年
推定体長	10〜20メートル
見た目の特徴	長い首で頭部には2本の角、背にはコブがあり、体の表面はヌメヌメしている。

UMA FILE 026

ヒレをもつイヌのような怪生物

セント・ジョンズ川の怪物

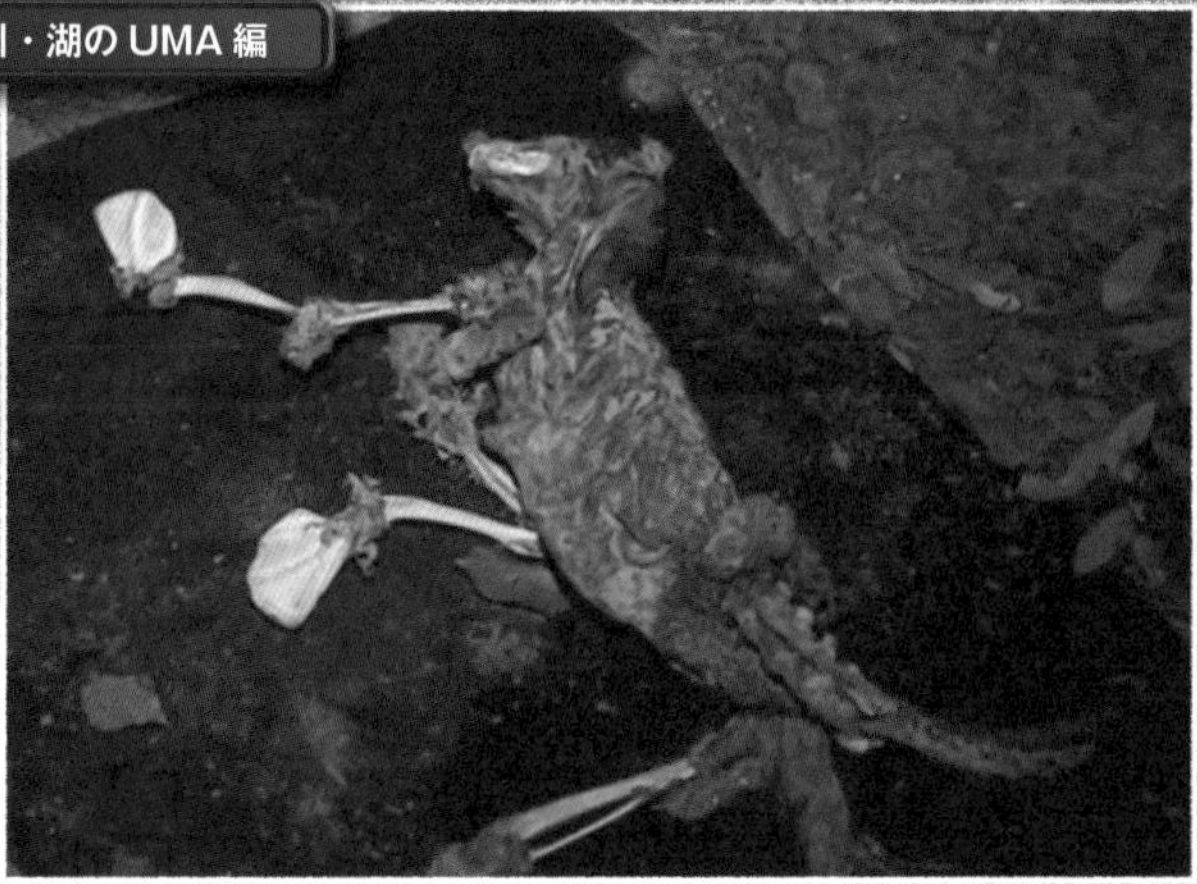

セント・ジョンズ川の土手に打ちあげられていた奇怪な生物の死骸。足にはヒレのようなものがあった！

2012年3月、フロリダ州のセント・ジョンズ川の土手に、奇怪な生物の死骸が漂着していた。

この怪生物の死骸でとくに不思議なのは、長い足の先がなんと、ヒレのようになっていたことだった。

発見者はこの死骸を「海と野生生物の保護委員会」に連絡した。しかし、説明しても、にわかに信じられないような姿だったため、まともには取りあってもらえなかったという。

再び発見者が発見場所に戻ると、この怪物の姿は消えていた。この怪物の正体は、いったい、何だったのか。

DATA

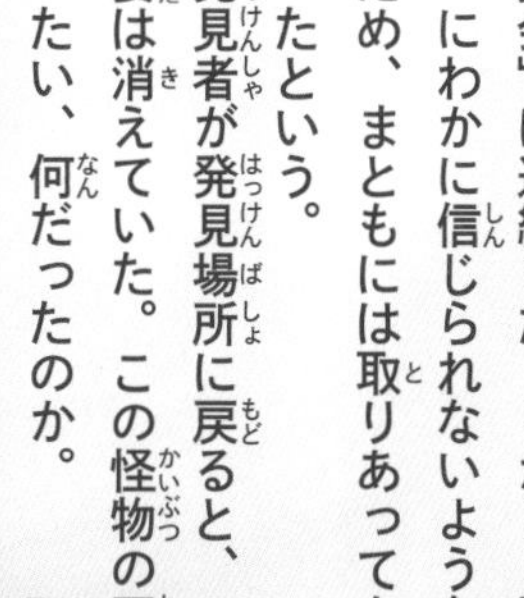

目撃地・生息地	アメリカ、セント・ジョンズ川
属性	漂着死体
初目撃	2012年
推定体長	不明
見た目の特徴	大型のイヌやオオカミのような姿で、全身は灰色の毛におおわれている。4本のあしの先には、ヒレのようなものがついている。

UMA FILE
027

マージー・モンスター

マージー川に出現した謎の怪生物

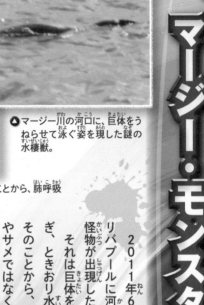

△マージー川の河口に、巨体をうねらせて泳ぐ姿を現した謎の水棲獣。

△水面に顔を出し、口を開けていることから、肺呼吸をする生物の可能性もある。

2011年6月、イギリス北西部の町リバプールに河口を広げるマージー川に、怪物が出現した。

それは巨体をくねらせるようにして泳ぎ、ときおり水面に顔を出したという。

そのことから、流線型の体をしたクジラやサメではなく、エラ呼吸ではなく肺呼吸をする生物の可能性があると考えられた。撮影者によれば、最初はアザラシかもしれないと思ったが、どう見てもちがうので公開したのだという。

また、2018年4月には、この生物の幼体と思われる死体が川岸に漂着していたが、くわしいことは不明だ。

DATA

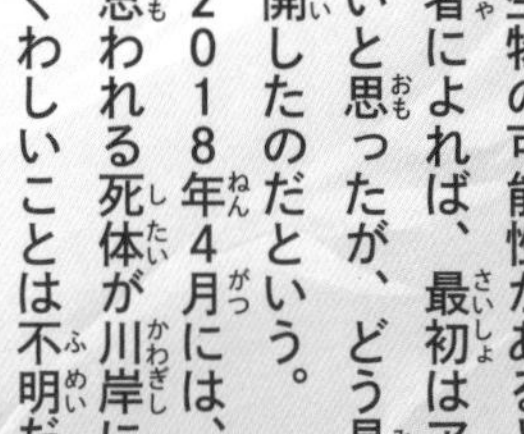

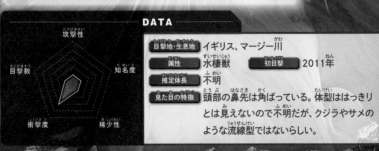

目撃地・生息地	イギリス、マージー川
属性	水棲獣
初目撃	2011年
推定体長	不明
見た目の特徴	頭部の鼻先は角ばっている。体型ははっきりとは見えないので不明だが、クジラやサメのような流線型ではないらしい。

UMA FILE 028

ラガーフロットワーム

伝説にも残るアイスランドの巨大ヘビ

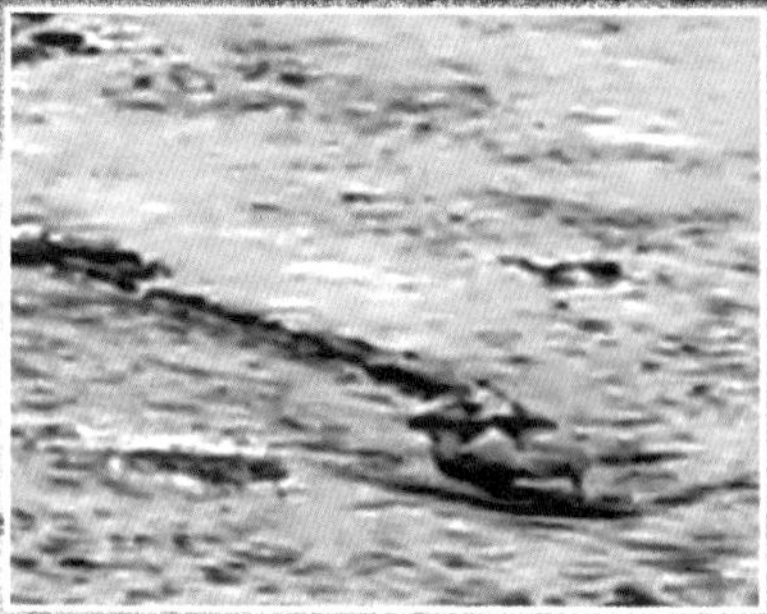

▲極寒の川の水面に現れたラガーフロットワーム。左右には目のようなものがあるようだ。

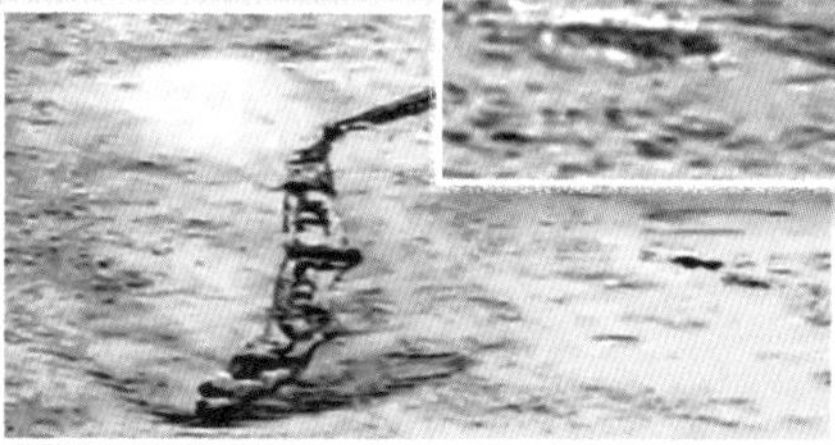

▲ラガーフロットワームは、ヘビのような体をくねらせて水面付近を泳ぐようだ。

アイスランドのラガーフロット湖で1345年に巨大なヘビのような生物が目撃された記録がある。それが、ラガーフロットワームと呼ばれるUMAだ。

この怪生物らしきものが、2012年2月、初めて映像撮影された。それは、巨大なヘビが、氷点下の冬の川を、体を左右にくねらせながら泳ぐというもの。

ふつう、変温動物であるヘビが、低温の川で活動できるはずはない。流木や漁で使う網が漂流しているだけではないかという意見も出たが、先には目のようなものも確認できる。

なお、その後の続報はないようだ。

DATA

目撃地・生息地	アイスランド、ラガーフロット湖
属性	水棲獣
初目撃	1345年
推定体長	不明
見た目の特徴	細長い体を左右にくねらせて泳ぐ。頭部の左右には目のようなものがある。

UMA FILE 029

突如姿を現し小型犬を食らい去った ベトナムの巨大ウナギ

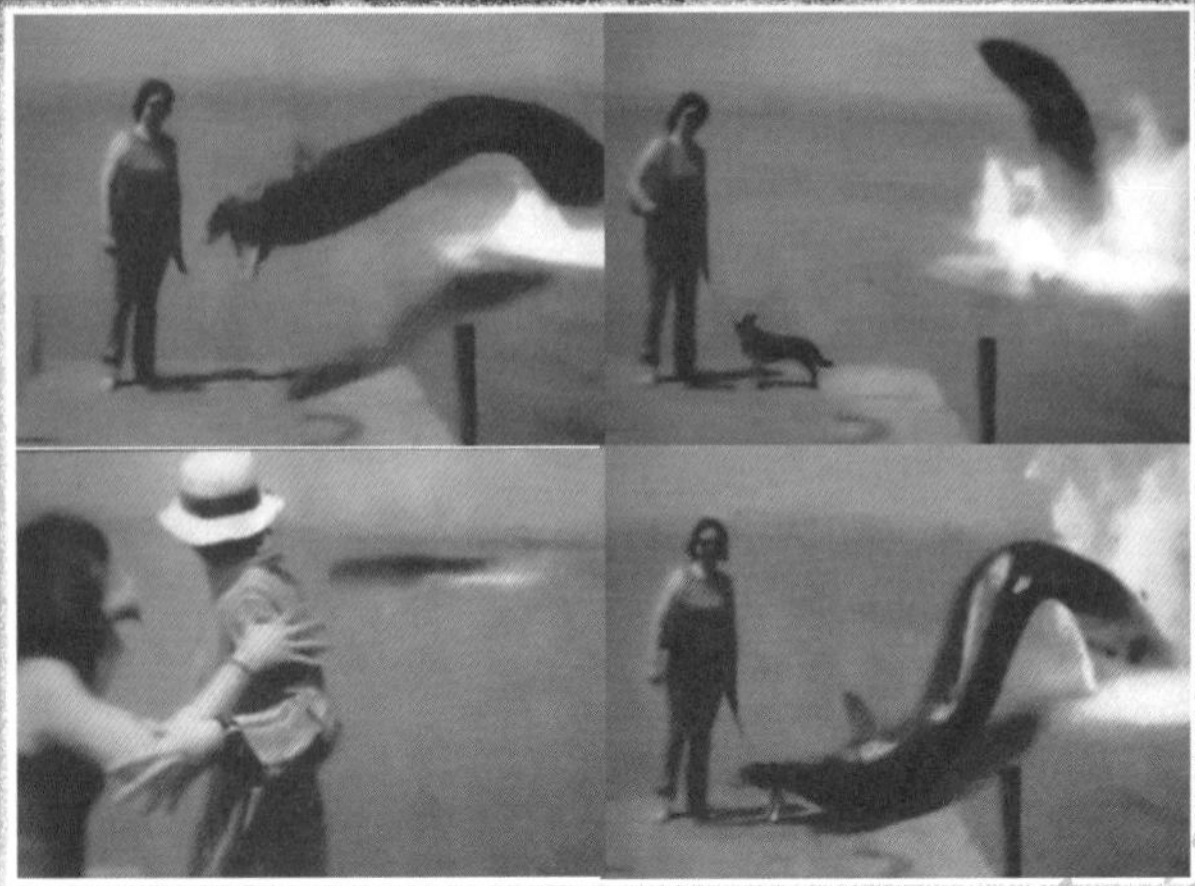

△桟橋付近に突然出現すると、ペットの小型犬をくわえて再び水の中へ。犬の飼い主は恐怖で取り乱している。

2011年4月、衝撃的な映像が公開され話題となった。その内容とは——女性が愛犬を連れ、桟橋の上を通りかかったとき、後方の水面から激しく水しぶきを上げ巨大な水棲生物が飛びだした。そして小型犬に食らいつき、瞬く間に水面下へ姿を消したのである。

この映像は、ベトナム北部のクアンニン省で撮られたということ以外、海なのか湖なのかもわからない。

なお、近隣国のタイでは5メートルを超す巨大エイが発見される事例も多い。ベトナムにも、同じく巨大化したウナギが棲息していても、不思議はない。

DATA

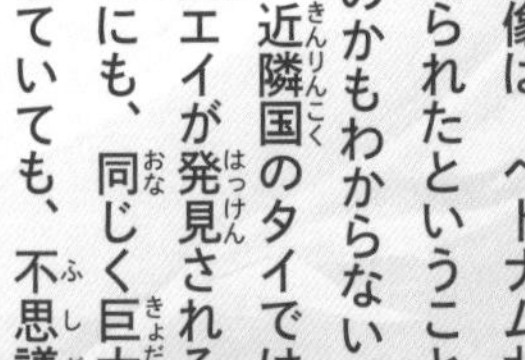

目撃地・生息地	ベトナム、クアンニン省の水辺
属性	水棲獣
初目撃	2011年
推定体長	3～5メートル
見た目の特徴	長く太い体型。ウナギと見られるので、体の表面はヌメヌメとしているだろう。えものにおそいかかるときは、長い首をもたげる。

UMA FILE 030

ネッキー

伝説のUMAが現れた!?

2008年深夜、湖面に頭を突き出した姿を見せた怪物。地元で伝説のネッキーと話題に。

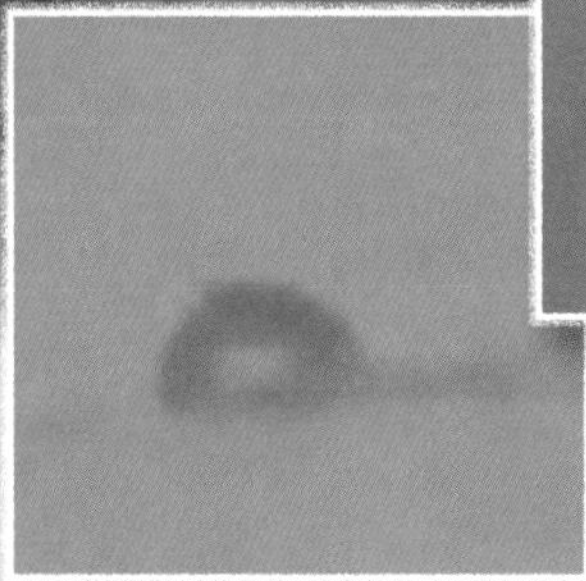

ネッキーは体を輪のように曲げると、湖にもぐってまた姿を消してしまった。

大昔から、セネカ湖のネッキーは、原住民の間で語られてきた伝説の存在だ。だが、1899年6月、同湖を航行していた蒸気船が、ネッキーらしき怪物と激突するという事件が起きた。怪物はこのとき死亡し、引きあげられずに湖底にしずんだという。この事件は、当時、地元の新聞などで大々的に報じられた。

また、2008年や2011年には、巨大な水棲獣ネッキーの姿が撮影され、大きな話題となった。

その正体については、クジラの祖先とされるゼウグロドンの生き残りという説が有力だ。

DATA

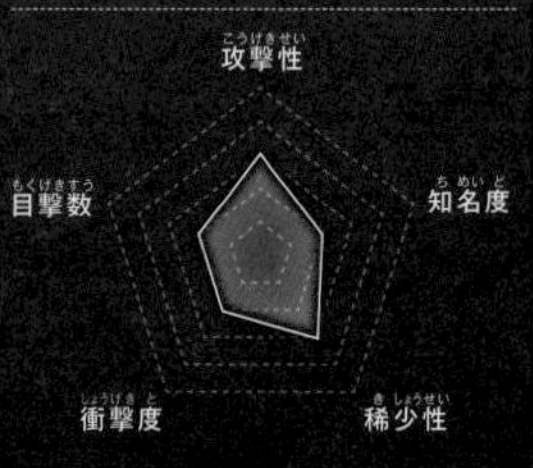

目撃地・生息地	アメリカ、セネカ湖
属性	水棲獣
初目撃	1899年
推定体長	約8メートル
見た目の特徴	長い筒状の胴体の先に、細長い首。口には2列に並んだするどい歯をもつという。体の色は濃い緑色。

UMA FILE
031

バンイップ

災いと死をもたらす呪われた怪物

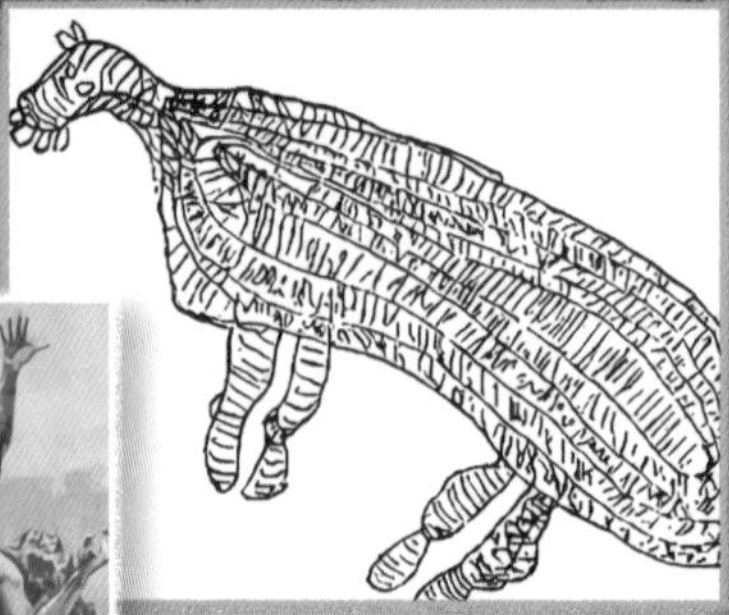

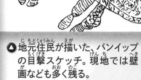

△地元住民が描いた、バンイップの目撃スケッチ。現地では壁画なども多く残る。

△人間を食うバンイップの想像図。アザラシのような体にイヌのような顔をしているという。

1977年8月、ニュー・サウス・ウェールズ州のマクガイヤ川近くで、かみ引きちぎられた子ヒツジの死骸が発見された。近くの住人たちは騒然。じつはその数日前から、イヌ顔の怪物が目撃され、足跡が残されていたからだ。

この怪物はバンイップと見られる。地元先住民の間では、死や病気、災厄をもたらすと恐れられている。

バンイップの正体はよくわからず、2種類いるらしい。また、1847年に頭蓋骨も発見されたが、調べる前に行方不明になってしまったという。

DATA

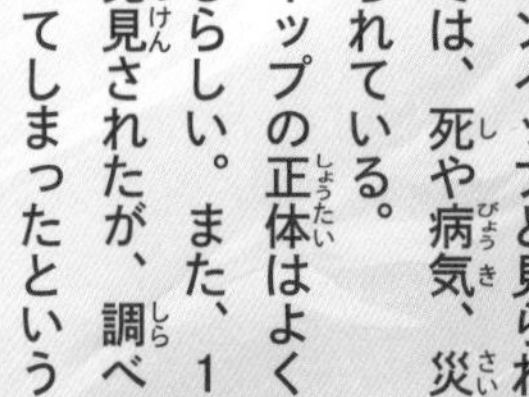

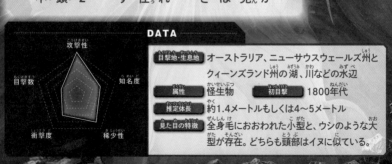

目撃地・生息地	オーストラリア、ニューサウスウェールズ州とクィーンズランド州の湖、川などの水辺
属性	怪生物
初目撃	1800年代
推定体長	約1.4メートルもしくは4～5メートル
見た目の特徴	全身毛におおわれた小型と、ウシのような大型が存在。どちらも頭部はイヌに似ている。

UMA FILE 032

南半球の首長竜
タウポ・モンスター

タウポ湖で撮影された首長竜のような生物。

1980年、ニュージーランド最大の湖タウポ湖で、オーストラリアの未確認動物研究家が、ネッシーのような水棲獣を目撃、撮影に成功した。

その水棲獣は、湖上に長い波のうねりをひきずりながら、約10分間にわたってゆっくりと湖を横切るように泳いでいったという。

このタウポ・モンスターの正体は約2億4000万年〜6500万年前に存在した首長竜の一種と考えられ、現在も20〜30匹のタウポ・モンスターが棲息していると推測される。

DATA

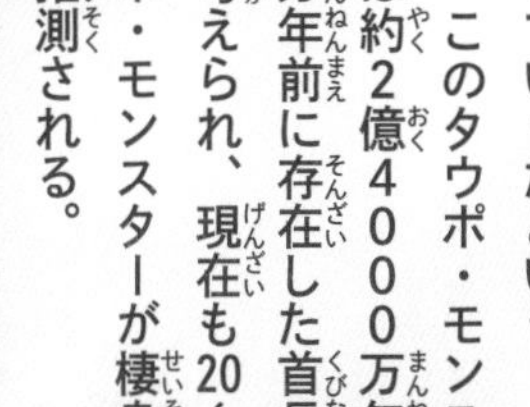

目撃地・生息地	ニュージーランド、タウポ湖
属性	水棲獣
初目撃	1980年
推定体長	不明
見た目の特徴	長い首に二対の大きなヒレをもつ。体の色は暗褐色ともいわれている。

UMA FILE
033

太歳

不老不死をもたらす謎の生命体

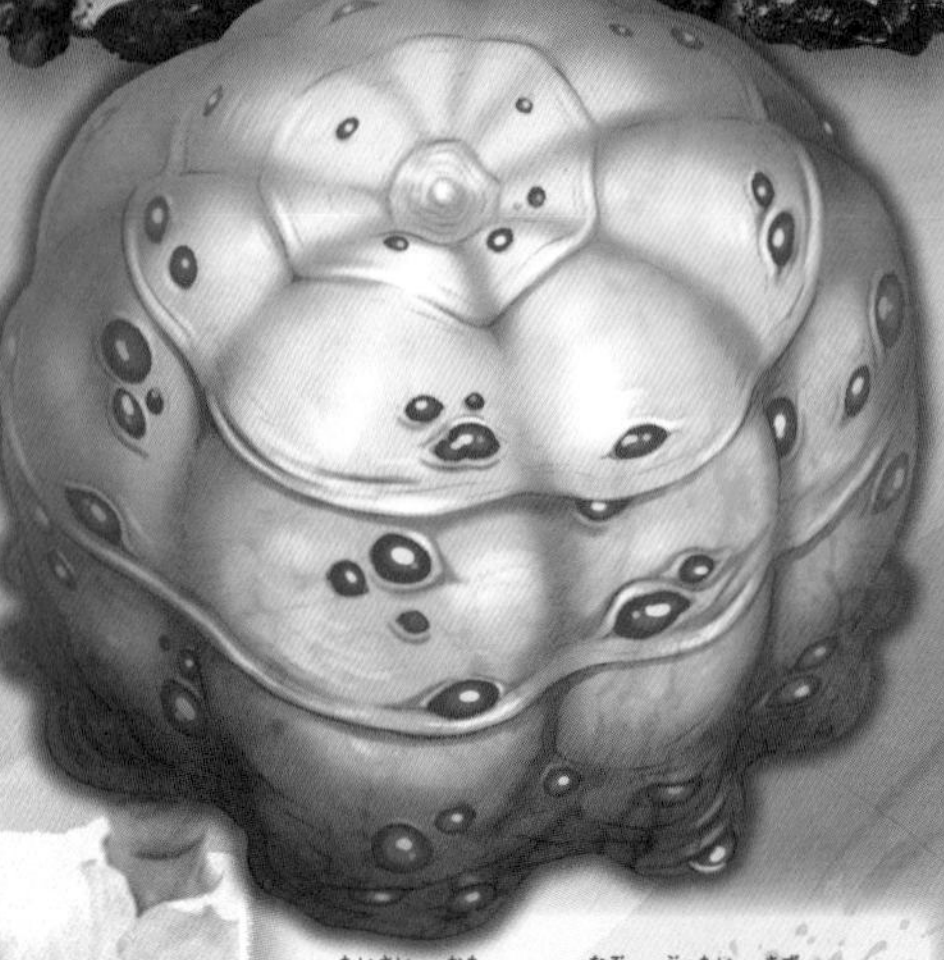

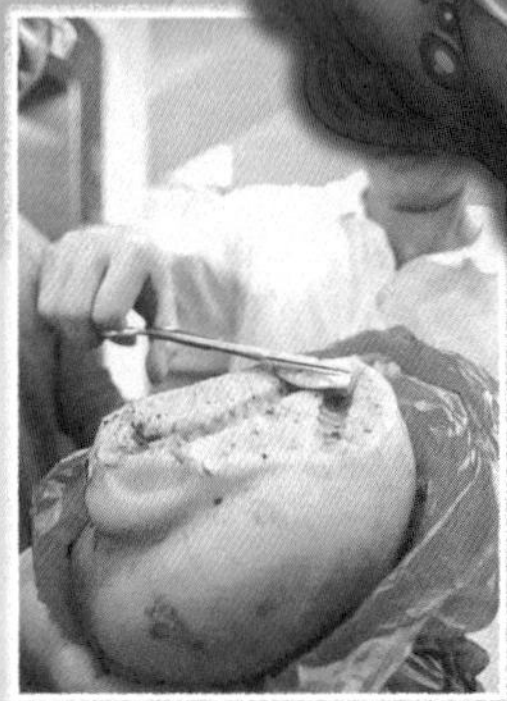

◀太歳と思われる謎の物体。傷つけると粘液を出して修復される。

中国の古文献で紹介された太歳という生命体は、傷ついても自然になおり、人間が食べれば不老不死になるという。

この太歳らしきものが、2005年7月、中国、広東省の川辺のドロの中から発見された。ブヨブヨしており、木の棒でつつくと穴があき、しばらくすると穴はふさがったという。

また、2015年にも遼寧省で地中から発見されたものが販売されたという話も伝わっている。

正体は、生物と菌類の中間との説がある。

DATA

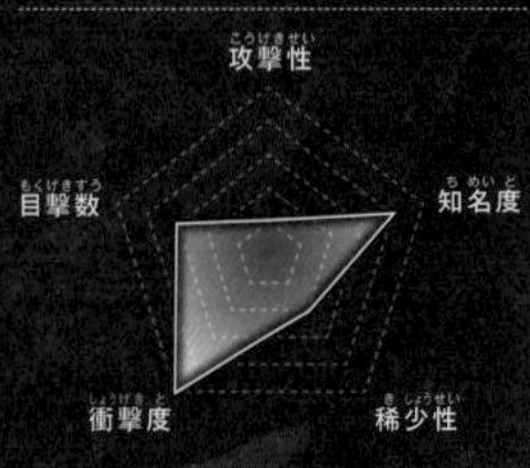

目撃地・生息地	中国
属性	怪生物
初目撃	古来
推定体長	30センチ以上
見た目の特徴	ブヨブヨとした、肉のかたまりのような生命体。手足はないが、一説には目があるともいわれている。色は薄黄。

UMA FILE 034

キャメロン湖の怪物

音波調査で確認された巨大水棲獣

湖面に姿を見せて泳いでいる巨大ウミヘビのような生物。キャメロン湖の怪物か？

The News
People are asking, what dwells in
Cameron Lake?
Owners unaware of airport growth

右上の写真は新聞などで取りあげられ、大きな話題を呼んだ。

ブリティッシュコロンビア州のキャメロン湖には、古くから巨大水棲獣が生息するといわれていた。その存在が科学調査によって、はっきりしてきたのだ。

調査を行ったのはUMA研究家率いる科学的隠棲動物研究クラブ。同クラブでは2004年からキャメロン湖を調べてきた。そして、2009年9月19日、音波を使った探査で、水深約18メートル、約24メートルの地点で、2匹の巨大な生物がとらえられたのだ。

この生物は巨大ウナギやチョウザメの可能性もあるが、いずれにせよこの湖には巨大生物が存在するようだ。

DATA

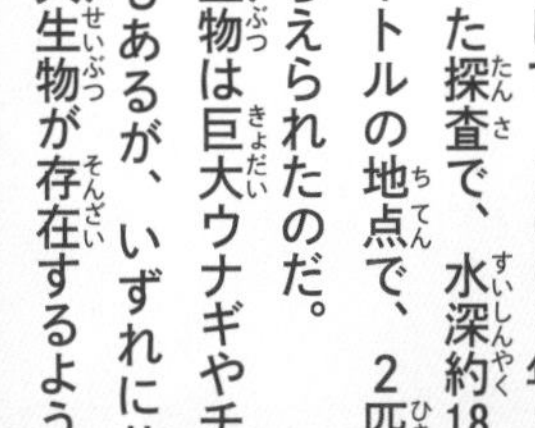

目撃地・生息地	カナダ、キャメロン湖		
属性	水棲獣	初目撃	2004年
推定体長	4～20メートル		
見た目の特徴	湖面にギザギザした背ビレを出し、体をくねらせて泳ぐ。ウミヘビのような姿でチョウザメのような頭部。		

UMA FILE
035

カッシー

獲物を湖に引きずりこむ恐怖の巨大魚

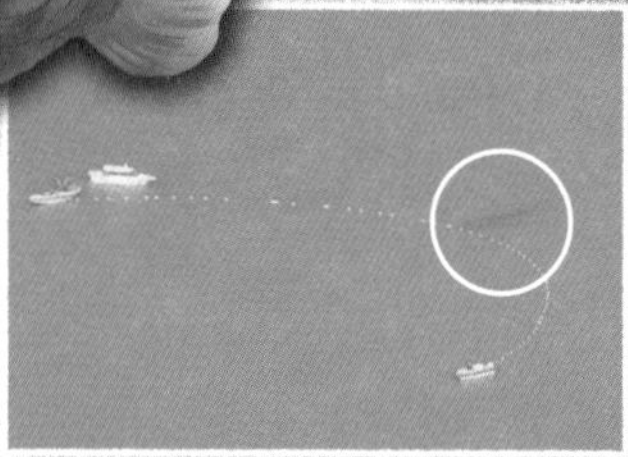

2010年7月、巨大な影（丸囲み）が湖面で目撃された。

中国・新疆ウイグル自治区のカナス湖に出没する謎の巨大魚がカッシーだ。

1985年に地元新聞「新疆日報」でカッシー目撃が報じられて話題になった。同紙によれば、湖面近くの峰から、新疆大学の生物学教授ほか20人が目撃した。

2005年には、観光客らが遊覧船で全長10メートルの巨大魚を目撃した。

カナス湖には、3～4メートルになるタイメンというサケ科の大型淡水魚が多数生息することから、正体は巨大化したタイメンと見る研究者も多い。

DATA

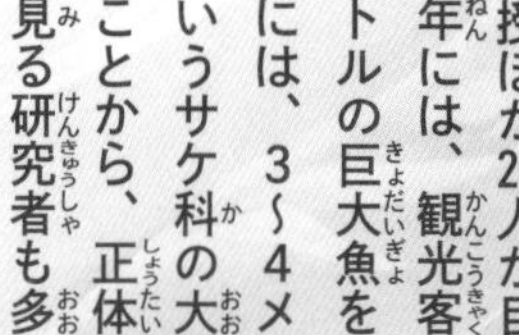

目撃地・生息地	中国・新疆ウイグル自治区、カナス湖
属性	巨大魚
初目撃	1985年
推定体長	10～15メートル
見た目の特徴	1メートルにもなる頭、体重1～4トンの巨体をもつ、超巨大魚。

UMA FILE 036

氷をまとう、リバーモンスター
チェナリバー・アイスモンスター

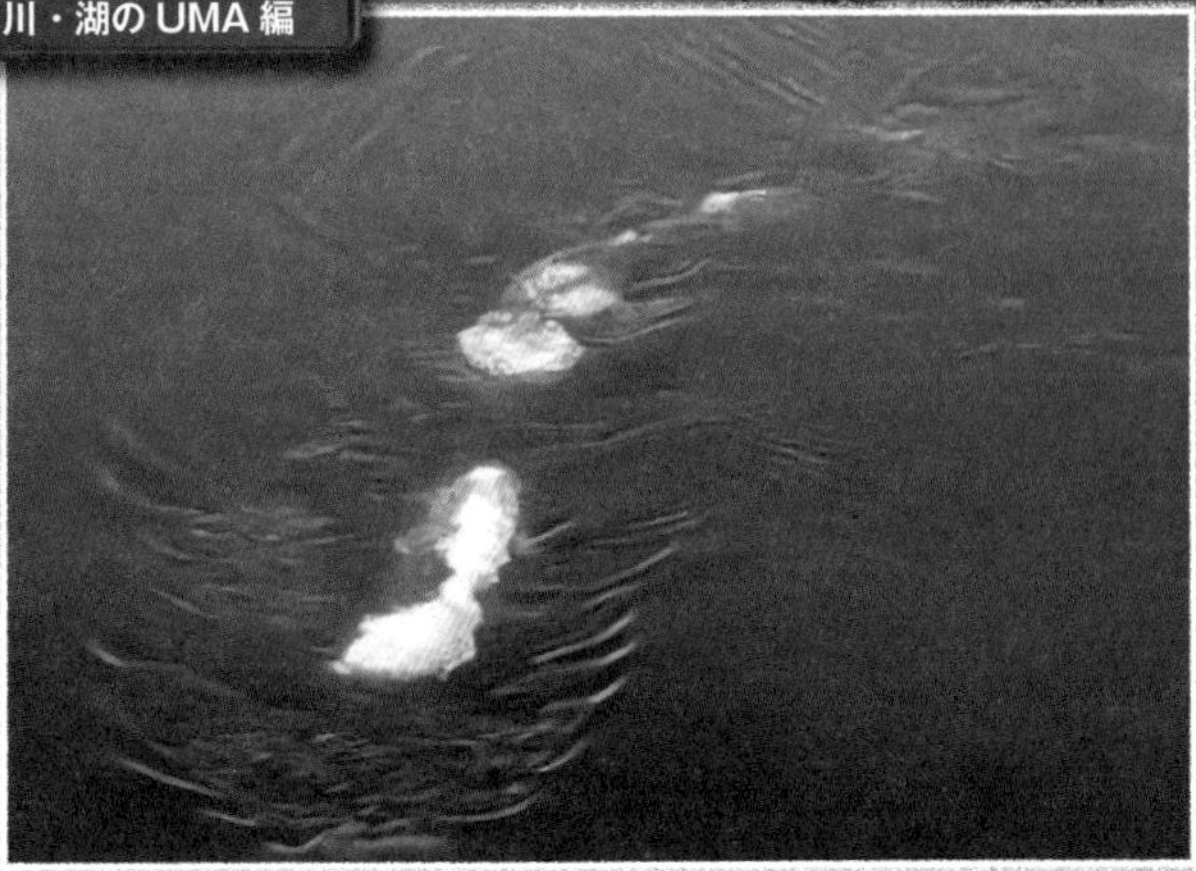

△細長い体に氷をへばりつかせて、くねくねと泳ぐ怪物がチェナ川で目撃された。

2016年10月、アラスカ州を流れるチェナ川を、奇妙な生物が泳ぐ姿が動画で撮影、突如公開された。

SNSにアップされたその動画によれば、怪物は細長い体をくねらせながら泳いでいた。背には、氷がへばりついているようすも確認された。

ただし、情報が少なく、また、チェナ川では過去に怪物が出現したという報告もないため、今のところ謎だらけ。

存在を疑う人たちの間から、捨てられたロープに氷の塊がくっついて浮遊しているだけとの意見もあるがその正体ははっきりしていない。

DATA

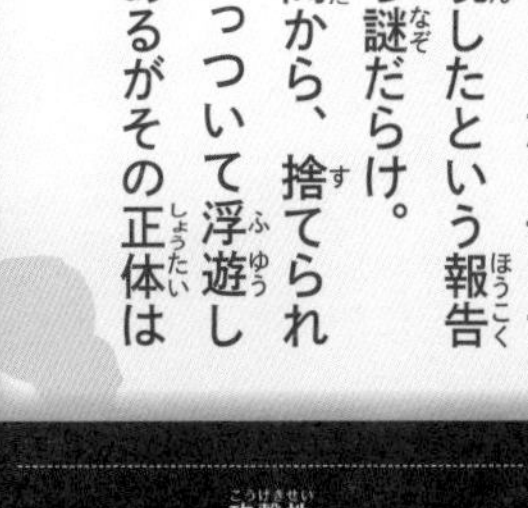

目撃地・生息地	アメリカ、チェナ川		
属性	怪生物	初目撃	2016年
推定体長	約5メートル		
見た目の特徴	細長い体をくねらせて泳ぐ。頭部や尾などは確認されておらず、姿は不明。		

UMA FILE 037

ミゴー

日本のテレビでも放送された伝説の怪物

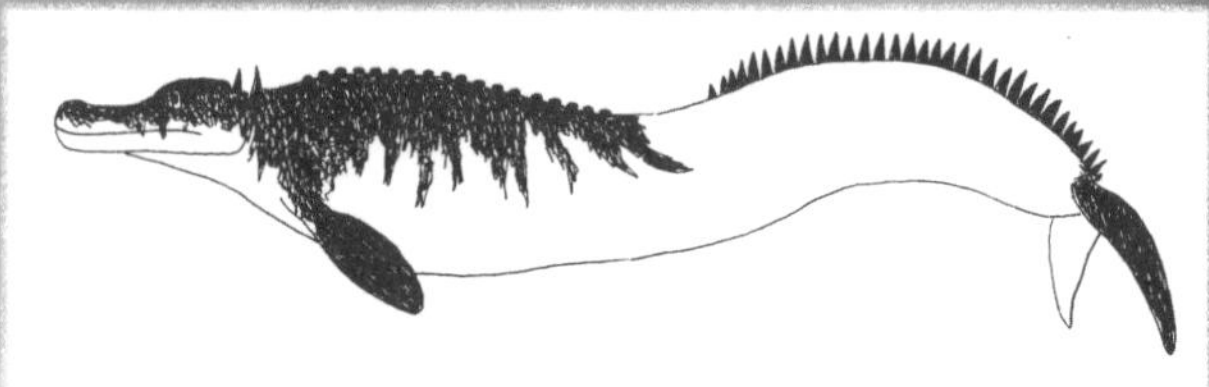

▲ダカタウア湖の水面に背を見せたミゴー（上）と、目撃証言をもとに描いた想像図（下）。

ダカタウア湖のあるニューブリテン島の伝説によれば、満月の夜、湖底から「マッサライ（精霊）」と呼ばれる怪物が現れ、鳥や水草を食べるという。その怪物こそがミゴーだ。

この怪物については、1994年に日本の番組で、テレビ局取材班がその姿の撮影に成功したことがある。

また、2003年9月には、早稲田大学探検部が調査し、巨大生物が湖にいるという情報をつかんだらしい。

その正体だが、中生代白亜紀の海竜モササウルスの生き残り説と、巨大化したイリエワニ説がある。

DATA

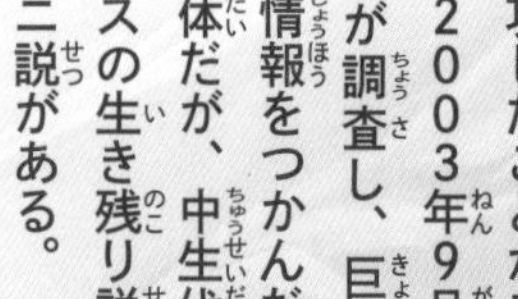

目撃地・生息地	パプアニューギニア、ダカタウア湖
属性	水棲獣
初目撃	1800年代
推定体長	5〜10メートル
見た目の特徴	長い首から背にかけて、ウマのようなたてがみ、手足はカメに似る。また、口にはするどい歯をもつ。体の色は茶褐色。

UMA FILE 038

モラーグ

ネッシーにならぶイギリスの巨大水棲獣

◀2013年8月に湖面に浮上したモラーグらしき生物。

ネッシー（12ページ）がうわさされるネス湖とほど近いモラー湖に生息する、プレシオサウルス型の巨大水棲獣だ。

記録される最古の報告は1893年。湖面に得体の知れない巨大な影を見た男性が、その正体を確認しようと近づいたとき、気味の悪いほえ声を聞き逃げたのだという。

このようにモラーグには、おそろしい咆哮をあげるという話も多い。

近年、目撃の報告はほぼなかったが、2013年に体長6メートルほどの小型のモラーグらしき生物が湖面に浮上するようすが目撃された。

DATA

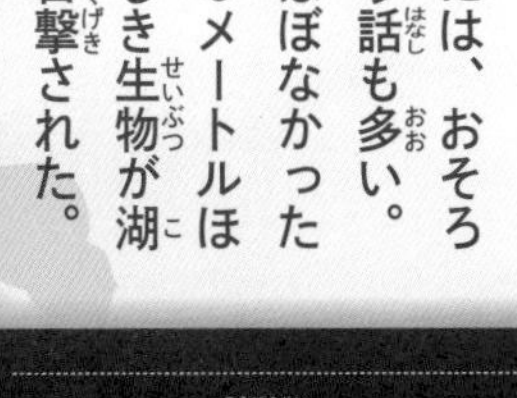

目撃地・生息地	イギリス、モラー湖		
属性	水棲獣	初目撃	1893年
推定体長	12〜20メートル		
見た目の特徴	頭部は小さく、ヘビのような長い首、背にはコブがある。体の色は黒褐色もしくは茶色とも。また、胸部にはシワがある。		

UMA FILE
039

リバートロール

屋形船から撮影された、水棲怪人

▲2015年、ミシシッピ川の船の上から、撮られた写真に写っていたリバートロール（丸囲み）。

アメリカのミネソタ州を源流とし、メキシコ湾へと注ぐミシシッピ川。その沿岸で目撃されているのが、リバートロールと呼ばれる謎のヒト型生物だ。

地元の住民は屋形船に乗っているとき、このリバートロールの姿を目撃することがあるという。

単なる都市伝説的な存在として語られることも多いリバートロールだが、なんと、2015年には、屋形船の客によって、遠巻きながらその姿を写した写真が撮られている。2本の手と足があり、頭に角らしきものがあることがわかる。まさに未知の水棲UMAだ。

DATA

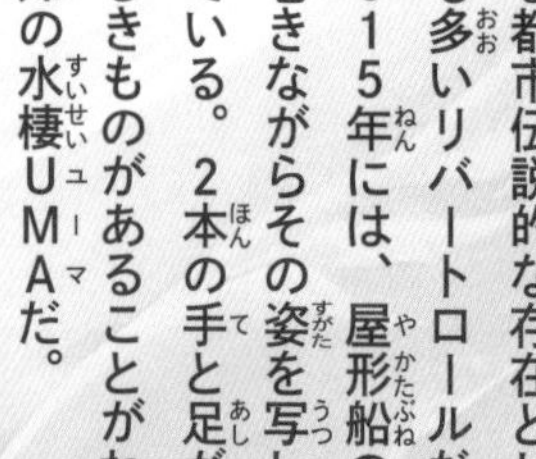

目撃地・生息地	アメリカ、ミシシッピ川
属性	都市伝説
初目撃	2015年
推定体長	不明
見た目の特徴	長くとがった耳に、光る目と、角をもつ水棲の怪人。体の色はピンクがかった黄褐色をしている。

UMA FILE 040

謎のサイ型一角UMA
エメラ・ントゥカ

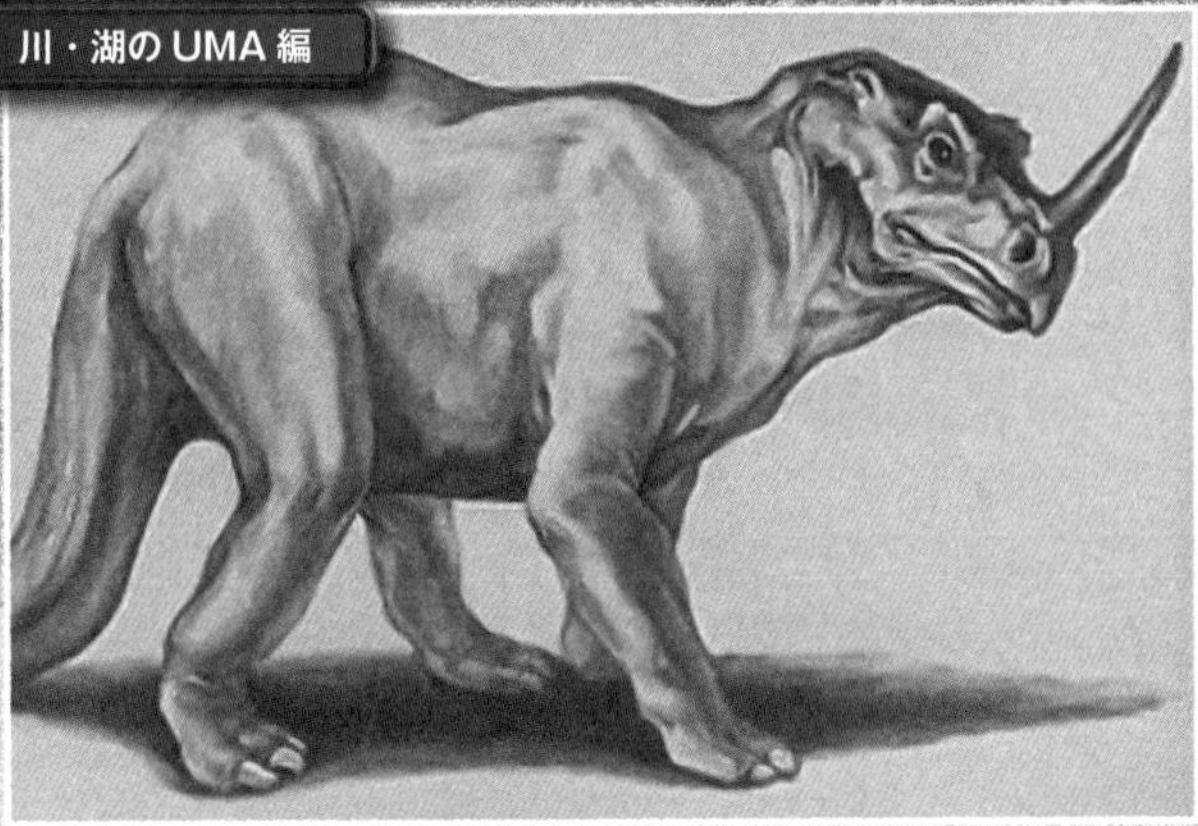

目撃談をもとにしたという、エメラ・ントゥカの想像図。サイよりも長く鋭い角が特徴的だ。

アフリカのコンゴ共和国周辺で目撃される、サイに似た水陸両棲のUMA。

謎の一角獣の目撃は古くからある。エメラ・ントゥカの名は現地の言葉で「ゾウを殺すもの」「水辺のゾウ」という意味で、ゾウを一突きにするという。

このUMAが世界的に知られるようになったのは1919年12月のこと、イギリスの新聞が目撃情報を掲載したのがきっかけだ。

その正体については恐竜の角竜モノクロニウスやセントロサウルス説がある。

驚きなのは、そんな古代生物の目撃報告が1950年代以降もあることだ。

DATA

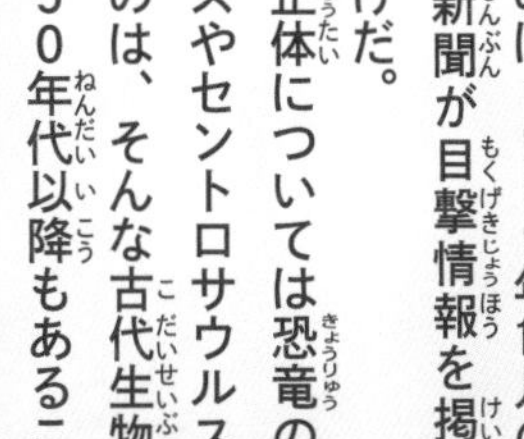

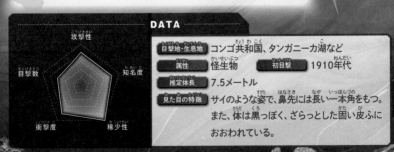

目撃地・生息地	コンゴ共和国、タンガニーカ湖など
属性	怪生物
初目撃	1910年代
推定体長	7.5メートル
見た目の特徴	サイのような姿で、鼻先には長い一本角をもつ。また、体は黒っぽく、ざらっとした固い皮ふにおおわれている。

ネッシーは本当に首長竜なのか?

陸上で目撃されたネッシー事件簿

COLUMN

ネス湖でこれまで何度も目撃されているUMAネッシー。
目撃の記録は数多くあるものの、その生態はよくわかっていない。
その正体すらも、そもそも水に生息する首長竜ではなく、
水陸両棲の生物ではないか、との説まである。
なぜなら、これまでに陸に上がったネッシーの報告があるからだ。

湖面に泳ぐネッシーではなく、陸上の目撃記録で大きな話題になったのは、1933年7月に起きたスパイサー夫婦の目撃事件だ。

7月22日午後、休暇で訪れていたスコットランドからロンドンの自宅へ車で帰宅中のこと。スパイサー夫妻は前方の道路をふさぐように横たわる巨大なものを見た。あわてて車を止め、その物体を観察すると――

なんと、これまで夫妻が見たことのないような、大きな体に細長い首をした怪物だった。怪物の下半身がヒレかあしかは見えなかったが、巨体をくねらせて、湖に消えていった。

△スパイサー夫妻が目撃した怪物の再現図。長さ約7メートル、高さ約1.5メートルの巨体だった。

この事件はすぐに新聞で報道された。スパイサー夫妻が社会的地位も高く、信頼できる人物であることから、夫妻が「異常なものを見た」のはまちがいないとされ、ネッシー水陸両棲説が一気に知られるようになったのだ。

さらに、1934年1月5日の夜、バイクで帰宅中のアーサー・グラントは、ネス湖の岸の道路を走行中、道の脇に大きな黒いものを発見。グラントが20メートル近くまで迫ると、恐竜のような姿をした生き物とわかった。そして、その生き物はいきなり跳ねるようにして茂みをつきぬけ、水しぶきを上げて湖面に飛びこんでいった。

後日、グラントと新聞記者らは怪物の目撃現場を訪れ、驚いた。そこにはヤギの骨や死骸の一部が転がっており、しかも何か巨大な動物の足跡がはっきり残っていたからだ。

また、同年、マーガレット・マンロは、約200メートル離れたところから、陸に上がっていたネッシーを双眼鏡で目撃。身をかがめたネッシーが日向ぼっこをしていたが、頭を下げ、静かに水に入って消えた。その姿はキリンのような首、ゾウのような肌で、前あしがヒレだったという。

This is an artist's conception of what Arthur Grant saw early one morning as he drove down a road alongside Loch Ness, Scotland. Grant dismounted and started to investigate, but the strange animal snorted and plunged into the water.

△グラントが遭遇したネッシーのイメージ図。全長6メートル、頭のてっぺんは平らで長い首、巨大な体、太く長い尾、二対のヒレがあった。

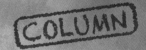

ネッシーの陸上での目撃は、情報の少なかった1930年代に限らず、その後も続いている。

たとえば、1960年初頭には、地元のネッシーハンター、トーキル・マクロードが双眼鏡を使って約30メートル先の湖畔に現れていたネッシーを観察。ネッシーは最終的に湖中にすべりこみ、泳ぎさったという。

2000年代に入ってからももちろんある。2009年2月、男女のカップルが湖岸に駐車したとき、付近の木の茂みがガサガサ音を立てた。すぐに車のヘッドライトで湖面を照らしたところ、ネッシーらしき大きな生物が、転がるようにして水しぶきをあげて水中に逃げこんだという。

ネッシーが首長竜ならば、骨格の構造上、陸では活動できないとされる。はたして、ネッシーは水陸両棲なのか？　または、首長竜型とは別のネッシーも存在するのだろうか？

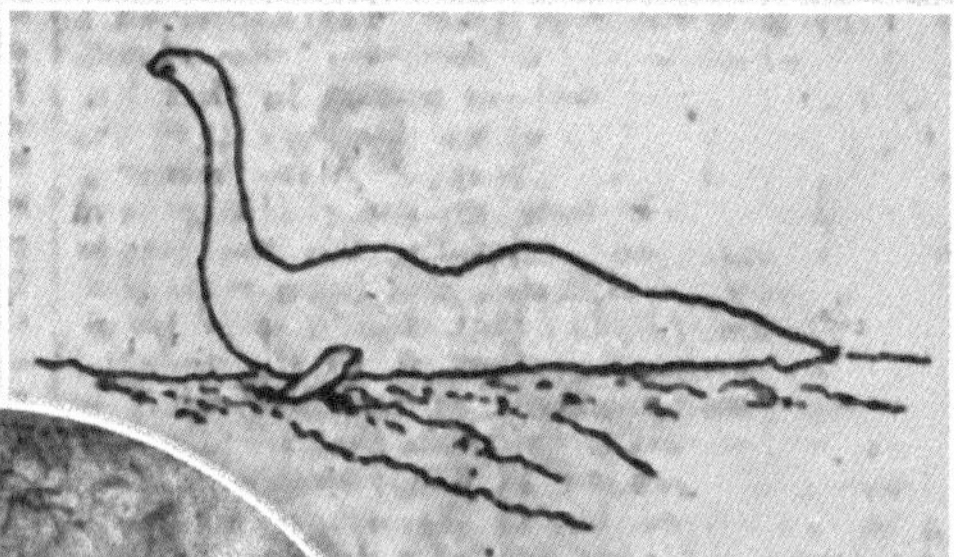

(上)マーガレット・マンロの目撃スケッチ。キリンのような首、ゾウのような灰色の肌、コブのある背をしていた。
(下)トーキル・マクロードのスケッチ。

2章

山・森のUMA編

ヒマラヤ山脈にひそむ大型獣人

UMA FILE 041

イエティ

DATA

目撃地・生息地	ヒマラヤ、山岳地帯
属性	獣人
初目撃	1889年
推定体長	1.5〜6メートル
見た目の特徴	頭部は角ばっており、全身は黒や褐色の毛におおわれている。

「ヒマラヤの雪男」と呼ばれる獣人イエティは、実在の確率が非常に高く、世界的に有名なUMAだ。

その存在が広く知られるようになったのは1889年から。インドの標高約5200メートル地点で、イギリスの軍人が巨大な足跡を見つけたことによる。

さらに1951年には、登山家がエベレスト山中で、イエティを目撃し、足跡を発見。この出来事が大反響を巻きおこし、イエティの学術調査が始まった。また、1998年には、ロシアの国境警備隊員がヒマラヤの雪の上を歩くイエティの映像撮影に成功。

近年では2019年にもネパールの山岳地帯でイエティの足跡らしきものが発見され、話題になった。

写真や映像だけではない。イエティらしき生物の手や足、体毛なども見つかっている。

こうした証拠から、イエティは約170万年～20万年前に絶滅した大型類人猿ギガントピテクスの生き残りと推測されている。今後も本格的な科学調査が進められるイエティ、その存在が明らかになる日は近い。

◀1998年、ビデオ映像におさめられたイエティ(↑)。ポーズがちがうことからも岩などではないことがわかる(→)。

超!衝撃スクープ!!

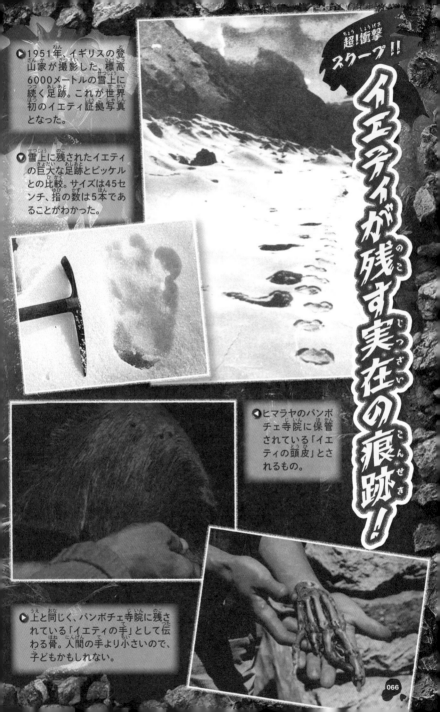

イエティが残す実在の痕跡!

1951年、イギリスの登山家が撮影した、標高6000メートルの雪上に続く足跡。これが世界初のイエティ証拠写真となった。

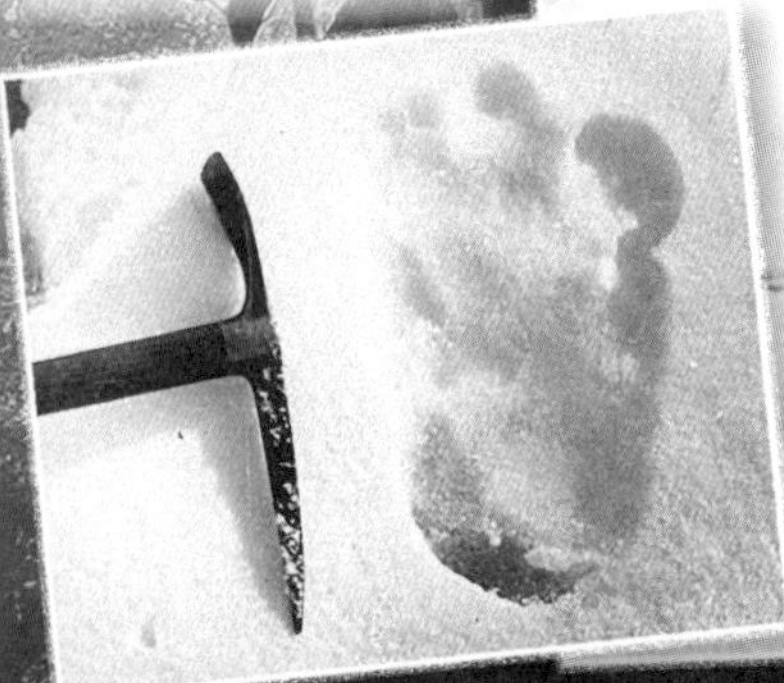

雪上に残されたイエティの巨大な足跡とピッケルとの比較。サイズは45センチ、指の数は5本であることがわかった。

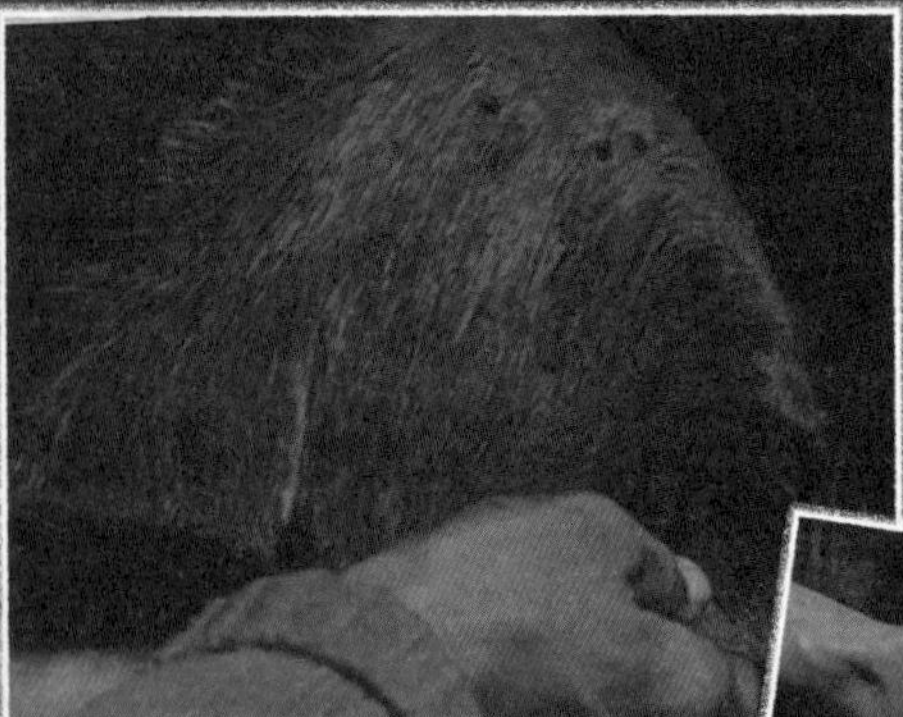

ヒマラヤのパンボチェ寺院に保管されている「イエティの頭皮」とされるもの。

上と同じく、パンボチェ寺院に残されている「イエティの手」として伝わる骨。人間の手より小さいので、子どもかもしれない。

▶ロシアで発見されたイエティの巣。ロシアのケメロボ高地クズバス炭鉱近くには約30匹が生息するという。

◀ケメロボ高地クズバス炭鉱近くで発見されたイエティのものとみられる足跡。長さは約35センチだった。

▲2019年4月、ネパールの山岳地帯に遠征中のインド陸軍が発見したイエティの足跡（↑）（→）。推定体長は、5～6メートルになるという。

UMA FILE 042

北アメリカの大足の獣人

ビッグフット

DATA

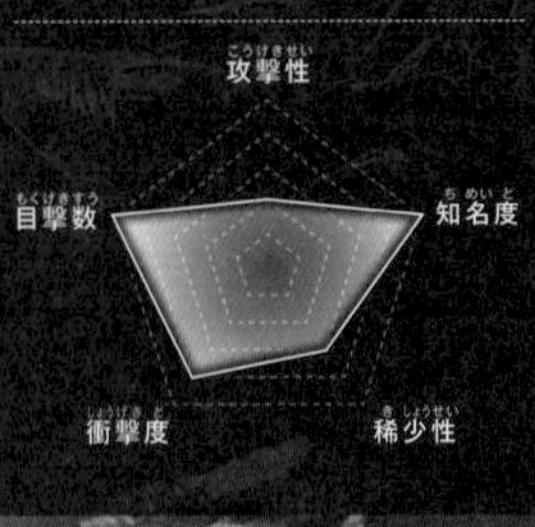

目撃地・生息地	アメリカ、カナダの山岳地帯
属性	獣人
初目撃	1810年
推定体長	1.5〜4.5メートル
見た目の特徴	腕は長く、足が大きい。全身は黒褐色か黒に近い色の毛におおわれる。

北アメリカの山岳地帯の獣人ビッグフット、その存在が最初に報告されたのは、１８１０年1月のこと。会社員がオレゴン州のコロンビア川沿いで、40センチはある巨大な足跡を発見した。この出来事から「ビッグフット」の名がつけられた。以後、アメリカやカナダの各地での、ビッグフットの目撃報告はこれまで２４００件以上！　写真や映像、足跡や体毛のサンプルも数多く残されるようになった。

２０００年代に入ると、ビッグフットが人前に出現する事件が多発。環境破壊で生活環境をおびやかされ、山を下りざるをえないのではないか、という。

一方、大学などの研究機関が本格的な学術調査を行っており、研究成果が期待される。

その正体はネアンデルタール人や、大型類人猿ギガントピテクスの生き残り説がある。

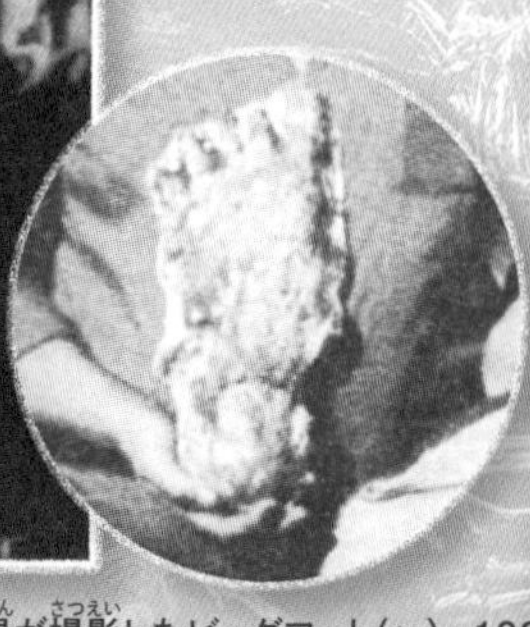

◀1996年、スノクアルミー国立森林公園内で、森林警備隊員が撮影したビッグフット(←)。1982年、ブルー山脈でビッグフットと森林警備隊員が遭遇。現場に残された足跡の石こう型(→)。

超!衝撃スクープ!!

出現を活性化させるビッグフット!!

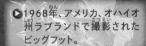

▶1968年、アメリカ、オハイオ州ラブランドで撮影されたビッグフット。

▼1981年に撮影された、獲物を引きずっていくビッグフットの姿。

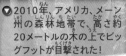

▼2010年、アメリカ、メーン州の森林地帯で、高さ約20メートルの木の上でビッグフットが目撃された!

◀年代、状況は不明だが、このビッグフットはカリフォルニア州で射殺されたらしい。

2022年12月、動画投稿サイトで公開されたもの。カナダ、オンタリオ州の川岸で撮影されたという。

2018年11月、アメリカ、ワシントン州の森林で、ハンターが目撃したビッグフット。去っていく後ろ姿を撮影。

2023年2月、アメリカ、ニュージャージー州の森沿いの線路に姿を現した。

2022年12月、バーモント州北東部のホワイトマウンテン国有森林地帯の道路から森に去っていくビッグフット。

2022年9月、アメリカ、コロラド州で森林の中に立つビッグフット。

前あしをもつ猛毒ヘビ

UMA FILE
043

タッツェルヴルム

DATA

目撃地・生息地	アルプス山中
属性	怪生物
初目撃	1717年
推定体長	0.3～2メートル
見た目の特徴	ヘビやトカゲのような水陸両棲獣で、前あしはあるが後ろあしは不明。胴体は太く短い。頭は毛のないネコのようなものも。猛毒をもつ。

ドイツからフランスにまたがるアルプス山中に生息するといわれる、怪生物タッツェルヴルム。この名前はドイツ語で「前あしのあるヘビ」という意味で、後ろあしがあるのかははっきりしていない。

17～18世紀にかけて、アルプス近辺では伝説の存在として語られており、おおやけになった最初の目撃記録は１７１７年のこと。ドイツの探検家がこの怪物にアルプス山中で出会ったという記録と、その姿を表した図が銅版画に残されている。また、１７１９年にはタッツェルヴルムを見た人が、恐怖から心臓発作をおこし、亡くなったという話も伝わっている。

その後も同地では何度も目撃報告が続き、その中には写真に撮られたものもいるが、捕獲はされていない。最近では２００３年にアルプスのマッジョーレ湖で目撃されている。

この奇妙な姿をした生物はいったい何なのか？　新種の爬虫類とも、最大の両生類オオサンショウウオではないかともいわれるが、確かなことはわかっていない。

▶1960年代に撮影されたタッツェルヴルムらしき生物(↑)。タッツェルヴルムを思わせる脊椎動物の化石(←)。

UMA FILE 044

マレーシアの森にひそむ巨大獣人
オラン・ダラム

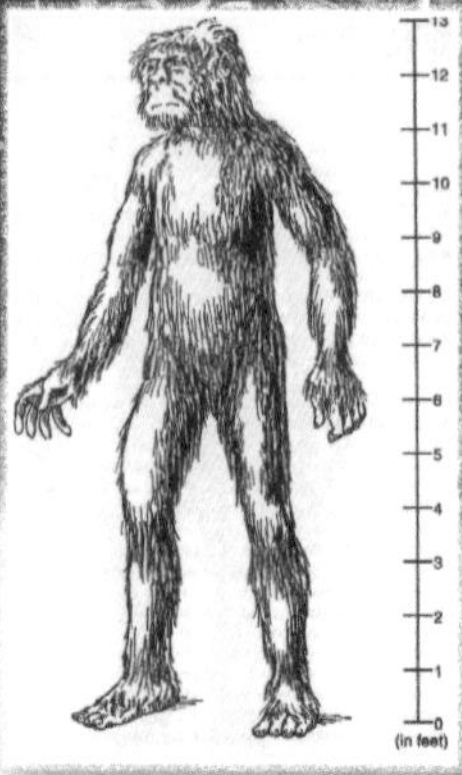

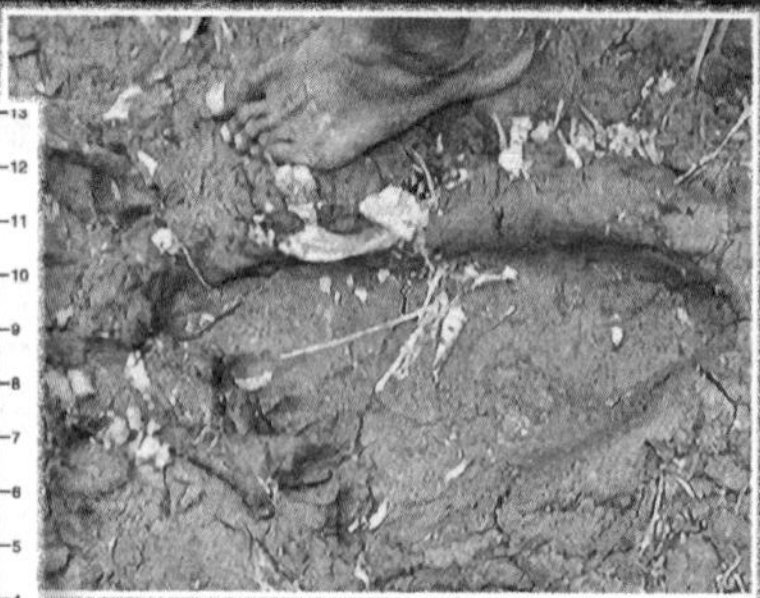

△2007年に発見された、オラン・ダラムの足跡と思われるもの。長さは60センチ以上にもなる。

△オラン・ダラムの目撃証言をもとにしたスケッチ。体長は約3メートルにもなるという。

マレーシア南部の広大なエンダウ・ロンピン国立公園の熱帯雨林に、獣人オラン・ダラムがいるという伝説があった。

これが真実らしいとわかったのは、2005年。近くの村に住む人物が30メートルほどの至近距離から、オラン・ダラムを目撃したからだ。この報告を皮切りに、森の獣人の目撃事件が多発した。

2006年には科学調査団が、調査を開始。長さ約60センチのゴリラに似た超巨大な足跡を発見した。その後も新たな足跡発見や目撃も続いている。

正体は新種の霊長類か？　類人猿か？　引き続き調査結果が待ちのぞまれる。

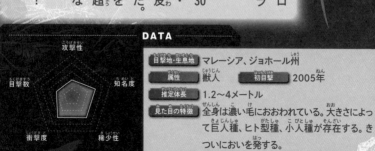

DATA

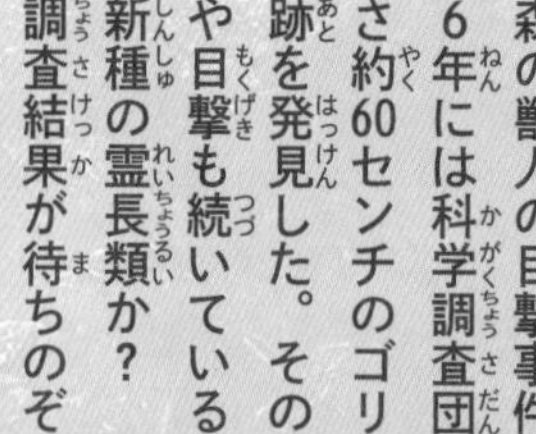

目撃地・生息地	マレーシア、ジョホール州
属性	獣人
初目撃	2005年
推定体長	1.2～4メートル
見た目の特徴	全身は濃い毛におおわれている。大きさによって巨人種、ヒト型種、小人種が存在する。きついにおいを発する。

UMA FILE 045

自動カメラに映っていた小型の獣人

ジェイコブズ・クリーチャー

▲謎の小型獣人の姿を、自動カメラがとらえた!

2007年、ペンシルベニア州のアレゲニーの国有林で、猟師がシカの行動を調べるため自動カメラを設置。

後日、猟師が映像を確認すると、9月16日午後8時ごろの映像に妙なものを発見。それは、今まで見たことのない獣人型の生物だった。

この獣人は猟師の名をとって、ジェイコブズ・クリーチャーと名づけられ、映像は研究機関によって分析された。その結果、ビッグフット（68ページ）の子どもの可能性が高く、未知の生物であるのはまちがいないと判定された。

DATA

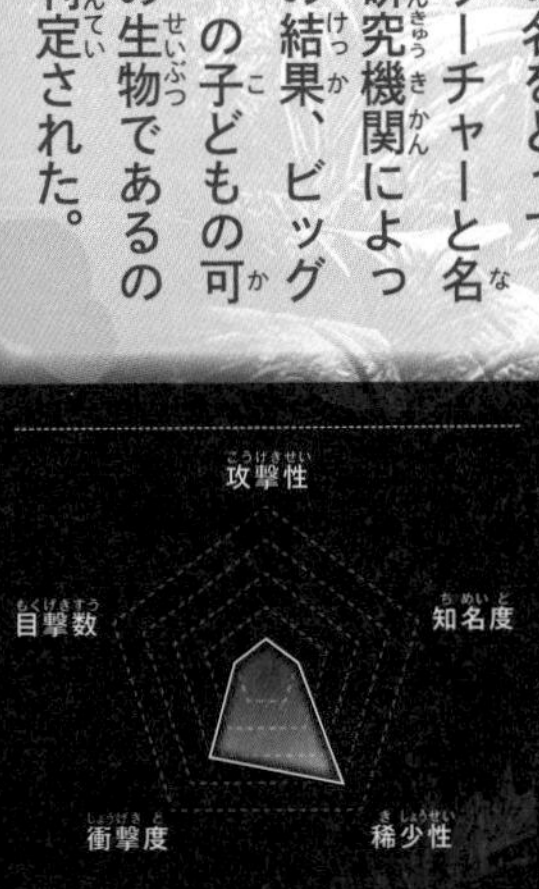

目撃地・生息地	アメリカ、ペンシルベニア州
属性	獣人
初目撃	2007年
推定体長	約1.5メートル
見た目の特徴	長い手足をもち、全身は毛むくじゃら。頭部は下向きで、二足歩行動物がはうような姿勢をとる。

UMA FILE 046

森林の散策中に撮影された新種獣人

腕の長い黒い獣人

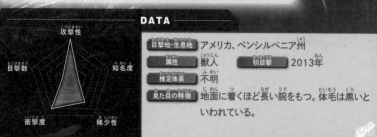

かがんだ姿勢で雪原を進み、森の中へと姿を消した異様に腕の長い獣人。

ビッグフット（68ページ）の生息地のひとつ、ペンシルベニア州の人里離れた森林地帯に、これまで目撃例のないタイプの獣人が現れた。

2013年3月、まだ雪が残る雪原を散策中の女性が、飼い犬とスナップ写真を撮りながら散歩していたときだ。突然、遠くの森から、クマともゴリラともつかない黒い動物が出てきた。

全身は毛でおおわれ、足元に届く長い両腕をついて歩いていた。女性が写した写真は、拡大して初めて異様な怪物とわかるものだったが、明らかにビッグフットでない、未知の獣人と考えられる。

DATA

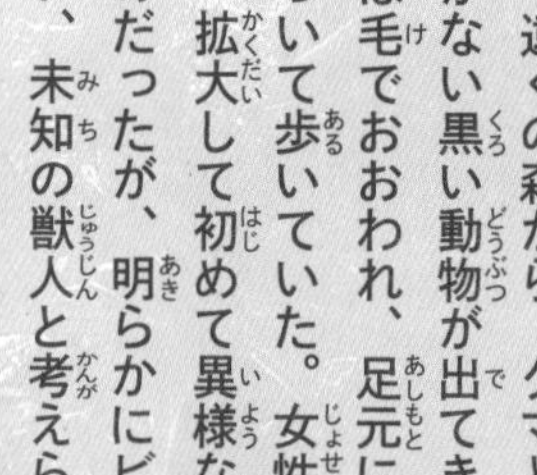

目撃地・生息地	アメリカ、ペンシルベニア州
属性	獣人
初目撃	2013年
推定体長	不明
見た目の特徴	地面に着くほど長い腕をもつ。体毛は黒いといわれている。

UMA FILE 047

ミネソタ・アイスマン

氷づけにされて消えた獣人遺体

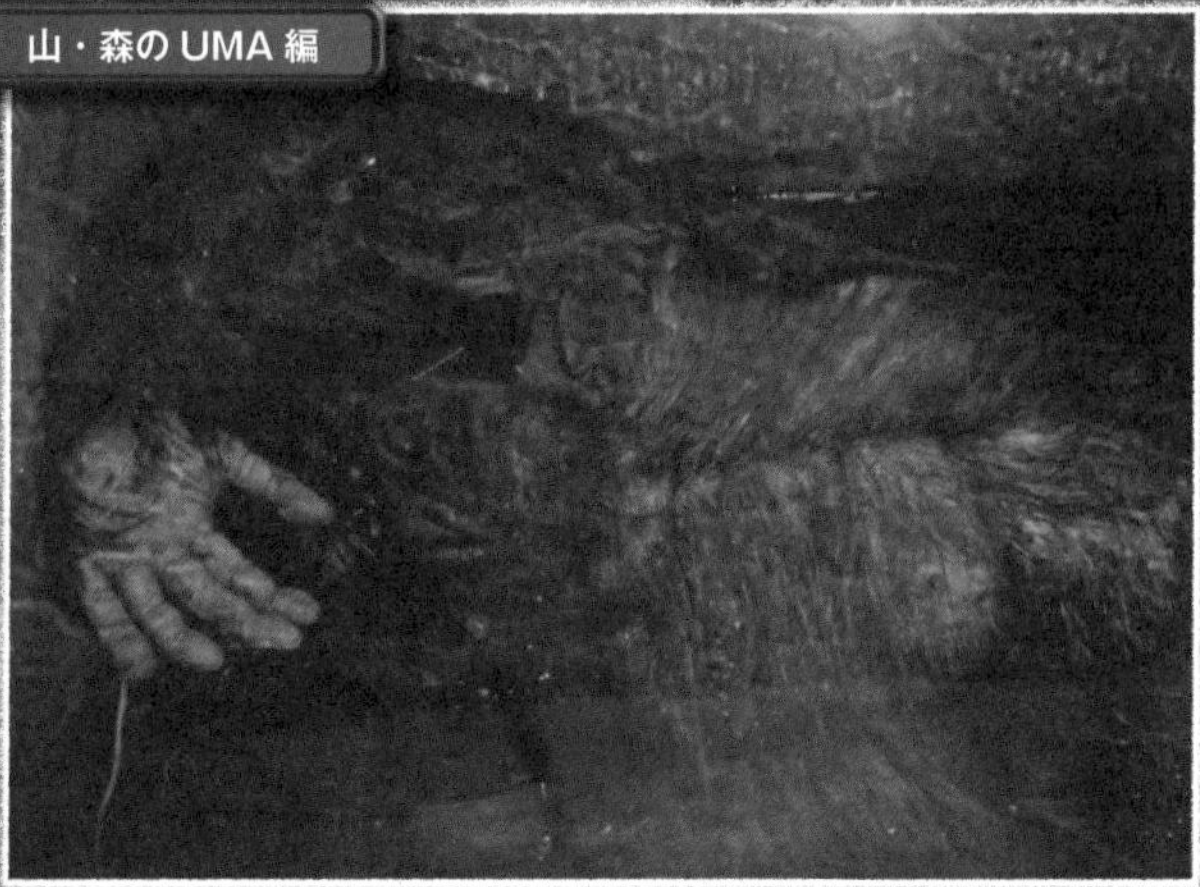

氷づけになっているミネソタ・アイスマン。手足が長く、毛むくじゃらの未知の生物だ。

1967年、アメリカ各地で見せ物として展示され、話題を呼んだのが、「氷づけの獣人」アイスマンだ。

しかし、作り物ではないか、との疑惑がもたれたため、著名な動物学者たちが調査した。その結果は「類人猿に似た人間に近い未知の生物」と判断された。

その後、アイスマンは1960年代にベトナムで銃殺された未知の大型獣人と判明。くわしい調査が望まれたが、遺体は行方不明になってしまったのだ。

ちなみに、ベトナムにはアイスマンに似た獣人の目撃情報は数多くあり、日本の動物学者も現地調査を行っている。

DATA

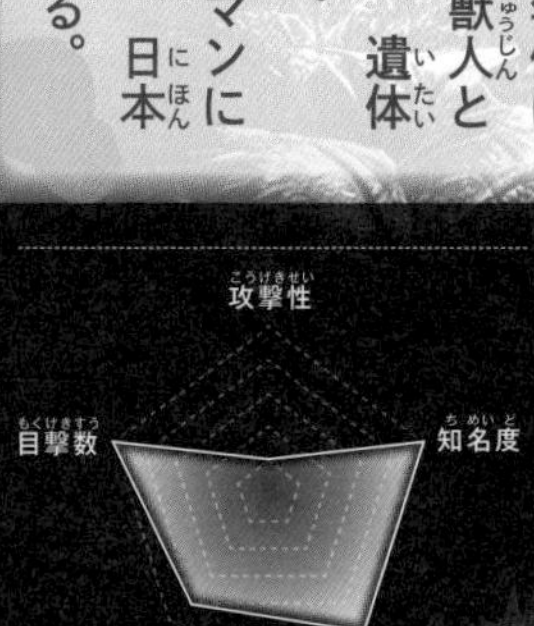

目撃地・生息地	ベトナム
属性	獣人
初目撃	1960年代
推定体長	約1.4メートル（展示時は1.8メートルと発表）
見た目の特徴	長い腕に全身茶色の体毛におおわれた獣人。体は筋肉質で、腹はたるのように丸い。足は幅が広くへん平。

強烈な異臭を放つ獣人

UMA FILE 048

スカンクエイプ

DATA

目撃地・生息地	アメリカ、フロリダ州、ジョージア州ほか
属性	獣人
初目撃	1942年
推定体長	約2メートル
見た目の特徴	赤褐色や灰色の体毛、長い腕に35～45センチの大きな足、口からせり出す大きなキバをもつ類人猿。

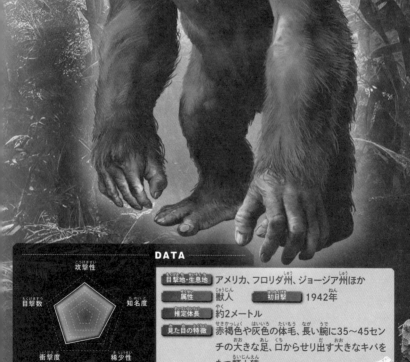

スカンクエイプという名のとおり、目をあけていられないほどの強烈な異臭を放つ巨大な獣人だ。

1942年に初めて目撃されて以来、アメリカ南東部では現在まで、何度となく報告されているだけでなく、遠方から数回、写真も撮られている。

なかでも2000年10月にフロリダ州ミヤッカで撮影された、目を赤く光らせキバをむくスカンクエイプの写真は衝撃的だった。これはミヤッカ国立公園横を走る道沿いの住人が撮影したもの。玄関先に置いていたリンゴが目当てだったようで、3日連続で姿を現したので、待ちかまえて撮影できたのである。

この写真が話題になったことで、スカンクエイプの目撃報告や写真は続々と公開されるようになった。

また、これまでに多くの研究者が現地で調査を行っている。残念ながらスカンクエイプそのものを捕獲できてはいないが、足跡やフン、体毛なども見つかっている。

なお、オランウータン説やその変種説、新種の類人猿説もあるが、くわしいことはまだわかっていない。

撮影されたスカンクエイプ。2000年のミヤッカ国立公園の画像（↑）と、ビッグサイプレス自然保護区の画像（←）。

UMA FILE 049

ロシアン・イエティ（アルマス）

実在確率95パーセントの雪男

△アディゲ共和国に出没がふえているロシアン・イエティをとらえた1枚。

△2006年9月、ロシアの山岳地帯で撮影されたロシアン・イエティ。

ロシア南部を中心に目撃される獣人がロシアン・イエティだ。その名のとおりイエティ（64ページ）と同種かよく似た特徴をもつ。

これまで数千件もの目撃が報告され、学術的な研究も進められている。一説には「実在する確率は95パーセント」ともささやかれるほどだ。

注目なのは2014年以降、北コーカサスのアディゲ共和国で目撃が増加。足跡など多くの証拠が見つかっていることだ。また、ロシアン・イエティの一部は言葉を話す、という報告もあり、ネアンデルタール人の生き残り説もある。

DATA

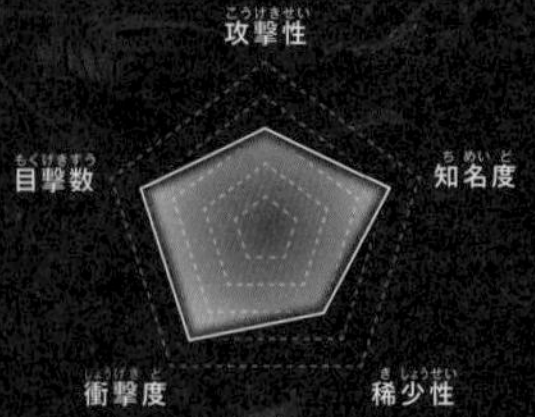

目撃地・生息地	ロシア南部コーカサス地方ほか
属性	獣人
初目撃	1800年代
推定体長	1.6〜2.2メートル
見た目の特徴	全身が黒または赤茶色の剛毛におおわれ、筋骨隆々とした体。

UMA FILE 050

モノス

人におそいかかる凶暴な類人猿

射殺されたメスのモノスの画像。体長1.5メートルほどで、全身毛むくじゃらだ。

1920年、スイスの地質学者が鉱油調査のため、ベネズエラのエル・モノ・グランデ峡谷を流れるタラ川を訪れた。そこで地質学者は、2頭の獣人におそわれ、1頭を銃で射殺。もう1頭はすぐに森に逃げていったという。

そのとき撮影された獣人の死体写真は、7年後に「アメラントロポイデス・ロイシ（通称モノス）」と名づけられ発表、世界中で大きな話題を呼んだ。

モノスの正体については、南アメリカに生息するクモザルの変種と見られている。しかし、未知の類人猿という学者もおり、はっきりしていない。

DATA

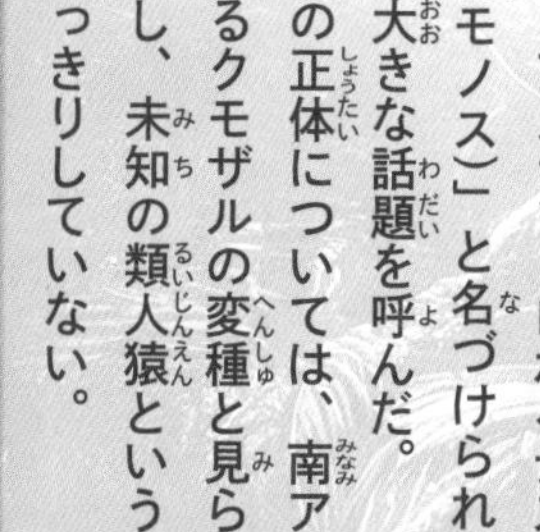

目撃地・生息地	ベネズエラ、エル・モノ・グランデ峡谷
属性	獣人
初目撃	1920年
推定体長	1.5〜1.6メートル
見た目の特徴	丸みのある頭部にチンパンジーに似た顔つき、小がらで腕は長く手は大きい。全身は茶色がかった長い毛におおわれている。

出現が増えているオーストラリアの獣人

UMA FILE 051

ヨーウィ

DATA

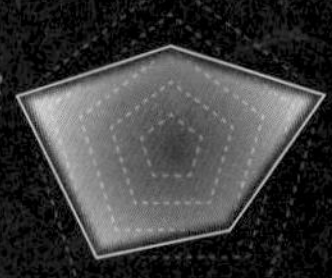

目撃地・生息地	オーストラリア、ニューサウスウェールズ州沿岸部からクイーンズランド州
属性	獣人
初目撃	1795年
推定体長	1.5〜3メートル
見た目の特徴	全身を茶褐色の長い毛におおわれる。大きな目で、頭部は肩にのめりこむ。

ヨーウィは、１７９５年に目撃されて以来、オーストラリアでは３２００件以上の報告がある大型獣人だ。それだけに、歩くときは前かがみになる、オスはメスより毛深く、メスの乳房はたれ下がっているなど、これほどくわしい情報がわかっているＵＭＡは、そうはいない。

もちろん姿を記録した写真も多い。その最初は、１９８０年。ニューサウスウェールズ州コックス・ハーバーで前かがみにゆっくり歩く姿が撮影されている。

ヨーウィの目撃報告は１９７０年代を境に減っていったが、２００６年以降、再びオーストラリア各地でヨーウィの活動が活発化しだした。２０２０年代の現在、出現事件の多いもっともホットなＵＭＡといえるだろう。

ただしそれは必ずしもよろこばしいものではない。ヨーウィの出現が増えたことは、彼らがかくれすむことができていた自然が破壊されてきたことの裏返しでもある。

なお、ヨーウィの正体については、約２００万年前にインドネシアに生息していた化石原人メガントロプスの生き残り説がある。

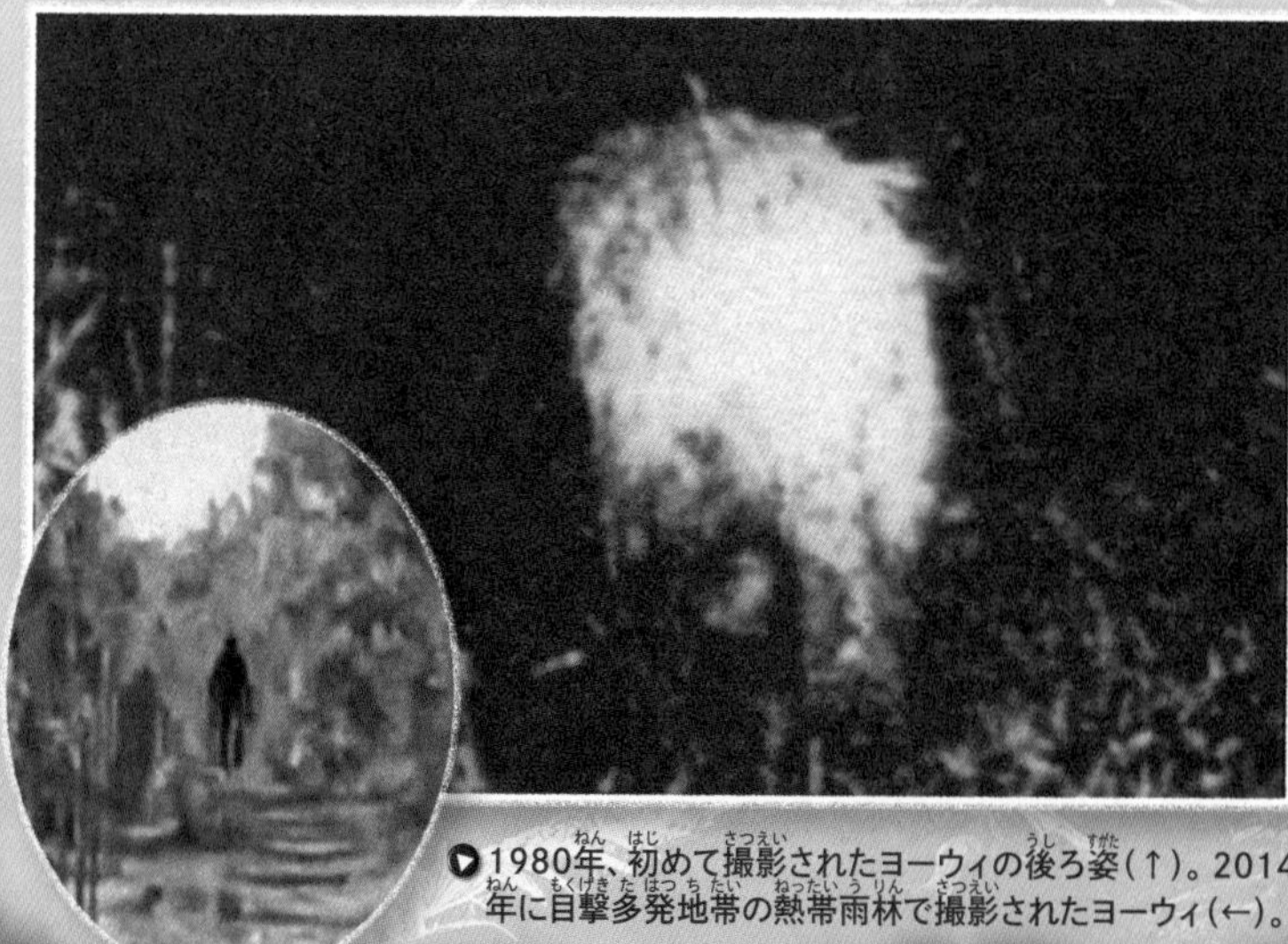

1980年、初めて撮影されたヨーウィの後ろ姿（↑）。2014年に目撃多発地帯の熱帯雨林で撮影されたヨーウィ（←）。

UMA FILE
052

サンド・ドラゴン

砂漠に現れる謎の竜型ヘビ

▲砂漠地帯に出現したサンド・ドラゴン。長い体をシャクトリムシのようにくねらせて進むらしい。

アメリカ、テキサス州のオースティン郊外にある砂漠地帯でうわさされ、近隣の住民から恐れられている大蛇のような生物が、サンド・ドラゴンだ。

このUMAの写真（上）が初めて撮影されたのは2003年のこと。ただし、撮影のくわしい状況は不明だ。

目撃証言によれば、サンド・ドラゴンは、前進するときは鎌首をもたげ、長い胴体をシャクトリムシのように上下にくねらせるという。ただし、このような動きは、ヘビにはほとんど見られない。

これまで遭遇事例がないのは、砂中にもぐってくらしているからだろうか。

DATA

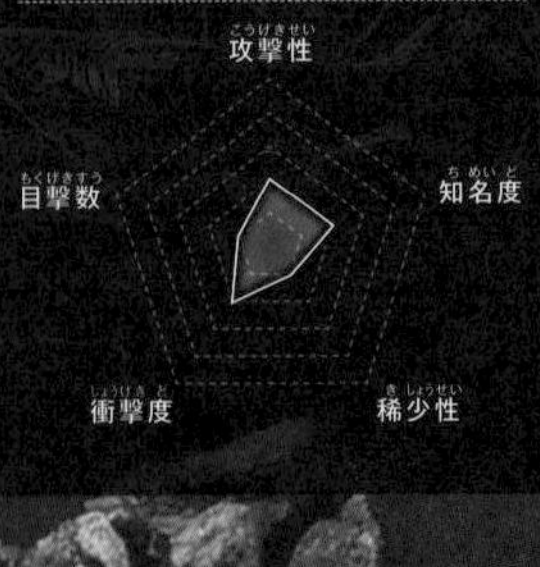

目撃地・生息地	アメリカ、テキサス州
属性	怪生物
初目撃	2003年
推定体長	不明
見た目の特徴	長い体に手足はなく、ヘビそのもの。また、鎌首をもたげながら前進する。

UMA FILE 053

UFO多発地帯に現れる獣人

マーリーウッズの獣人

UFO多発地域マーリーウッズで、2008年から白い獣人が目撃されだした。

ある牧場では、獣人を目撃した牧場主が、放牧中のウシがおそわれるかもしれないと銃を発砲、獣人に命中したが、何事もなかったかのように獣人がその場を去る事件が起きている。

また、この獣人の毛のかたまりが発見、研究所で分析された。その結果、この地域に存在しない生物のものと断定された。

神出鬼没である点からも、ただの獣人ではなくUFOがらみの超常的生物の可能性は高い。

△白い獣人の目撃現場に残されていた白い毛のかたまり。

DATA

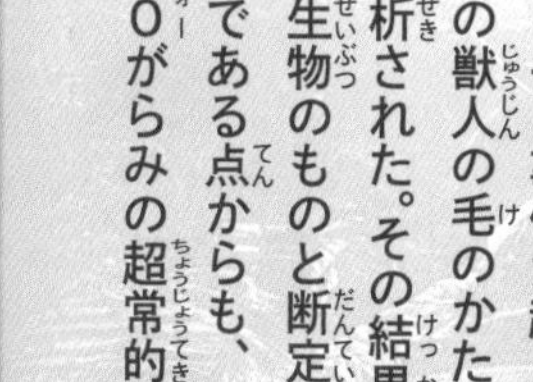

目撃地・生息地	アメリカ、ミズーリ州
属性	獣人
初目撃	2008年
推定体長	不明（推定体重は約80キロ）
見た目の特徴	全身が白い毛におおわれているが、それ以上の外見的特徴は不明。なお、銃が命中しても瞬時に治る特殊能力をもつ可能性がある。

UMA FILE 054

謎の黒い獣人

ダムに現れては消えた異次元生物!?

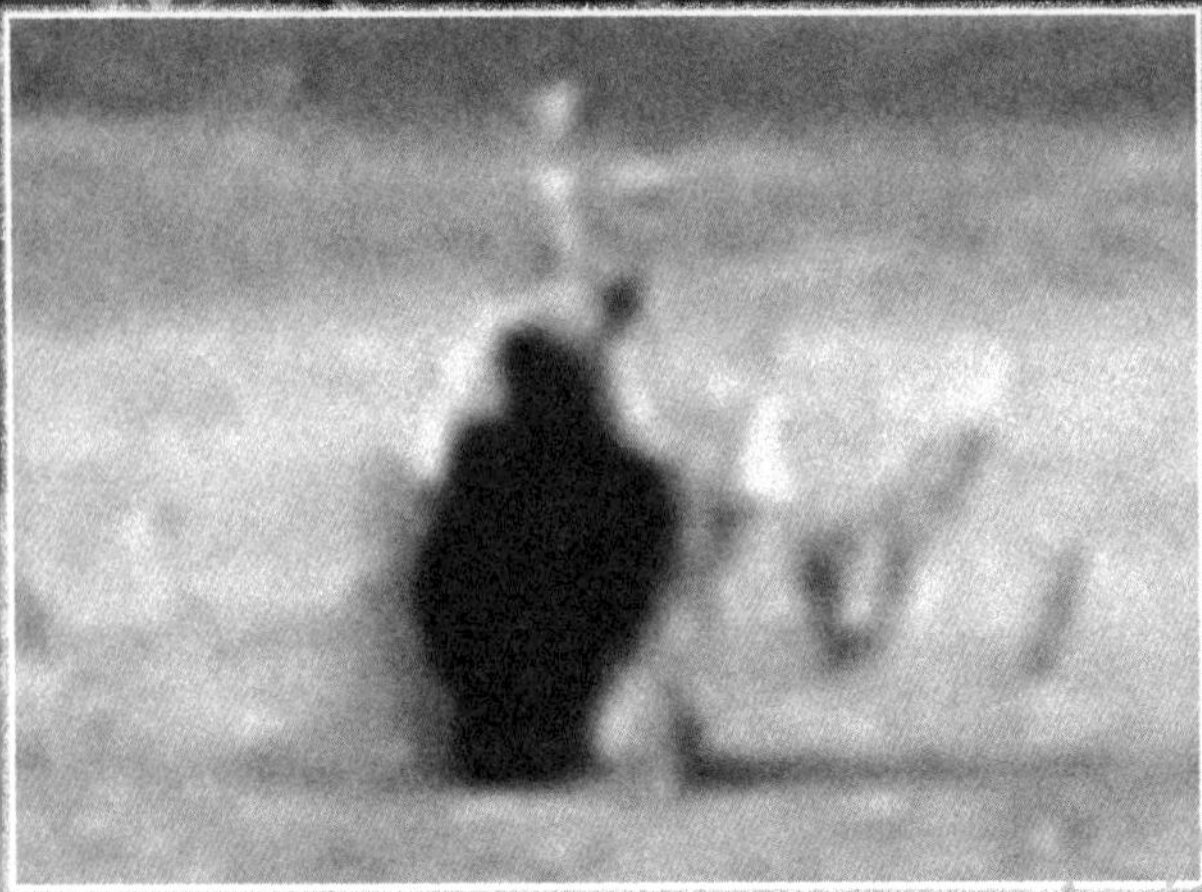

△自動カメラの写真。中央の木のそばに見えるのが、小型の獣人。

2006年6月、ある人物がヌエボレオン州にあるダムで魚釣り中に撮影した写真を見て、驚いた。なんと、水面上に、黒くずんぐりとした毛深い怪物が立っている姿が写りこんでいたのだ。

念のため、同時に連続で撮影した画像を確認したところ、怪物は写っていなかった。このことから、撮影をしていたわずか37秒の間に、怪物は姿を消してしまったことになる。

ひょっとすると、このダムは異次元とつながっており、そこからこの黒い異次元生物が現れては、消えているのかもしれない。

DATA

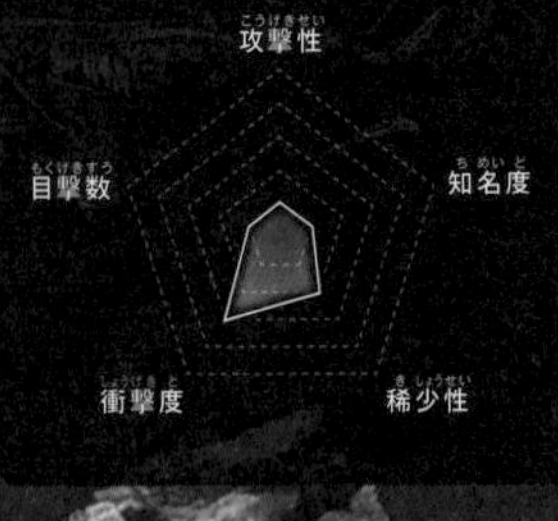

目撃地・生息地	メキシコ、ソンブレレティリオダム
属性	異次元生物
初目撃	2006年
推定体長	不明
見た目の特徴	ずんぐりとした体型で、全身を黒い毛におおわれているように見える。空気にとけこむように姿を消す。

UMA FILE 055

家畜をおそう謎の怪生物が射殺された
コロンビアの怪生物

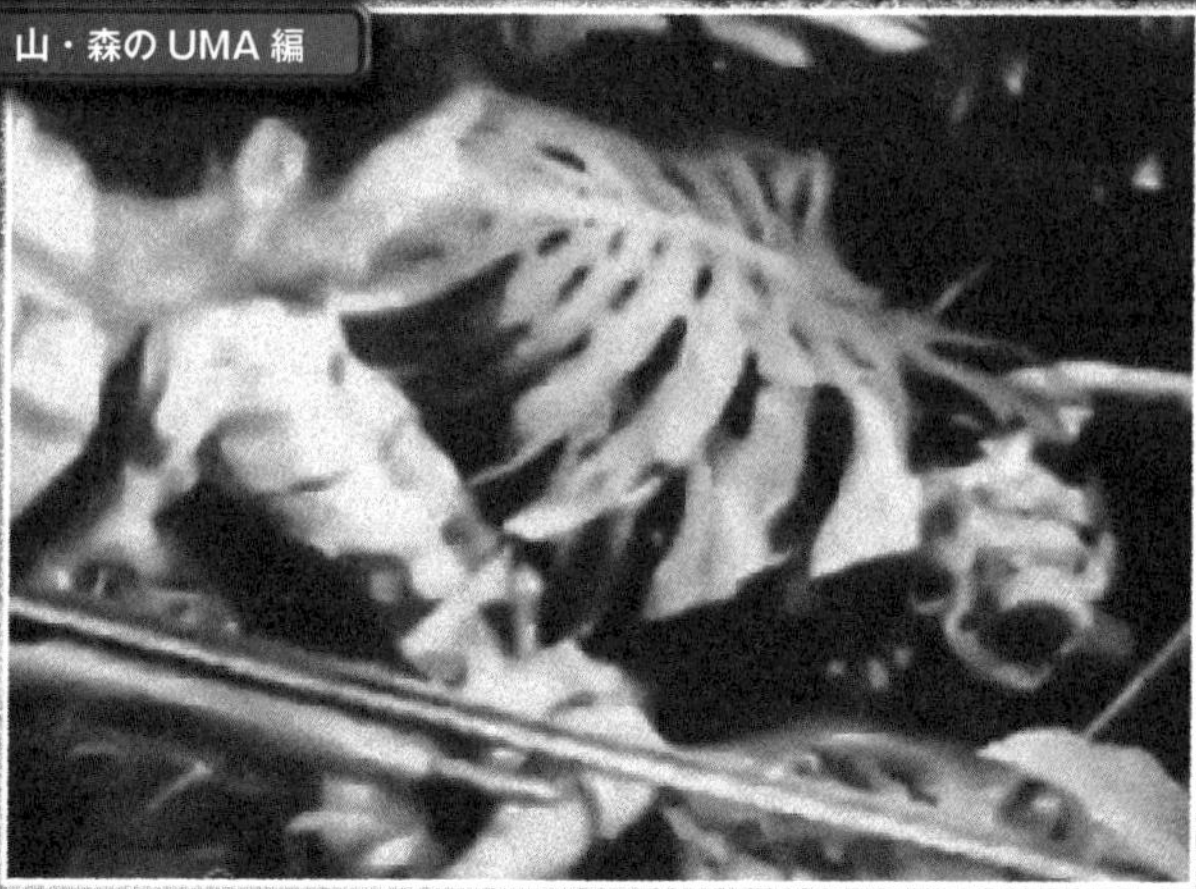

△2012年3月、灌木のしげみから姿を現し、射殺された謎の怪物。いったい何なのか？

2012年3月、コロンビアの灌木のしげみの中で怪物が射殺されるという事件が発生した。そのシーンはビデオ撮影され、動画サイトにアップされた。怪物を射殺した人物は、飼い犬におそいかかったから射殺した、と語る。

映像を観た人々は、この怪物が「トゥンダ＝魔女」だったのでは、とうわさしている。トゥンダは、コロンビアの太平洋岸に住む人々に語り継がれる吸血鬼のような女の魔物だそうだ。

トゥンダはイヌやヤギなどの家畜を、どこからともなく現れてはおそうのではないか、ともいわれている。

DATA

目撃地・生息地	コロンビア
属性	怪生物
初目撃	2012年
推定体長	不明
見た目の特徴	コロンビアに伝わる精霊「トゥンダ」、もしくは魔女を思わせる姿で、血を吸うキバをもつ。

UMA FILE 056

シルバースター山の獣人

山の尾根に姿を現した獣人

シルバースター山の尾根に岩とは異なる存在（丸囲み）が確認できる。

目撃した人物が近づくと、毛むくじゃらの生き物だった！

2005年11月17日、ワシントン州のオカノガン国立森林公園内にあるシルバースター山の雪深い尾根で、獣人の姿が撮影された。

撮影したのはこの山を登山中の男性だ。彼によれば、最初は大きな岩だと思った。しかし、近づいてみると、全身が毛むくじゃらの生き物だったという。

驚いた男性はすぐさまカメラを取りだし、この獣人の姿を撮影した。すると、怪物はその気配を感じたのか、すぐに丘を下って姿をくらましたそうだ。

ビッグフット（68ページ）かそれに似たUMAの可能性は高いだろう。

DATA

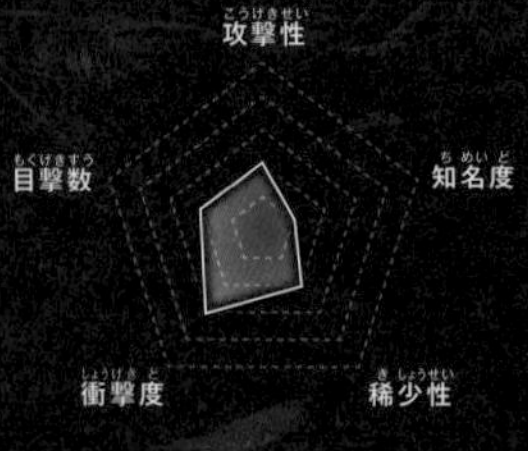

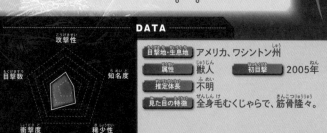

目撃地・生息地	アメリカ、ワシントン州
属性	獣人
初目撃	2005年
推定体長	不明
見た目の特徴	全身毛むくじゃらで、筋骨隆々。

UMA FILE 057

ユッカマン

超常現象多発地帯の不思議な獣人

ユッカ・バレーで撮影されたということ以外、撮影日時、撮影者などくわしい状況は不明。これがユッカマンなのだろうか?

カリフォルニア州の町、ユッカ・バレーは、超常現象の多発帯にある。そこに現れる不思議な獣人がユッカマンだ。

1971年9月深夜には、海軍基地の夜警をしていた兵士がユッカマンを目撃。接近してくるので、銃を発砲しようとした瞬間、雷に打たれたようなショックで、意識を失ったという。

2011年9月には、車で付近を通過中の若者たちが、岩場を歩くユッカマンを目撃した。ところが、スーッと大気にとけるように消えてしまったという。

謎めいたユッカマン。その正体は異次元生物や異星人なのだろうか?

DATA

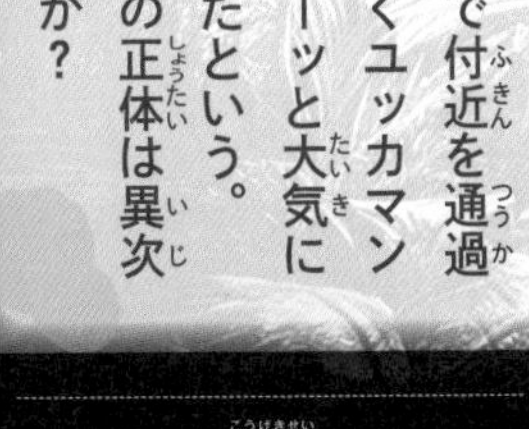

目撃地・生息地	アメリカ、カリフォルニア州
属性	異次元生物
初目撃	1942年
推定体長	約2メートル
見た目の特徴	全身を灰色の剛毛におおわれて毛むくじゃら。雷のような衝撃波を出す(?)。また、空気にとけこむように姿を消す。

危険度MAX!! 恐怖の怪生物

UMA FILE 058

モンゴリアン・デスワーム

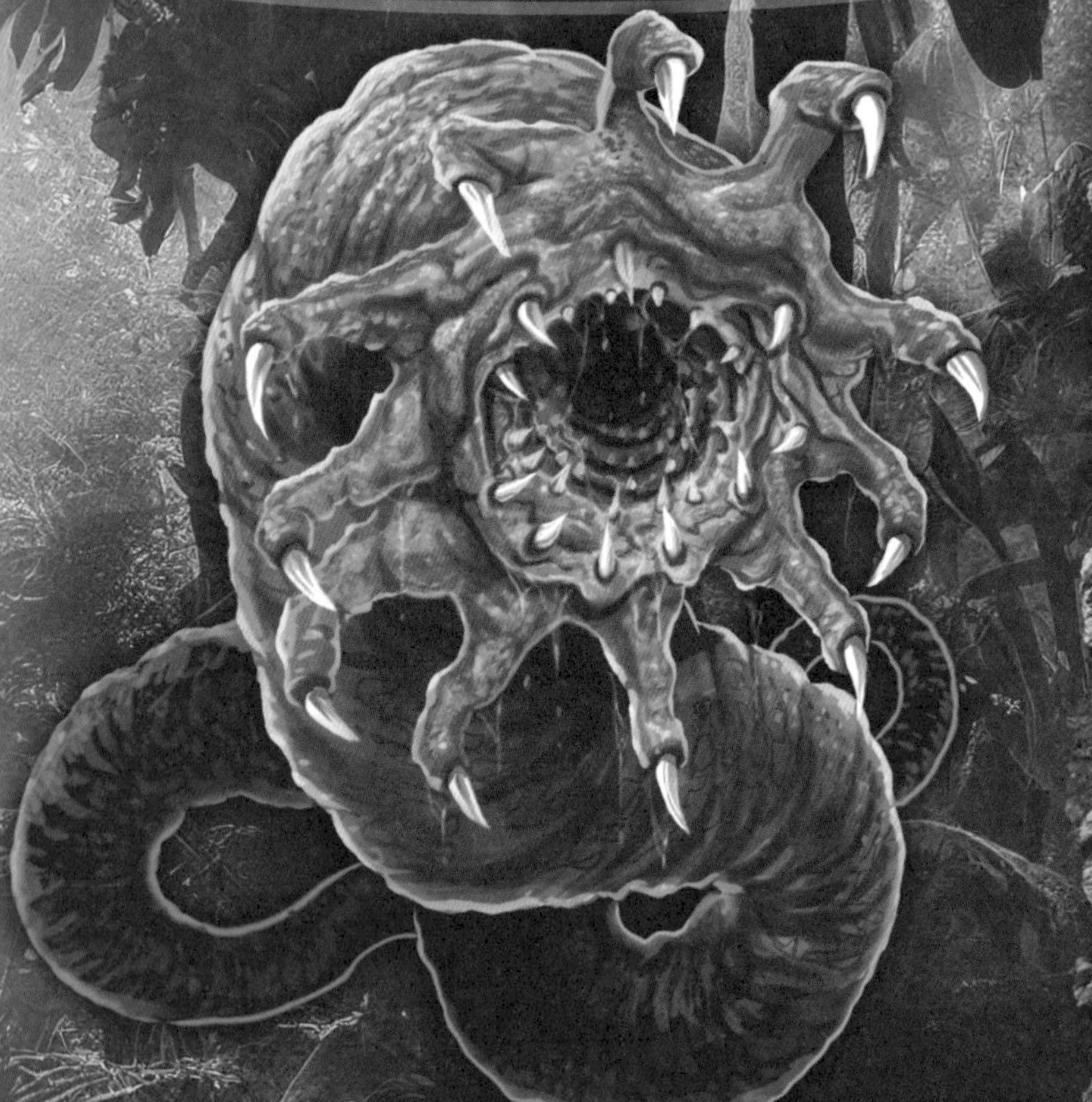

DATA

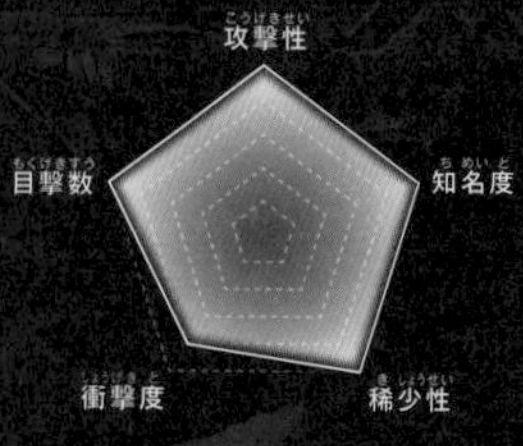

目撃地・生息地	モンゴル、ゴビ砂漠
属性	怪生物
初目撃	1800年代
推定体長	0.5〜1.2メートル
見た目の特徴	巨大なミミズのような姿。体色は赤や茶、茶褐色。体の表面には黒っぽいはん点がある。口から毒をまきちらす。

モンゴルのゴビ砂漠に生息する巨大なミミズのような生物、モンゴリアン・デスワーム。口から蒸気のような毒をまきちらし、さらには電気ショックのような衝撃をあたえて、人間や動物を殺すため、古くから遊牧民の間でおそれられている伝説の怪物だ。これまでに数百人が命をうばわれているという。

はたして、そんな怪物は本当にいるのか。そこで1800年代初頭、ロシアの科学者チームが調査を開始して以来、世界中の多くの古生物学者や動物学者が、このおそろしい有毒生物の調査、捕獲を試みている。

近年では、2005年5月に、イギリスの学者たちで組織された研究チームが本格的な調査を実施した。このときは、モンゴリアン・デスワームの出現確率の高い雨季を選んで、その棲息地に入り何度となく罠を仕かけたが、やはりこれまでの調査同様、捕獲できなかった。

その正体は、ヘビなどの爬虫類、未知のデンキウナギ、珍種のミミズトカゲの変種説など、さまざまな説が提唱されているが、正体は謎のままだ。

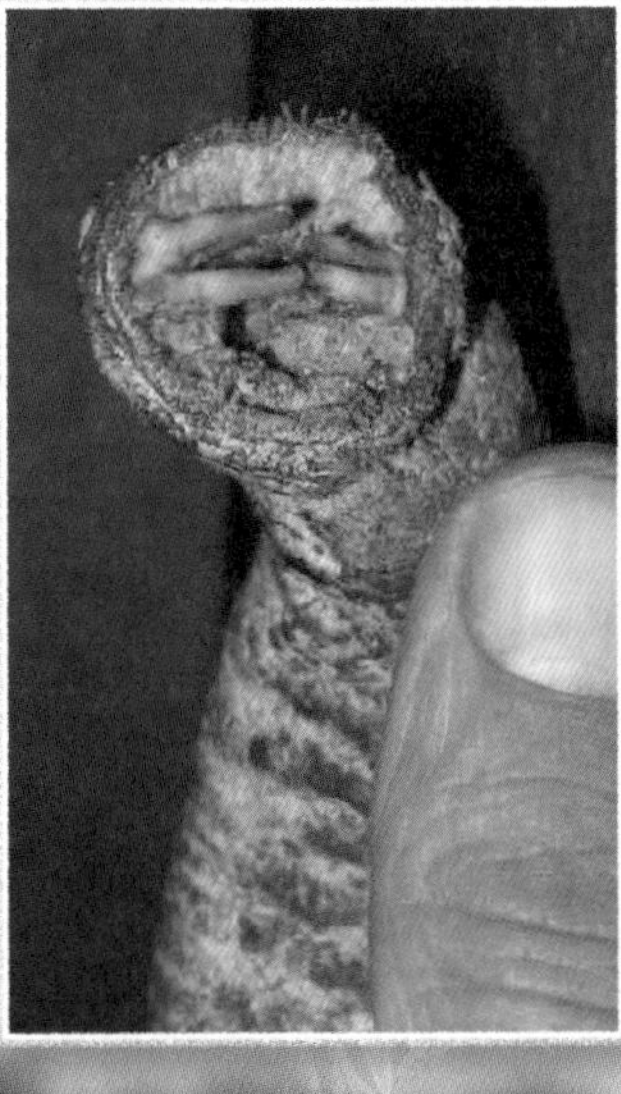

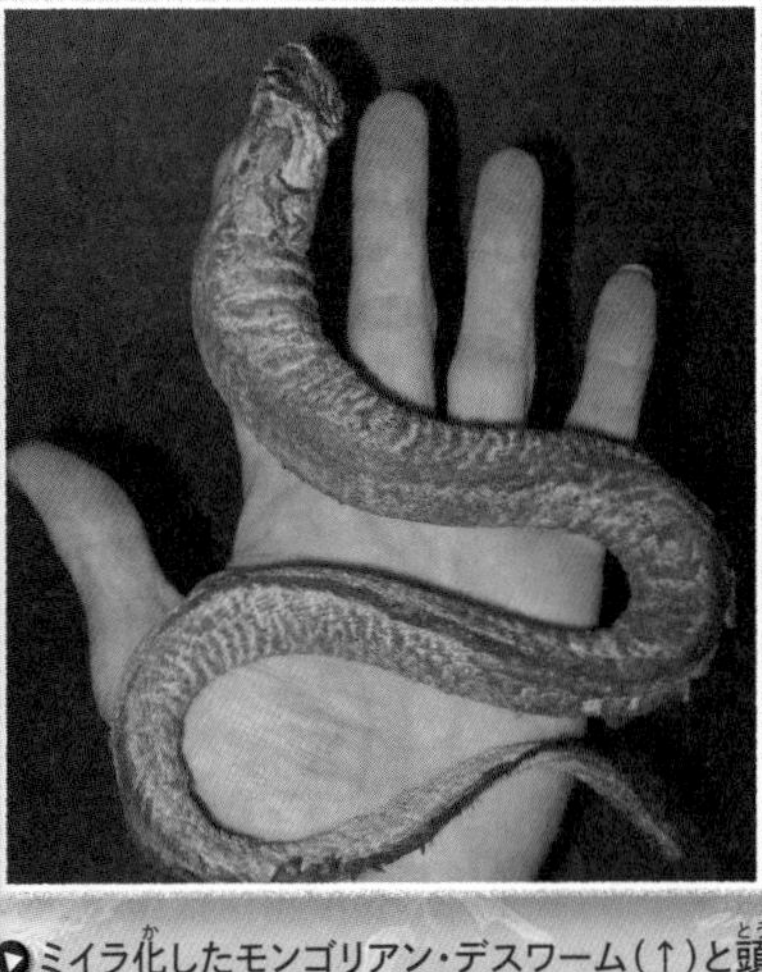

▶ミイラ化したモンゴリアン・デスワーム(↑)と頭部のアップ(←)。詳細は不明だ。

UMA FILE 059

イエレン

3000年前の歴史書にも記される獣人

△2007年に採取されたイエレンの足跡の石こう型。

中国の1500メートル以上の山地で目撃される、イエレン（野人）。

3000年ほど前の歴史書にも描かれ、古くから存在は知られているが、目撃が多発するようになったのは1970年代から。記録に残された目撃報告だけでも、250件をこえている。

そこで、1977年、中国では国家レベルで調査開始。新たな目撃情報や、50件以上の毛髪、足跡などの採取に成功した。しかし野人保護の観点から調査結果は非公開だ。

イエレンの正体はギガントピテクスと見られている。

DATA

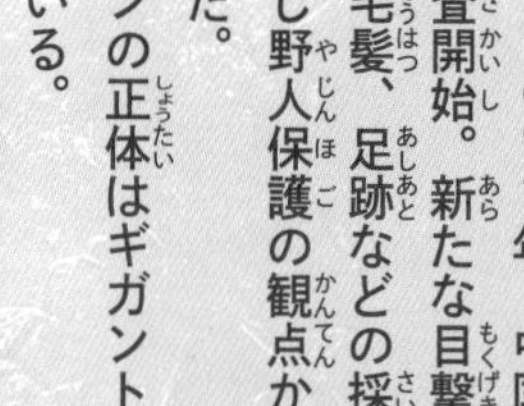

目撃地・生息地	中国、湖北省神農架を中心とする山地
属性	獣人
初目撃	紀元前10世紀ごろ
推定体長	1.8〜2メートル
見た目の特徴	顔は細長く、広い額、とがった頭頂部。肩幅は広く、腕は長く足は大きい。全身の毛は赤茶色もしくは赤黒色。

UMA FILE 060

高い知能をもつ東ヨーロッパの獣人

ルーマニアの獣人

△ルーマニアの山中で、木を運びながら歩く獣人。カメラに気づいているようだ。この写真の撮影者は不明。

東ヨーロッパでは、これまで獣人の目撃はほとんどなかった。ところが、2000年を過ぎたころから、たびたび獣人の姿が撮影されているのだ。2008年2月、ルーマニアのヴァレンシア山に現れたのも、そんな獣人の一種だ。

雪の残る山道を、二足歩行の獣人が歩いていた。木を運ぶようすから、木を道具または巣の材料に使っているのか、高い知能があることを思わせる。

また、同年同月、モルタビア地方・ブランチャでも、これとよく似た獣人が撮影されている。まだわれわれの知らない新種の獣人なのかもしれない。

DATA

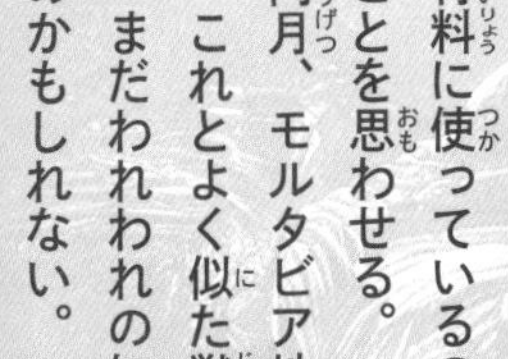

目撃地・生息地	ルーマニア、ヴァレンシア山中
属性	獣人
初目撃	2008年
推定体長	約2メートル
見た目の特徴	全身が濃い茶褐色の毛におおわれている。二足歩行の姿勢は人間的。

日本にブームを巻きおこした怪蛇UMA

UMA FILE 061

ツチノコ

DATA

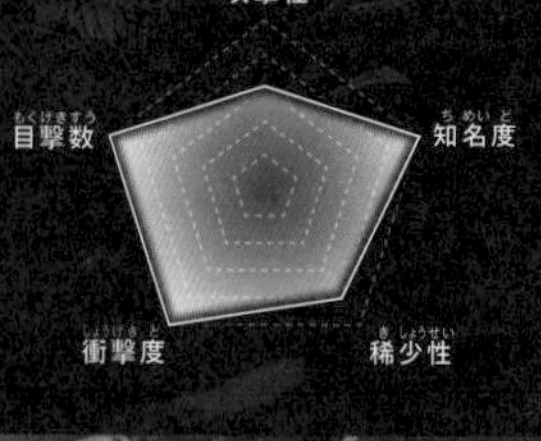

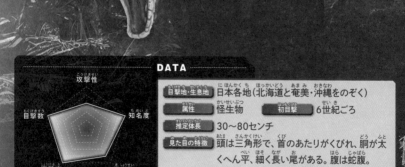

目撃地・生息地	日本各地（北海道と奄美・沖縄をのぞく）
属性	怪生物
初目撃	6世紀ごろ
推定体長	30〜80センチ
見た目の特徴	頭は三角形で、首のあたりがくびれ、胴が太くへん平、細く長い尾がある。腹は蛇腹。

日本のUMAで、もっとも有名なツチノコ。日本最古の歴史書『古事記』にもその存在が記される。だが、ツチノコが有名になったのは、1970年代のことだ。「奇妙なヘビを見た」という報告が突然、増えた。これをきっかけに、百貨店が生け捕りに賞金をかけたり、メディアが取りあげたりして、爆発的なブームを呼んだ。ただし、盛りあがりに反して捕獲や死体の発見はおろか写真すら撮られず、やはり幻の生き物だったと思われだし、ブームは落ち着いた。

なお、有力な目撃情報を総合すると、体をくねらせずに前進後退できる、最高10メートルもジャンプする、ねるときはいびきをかくなどの特徴がある。

正体をめぐっては、ヤマカガシというヘビがカエルなどを食べ腹がふくれた状態との見まちがい説がある。しかし、シャクトリムシのようにはうなどの情報は、ヤマカガシでは説明がつかない。また、死骸こそ見つかっていないが、ツチノコの骨とされるものも発見されている。この怪蛇が実在する可能性は非常に高いのだ。

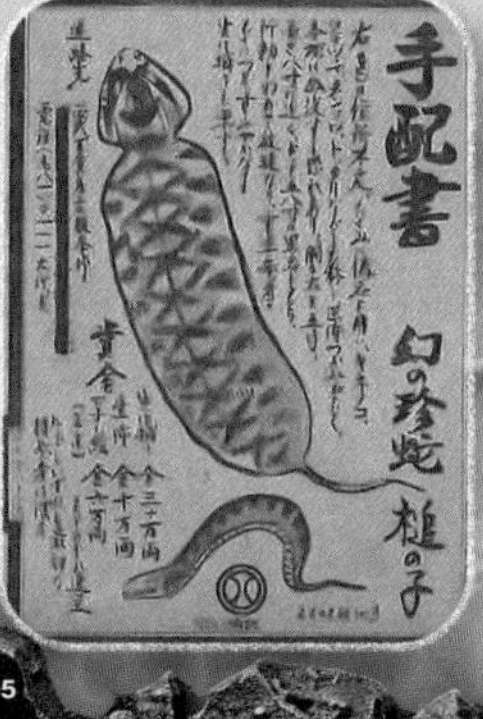

▶ツチノコの背骨とされるもの。ネコの骨など疑われるが、肋骨など骨の数が合わない（↑）。1973年に百貨店が作成した手配書。捕獲に30万円の賞金がかけられた（←）。

UMA FILE 062

広島に現れた日本初の獣人UMA

ヒバゴン

DATA

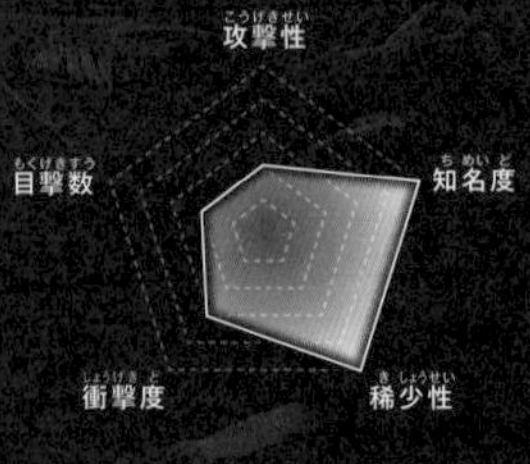

目撃地・生息地	広島県庄原市（旧・比婆郡西城町）
属性	獣人
初目撃	1970年
推定体長	1.5〜1.7メートル
見た目の特徴	全身を茶褐色の体毛におおわれる。頭は人間の2倍ほどの大きさでモップのような形に毛羽立っている。

1970年7月から10月にかけ、広島県・比婆山連峰で奇怪な獣人の目撃が続いた。それが日本初の獣人UMAヒバゴンだ。9月には「中国山脈の奥深く、類人猿が出没！」と新聞で報じられ、日本中に大ブームを巻きおこした。目撃地近くの町役場では「類人猿対策委員会」が設置、警察が連日パトロールし、小中学校では集団登下校が行われた。

ところが、大きな話題を呼んだヒバゴンの目撃は、1974年を最後にプツリととだえた。

ただし、1980年に、広島県の別の地域では、ヒバゴンに似た獣人が目撃され、再び話題を集めたが、続報はない。そのためヒバゴンは絶滅してしまったと考える研究者もいる。

正体については、突然変異したサルや、UFOから落ちた異星の生物などの説がある。

◀1974年8月に比婆山連峰の山林で撮影されたヒバゴンの姿(←)。ヒバゴン目撃現場から、広島県警が鑑識した足跡。長さは20センチだった(→)。

UMA FILE 063

スマトラ島の小さな獣人
オラン・ペンデク

インドネシア、スマトラ島に生息するオラン・ペンデクの名は「背の低い人」という意味で、文字どおり小さな獣人だ。

イギリスの未確認動物研究家が1989年から調査を始め、1993年までに多数の足跡の発見や、撮影こそ失敗したが遭遇まではたし、世に知れわたった。

また、2003年にインドネシアの研究チームが同国のフローレス島で、体長1メートルの新種人類化石を発見。オラン・ペンデクはその人種の末裔かもしれない。

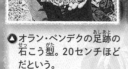

△オラン・ペンデクの足跡の石こう型。20センチほどだという。

DATA

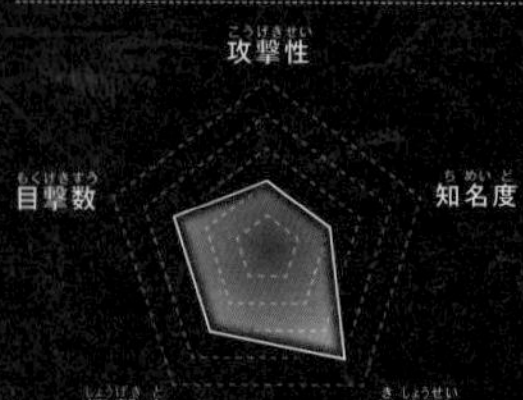

目撃地・生息地	インドネシア、スマトラ島
属性	獣人
初目撃	不明
推定体長	0.8〜1.5メートル
見た目の特徴	髪は背までとどくほど長くて黒く、いつもしめっている。上半身はがっしりし、腕は長い。体は灰色、茶色、褐色の毛におおわれている。

UMA FILE 064

鬼

日本人の恐怖の象徴は実在した！

大分県宇佐市の十宝山大乗院に安置された、全長約2.2メートルという巨大な鬼のミイラ。

日本の怪物として昔から語りつがれてきた鬼。この名前は「隠」という「姿を隠して表に出ない存在」を意味する言葉がなまって呼ばれるようになった。

その姿は、昔の人々の「恐怖」のイメージを形にしたものだったのだろう。しかし、実態のない空想の存在だと思われていた「鬼」が本当にいたことをしめす証拠が、各地で発見されている。

たとえば、大分県宇佐市にある十宝山大乗院という寺には、体長2・2メートル、顔30センチで5センチほどの角をもつ「鬼のミイラ」が安置されている。これは、かつて「鬼」が実在した証だ。

DATA

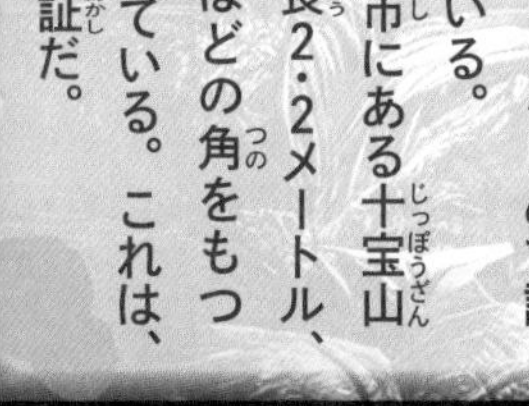

目撃地・生息地	日本各地の山中
属性	怪生物
初目撃	古来
推定体長	2～3メートル以上
見た目の特徴	大がらで筋骨隆々とした体型をしている。頭に1～2本の角が生えている。口にはするどいキバがある。

UMA FILE 065

鳥天狗

空を舞う山の鳥人

かつて石川県の白山神社に御神体としてまつられていたという鳥天狗のミイラ。1944年、戦火で消失してしまったそうだ。

もともと天狗は、中国で災害や事故などの悪いことを知らせる流星のことだったが、日本に伝わると、山にすむ神として伝えられていき、やがて山にこもって修行する山伏姿で描かれるようになった。空を飛んだり、風を巻きおこしたりと、不思議な力をもつといわれる、人々があがめてきた一種の神、または妖怪だ。

だが、その神は本当にいたのかもしれない。上の写真のミイラは、鳥天狗という鳥人型の天狗だ。かつて石川県の白山神社の御神体としてまつられていたそうだが、昭和19年（１９４４年）の戦火で消失してしまったという。

DATA

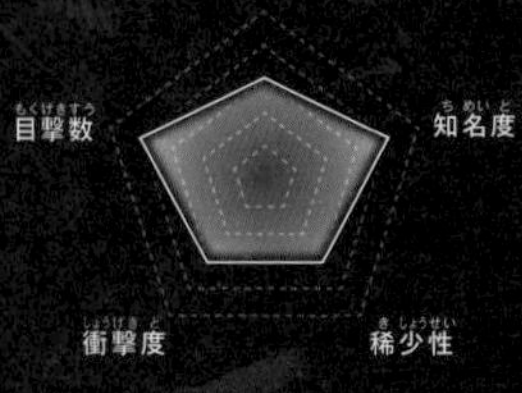

目撃地・生息地	日本各地
属性	怪生物
初目撃	古来
推定体長	約35センチ
見た目の特徴	山伏のような姿で、背には翼をもち空を飛びまわる。口にはくちばし、手にはするどいツメがある。

UMA FILE 066

牛鬼

海底から出現する半獣人

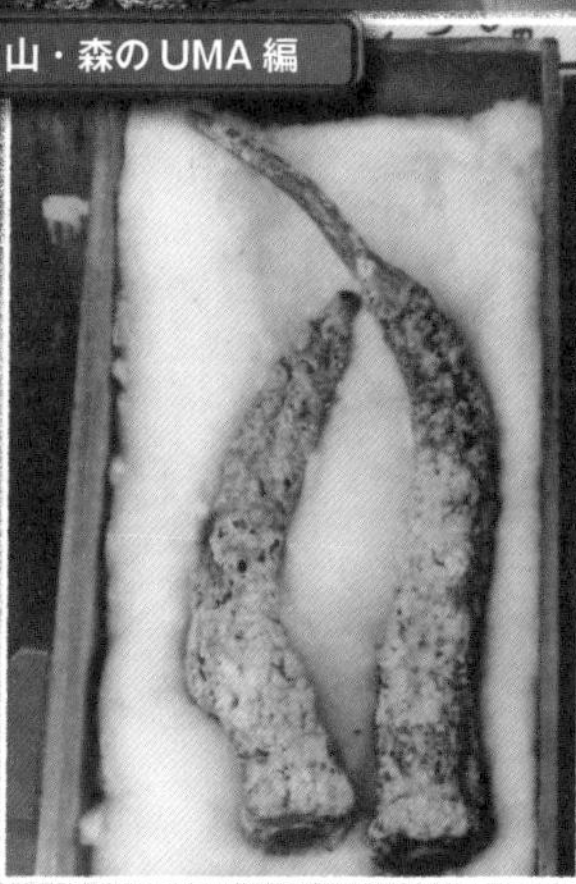
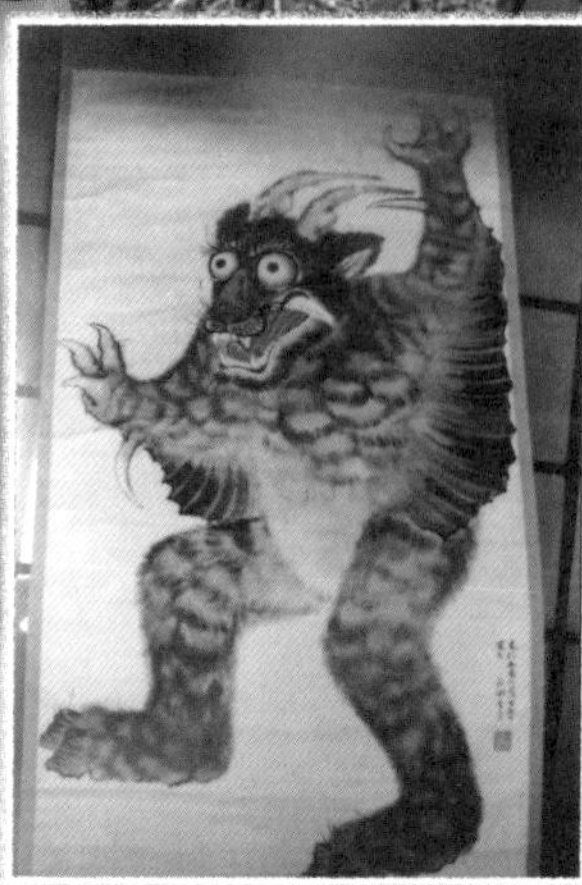

△香川県高松の根香寺には、1808年に描かれたという牛鬼のかけ軸や、双角が安置されている。

おもに、西日本で有名な妖怪、牛鬼。昼は海底にひそみ、夜になると浜に上がって人をおそったりするという。

じつは、この牛鬼が実在したことをしめす物が伝わっている。それは、香川県高松市の根香寺という寺にまつられている「牛鬼の角」だ。１６０８年、同地の青峰山中に牛鬼が住み着き、人々を困らせていた。そこで、豊臣秀吉の家臣、山田蔵人高清が退治したという。この角は、そのとき切りとったものと伝わる。

現在は妖怪として知られているが、このような証拠から、はるか昔は、海の怪物として実在していたのかもしれない。

DATA

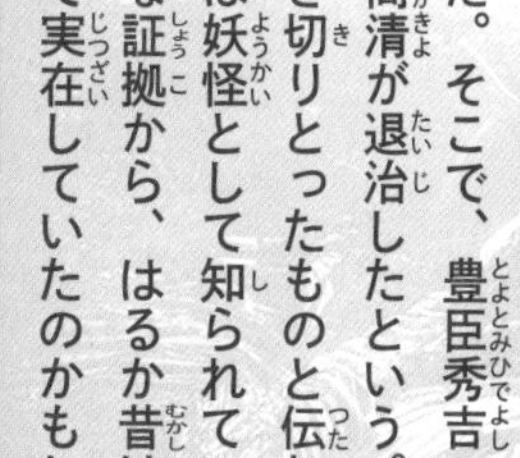

目撃地・生息地	日本各地
属性	怪生物
初目撃	古来
推定体長	不明
見た目の特徴	ウシと鬼が合体したような姿、もしくは鬼の顔にクモの体をしている。頭部の角は太くがっしりしている。

大蛇（おろち）

かつて実在した伝説の巨大ヘビ

△広島県府中市の青目寺にまつられている、約40センチの大蛇の頭骨。

古来、日本には巨大な蛇「大蛇」の伝説がある。日本最古の歴史書『古事記』に登場する「八岐大蛇」もその一種である。じつは、その大蛇の実在をほのめかす蛇骨が、広島県の寺にある。

それが同県府中市の青目寺にまつられている「大蛇の頭骨」。17年に1度だけ、ご本尊とともに公開されるという。

言い伝えでは、万寿4年（1027年）、「七ツ池（府中市本山町）」で悪事をはたらいていた大蛇がおり、当時の住職が退治したという。これはその退治された大蛇の頭骨で、青目寺の宝として今でも大切にまつられている。

DATA

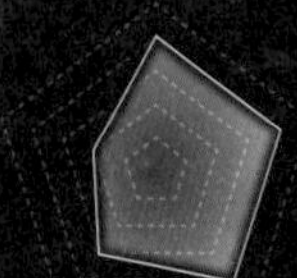

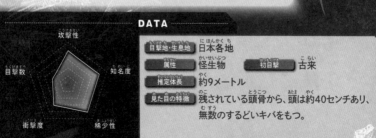

目撃地・生息地	日本各地		
属性	怪生物	初目撃	古来
推定体長	約9メートル		
見た目の特徴	残されている頭骨から、頭は約40センチあり、無数のするどいキバをもつ。		

UMA FILE 068

ウクマール

特徴的な4本のキバをもつ小型獣人

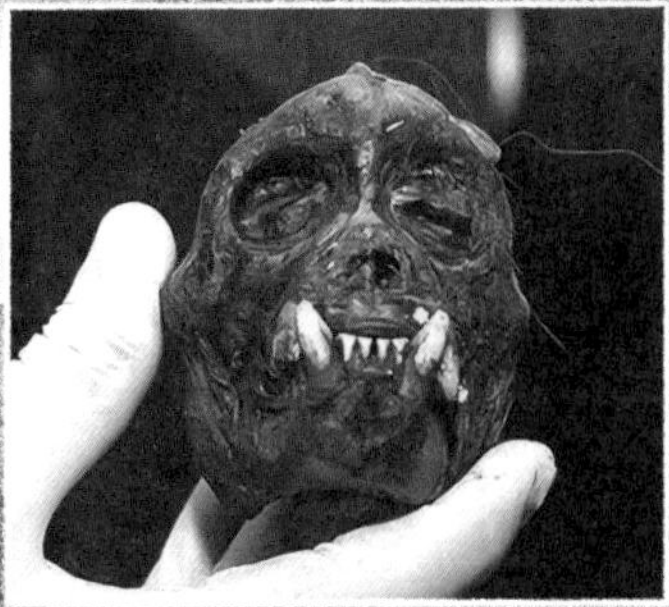

牧場に現れ、射殺されたウクマールの頭部(おそらく幼体と思われる)。

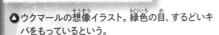

ウクマールの想像イラスト。緑色の目、するどいキバをもっているという。

ウクマールは、1958年に目撃記録が始まる、アンデスの小型の獣人だ。

2010年7月には、アルゼンチンの牧場に「ウ〜ウ〜」といううなり声とともに出現。危険を感じた牧場主は、反射的にその獣人を射殺。死体を調べると、どうも子どものようだった。牧場主は、子を失った親におそわれる可能性があると考え、頭部のみを切断して保存、胴体はバッグにつめて谷底に捨てたという。

さらに2012年には、アルゼンチンのある村をウクマールがおそうという事件が発生。しかし、その後なぜか続報がなく、くわしいことはわかっていない。

DATA

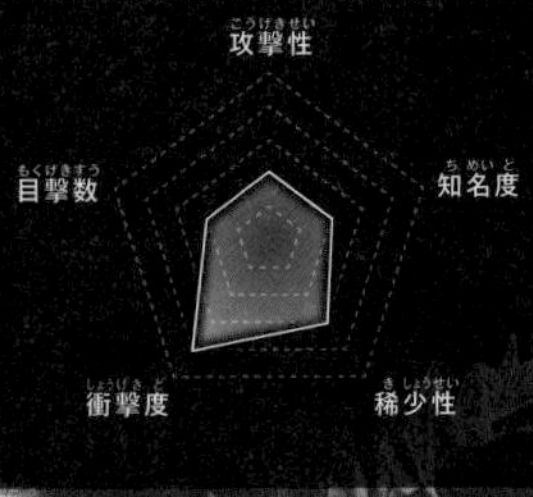

目撃地・生息地	アルゼンチン、アンデス山脈
属性	獣人
初目撃	1958年
推定体長	60〜70センチ
見た目の特徴	全身を茶や黒の毛におおわれ、皮ふは赤く、緑色の大きな目、するどい4本の大きなキバをもつ。

UMA FILE 069

神話に語られる一角獣が実在した！

ユニコーン

DATA

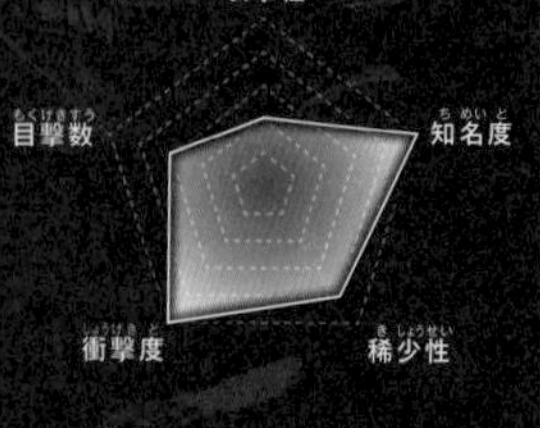

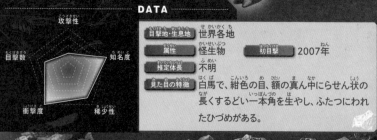

目撃地・生息地	世界各地
属性	怪生物
初目撃	2007年
推定体長	不明
見た目の特徴	白馬で、紺色の目、額の真ん中にらせん状の長くするどい一本角を生やし、ふたつにわれたひづめがある。

ユニコーンといえば、額に1本の角を生やした、ウマに似た生物で、ヨーロッパの架空の動物としてよく知られる。だが、実在の可能性が高まってきた。2007年11月、ユニコーンの姿が初めて撮られたのだ。

撮影された場所は、スイスの山中。ハイキング中のカップルが風景を撮影していると、ユニコーンが映りこんだのだ。だが、次の瞬間には木陰にかくれてしまった。

さらに2010年10月、カナダ、オンタリオ州トロントの山岳地帯ドンバレーで、やはり映像にとらえられた。付近でバードウォッチングをしていた人物が、森の奥深くへ足を踏み入れたとき、突然、目の前にユニコーンが現れた。彼はとっさにビデオカメラを回し、目の前を走り去るユニコーンの姿を映した。

撮影後、ユニコーンかどうか科学分析されたものの「映像だけでは判断できない」とされ、さらなるユニコーン目撃情報を募集することになったという。

もし、ユニコーンの実在が確認されれば、生物史がくつがえるほどの大発見になる。続報に期待したい。

▶撮影されたユニコーン。2007年、スイスの山中のもの(↑)。2010年、カナダの山岳地帯でのもの(←)。

3本指の奇怪な獣人

UMA FILE 070

グラスマン

DATA

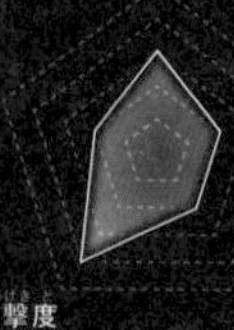

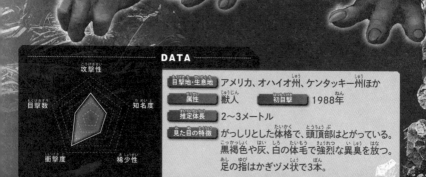

目撃地・生息地	アメリカ、オハイオ州、ケンタッキー州ほか
属性	獣人
初目撃	1988年
推定体長	2～3メートル
見た目の特徴	がっしりとした体格で、頭頂部はとがっている。黒褐色や灰、白の体毛で強烈な異臭を放つ。足の指はかぎヅメ状で3本。

グラスマンはビッグフット（68ページ）に姿こそ似ているが、目撃が報告される地域では「超常的な存在」と考えられることがある。というのも、突然姿を消したり、出現時にはUFOの目撃が多発しているからだ。

たとえば、1988年にオハイオ州のケンモア森林地帯で、親子がグラスマンに石を投げつけられた。親子が30メートルほどの距離まで近づくと、グラスマンは突然、消えたという。

また、1996年にグラスマンの研究家が、赤外線探知機をもってグラスマン目撃多発地帯イートン地区へ向かった。そこで全長3メートルはある巨大獣人に遭遇。獣人は研究家に近づいてきたが、その瞬間、強い臭いだけ辺りにただよわせて姿を消したのだ。

なお、このグラスマン研究家は、巣や、長さ30センチもある3本指の巨大な足跡を発見している。すなわち、グラスマンは超常現象を起こしはするものの、まぎれもなく実在するという証拠もあるのだ。

▶2020年、ドローンで撮影されたグラスマン（↑）。1996年に森の中のぬかるみに残された3本指の足跡（←）。

UMA FILE 071

ポチョン

白装束をまとった幽霊

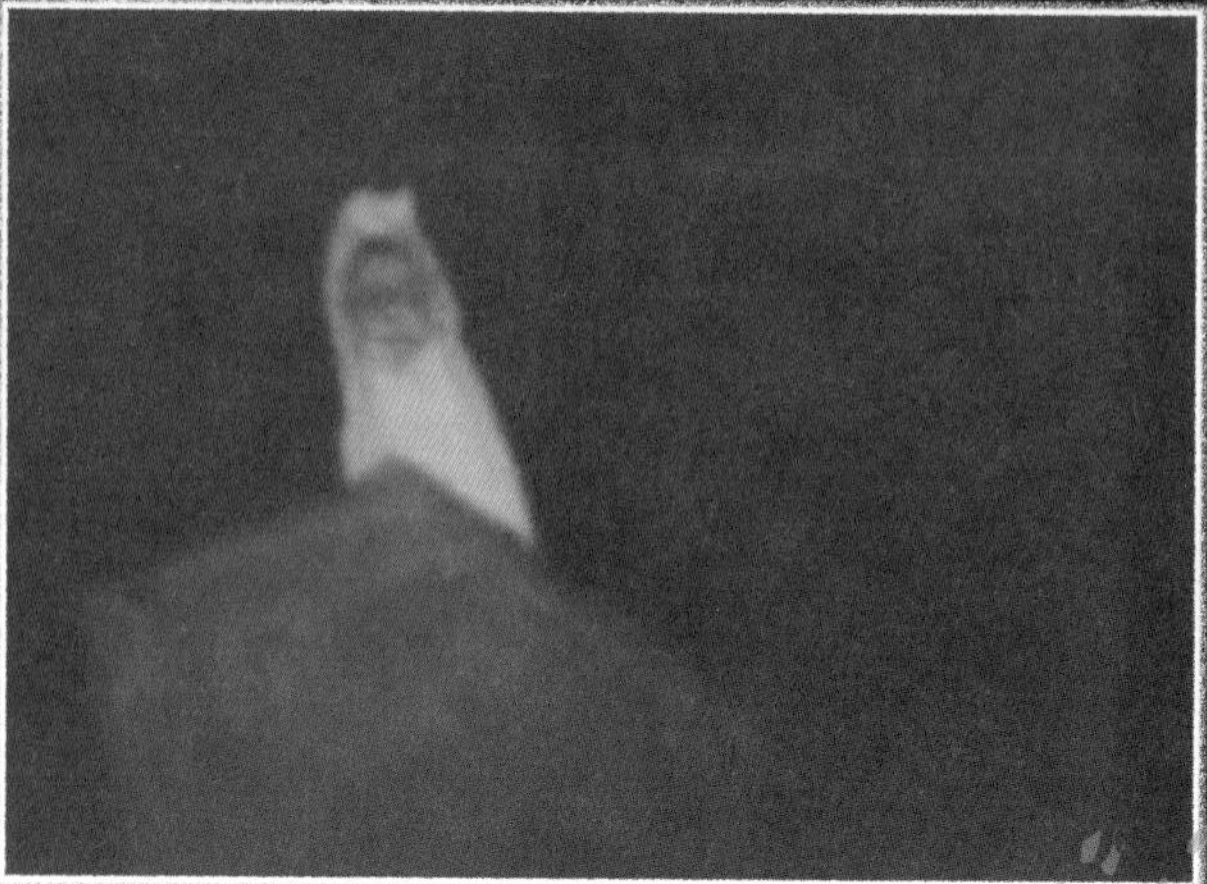

▲2011年7月に、若者が森の奥で撮影に成功した、白装束のポチョン。

インドネシアには、夜の森にすむ白装束のUMA伝説が語られている。そのUMAの名はポチョン。幽霊のような、霊的存在とも考えられている。

２０１１年７月、ポチョンを撮影しようと、若者たちが森の奥深くに入り、その姿を動画におさめることに成功した。

動画には、木の陰から姿を見せたポチョンが写っている。伝説のとおり、頭から白いベールをかぶった白装束の無気味な姿だった。目や鼻、口が確認できる。その目が一瞬光るのだ。

若者たちは、あまりの怖さで、撮影とちゅうで逃げだしてしまったという。

DATA

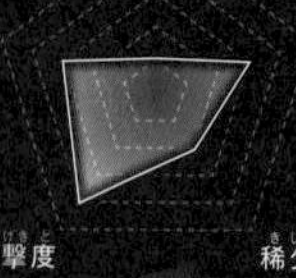

目撃地・生息地	インドネシア
属性	異次元生物
初目撃	2011年
推定体長	不明
見た目の特徴	イスラム教徒を埋葬する白布をまとい、足がなく宙を漂う。もしくはぴょんぴょんとはねるように移動する。

UMA FILE 072

生放送中に映りこんだ異世界人
謎のヒト型生物

テレビの生放送中、奇妙な生物が現れた（丸囲み）。

2011年8月、テレビ番組の生放送で、ある人物のインタビューを中継していたとき異変が発生した。人物の背後に直立二足歩行する、謎の生物が現れたのだ。

「小さな変な生き物が通っていった」テレビ局に、視聴者からの問い合わせが殺到。改めて関係者が確認すると、確かに奇妙な生き物が映りこんでいた。その正体がわからず、ただ困惑するばかりだった。

もちろんトリックの可能性も考えられない。異世界の住人が、何かのはずみにわたしたちの世界にまぎれこんでしまったのだろうか。

DATA

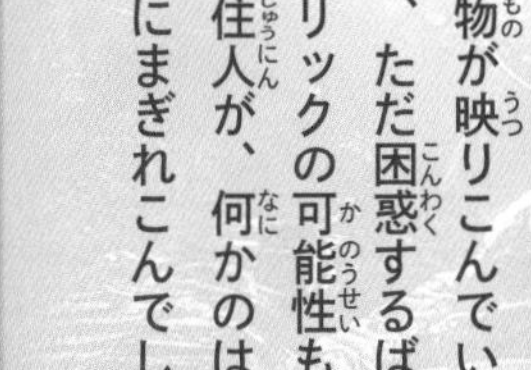

目撃地・生息地	アルゼンチン、サンタクルス
属性	異次元生物
初目撃	2011年
推定体長	不明
見た目の特徴	腕や足は木の枝のように細く、2本の足ですたすたと歩く。

UMA FILE
073

ルクセンブルクの獣人

小国で2度目撃された謎の獣人

△ルクセンブルクの森林に現れた獣人。カメラのシャッター音に気づくと足早に去った。

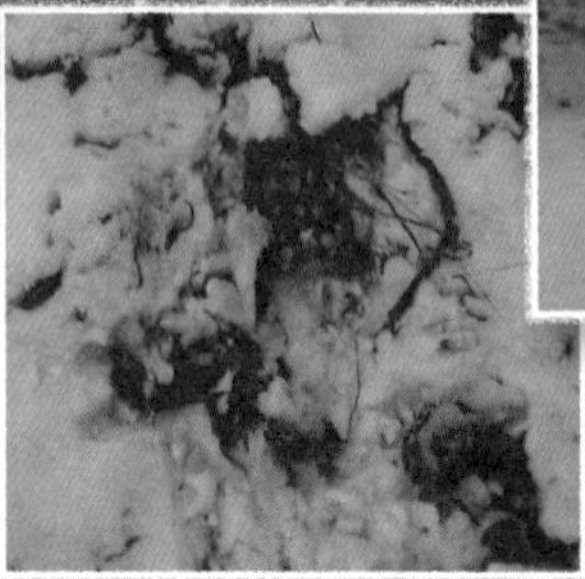

△現場に残されていた獣人が雪を踏みしめた足跡。

西ヨーロッパの小国ルクセンブルク大公国で、2002年冬、謎の獣人の姿がカメラにキャッチされた。

ある人物が森林の中を撮影しながら散歩しているときのこと。突然、目の前に巨大な人影があることに気がついた。それは、毛むくじゃらの獣人だったのだ。

すぐさまシャッターを切ったが、獣人はその気配を察知したのか、足早に森の奥へと姿を消した。獣人が歩いていた場所には雪を踏んだ足跡が残されていた。

じつは前年8月にも同じとおぼしき獣人が別の男性によって撮影されている。今も森にひそんでいるのだろうか？

DATA

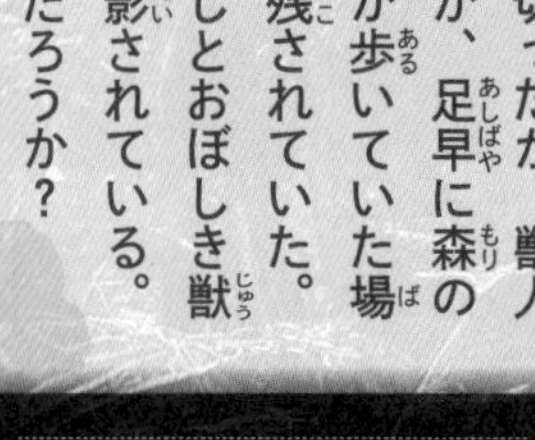

目撃地・生息地	ルクセンブルク大公国
属性	獣人
初目撃	2001年
推定体長	約2メートル
見た目の特徴	全身が黒っぽい毛におおわれている。二足歩行をし、しっかりと大地をふみしめて歩くようだ。

UMA FILE
074

「地獄の犬」が現代によみがえった!?
ダートムーアの野獣

△左写真の丸囲み部分の拡大。野獣は黒く長い毛におおわれていることがわかる。

△右上は遠足に来ていた小学生。そこから200メートルの距離に謎の野獣（丸囲み）がいた。

デボン州のダートムーアには、1600年代から「地獄の犬」と呼ばれる怪物の伝説がある。この怪物が現代によみがえったのか？ 2000年以降、周辺地域の家畜がおそわれる事件が起きていた。そして2007年7月、同地において、おそろしげな野獣の姿が撮られた。撮影者は観光業者。彼は、当地に遠足に来た小学生の相手をしているとき、200メートル前方におかしな生物を発見し、カメラのシャッターを切った。

ちなみに撮影者によれば、イヌ科よりネコ科の動きを思わせるとのことだった。正体は新種のUMAなのだろうか。

DATA

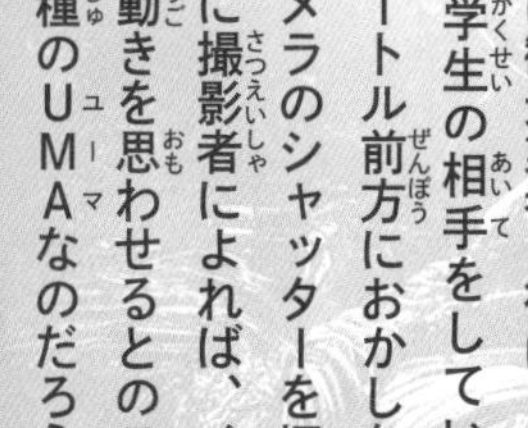

目撃地・生息地	イギリス、デボン州
属性	怪生物
初目撃	2007年
推定体長	約1メートル
見た目の特徴	大型の長毛犬に似た姿をしており、毛の色は黒と灰。がっしりした体型で、尾は長太く、先はとがる。耳は丸みがあり小さい。

UMA FILE 075

半人半植物の美しい妖精

ナリーポン（マカリーポン）

△タイの寺院にまつられているナリーポンのミイラ。タイやインドに伝わる人体果実だ。

タイの首都バンコク北方に位置する、とある寺院にナリーポン（またはマカリーポン）と呼ばれる奇妙なミイラが大切にまつられている。サイズはとても小さく、古くから現地に伝わる、半人半植物の美女の妖精だという。

ナリーポンは樹木の実として誕生し、1週間ほどで子ども大の大きさになって木から落ちる。このときは話したりおどったりできるそうだ。そして1週間ほどで死んでしまう。

ちなみに、バンコクにはナリーポンのオブジェがかざられ、現地で最も神聖なものとしてあがめられているとか。

DATA

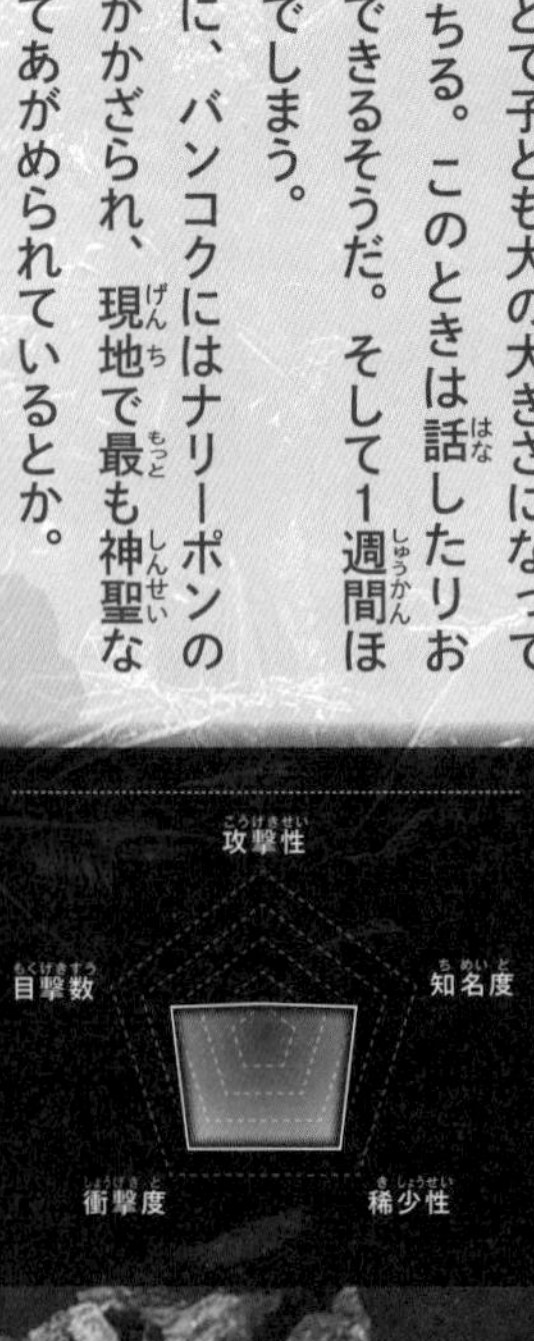

目撃地・生息地	タイ
属性	怪生物
初目撃	古来
推定体長	人間の子どもほどの大きさ
見た目の特徴	木の実から16歳の美しい少女のような姿になる。死ぬとみるみる縮んで人間のてのひらサイズに干からびる。内臓はあるが骨はない。

UMA FILE 076

ホースマン

半馬半人の怪物の剥製

博物館に展示されている頭がウマで体が人間のような生物。

2006年9月、イギリスのとある小さな海洋博物館で、奇妙な怪物の剥製が公開された。

この博物館の研究員によれば、この生物は公開の40年前の1966年に、同国の兵士が北アフリカから持ち帰ったものという。その兵士の話によれば、発見時には、すでに死んでいたという。

上の写真のように、頭部はウマ、胸を抱きかかえるかのように交差した指は人間のようで5本ある。

作り物という話もあるが、あるいはアフリカには未知の生物がまだ存在するのかもしれない。

DATA

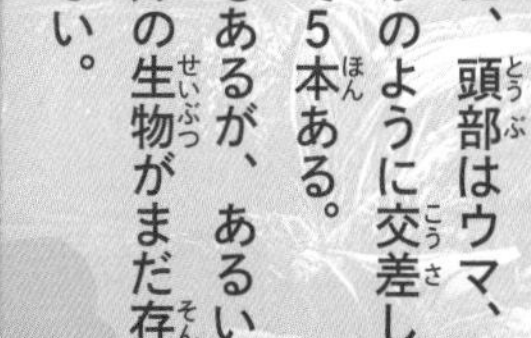

目撃地・生息地	北アフリカ
属性	怪生物
初目撃	1966年
推定体長	不明
見た目の特徴	ウマのような頭部にサル（人間）のような体。頭頂部にはたてがみがあり、口にはするどいキバがある。

UMA FILE 077

ビッグフット・ベビーか？ 謎の獣人ミイラ

森の中で落ち葉にうもれた状態で発見された、小型の獣人ミイラ。全長は17.5センチしかなかった。

以前、ビッグフットの赤ん坊のミイラとされるものが発見されたことがある。

撮影者によれば、グリーンズバーグという森林地帯で動物を撮影中、草の下にうもれていたものだという。

しかも、グリーンズバーグは、ビッグフットの出現エリアで有名な場所だ。

これまで、ビッグフットの存在を否定する専門家たちの根拠に「死体が発見されていないこと」があげられている。もし、このミイラが本物なら、ビッグフット存在の証明になるのだ。

だが、このミイラは専門機関で調査する前に行方不明になったそうだ。

DATA

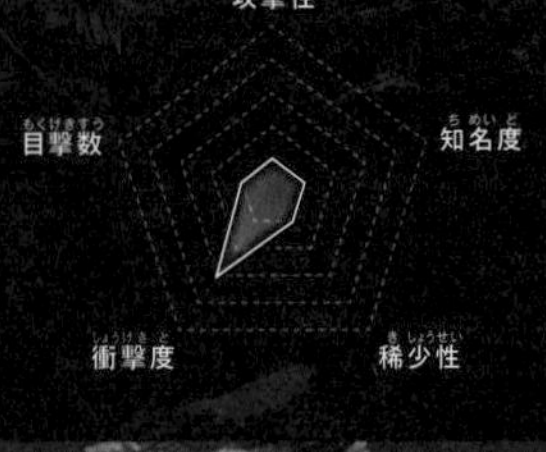

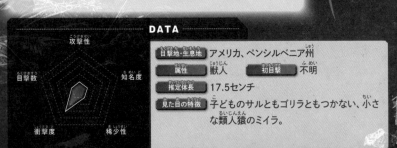

目撃地・生息地	アメリカ、ペンシルベニア州
属性	獣人
初目撃	不明
推定体長	17.5センチ
見た目の特徴	子どものサルともゴリラともつかない、小さな類人猿のミイラ。

UMA FILE 078

人面ヘビ

神話からぬけでてきたヘビの怪物

上半身が人間、下半身がヘビの半人半獣のミイラ。マレー半島で発見されたものだという。

2010年11月、マレーシアの見世物小屋で、人面ヘビのミイラが一般公開された。

この不気味なミイラは、同国のマレー半島の南部に位置するヌグリスンビラン州バハウで発見されたものだという。発見時の状況などは、報じられていないため不明だ。

写真のとおり、半人半獣の怪物だが、髪の毛の状態はいいようだ。

地元の住民の間では、このミイラはギリシア神話に登場する「ゴルゴン3姉妹のひとり」だと信じられており、訪れた見物客たちに崇拝されているという。

DATA

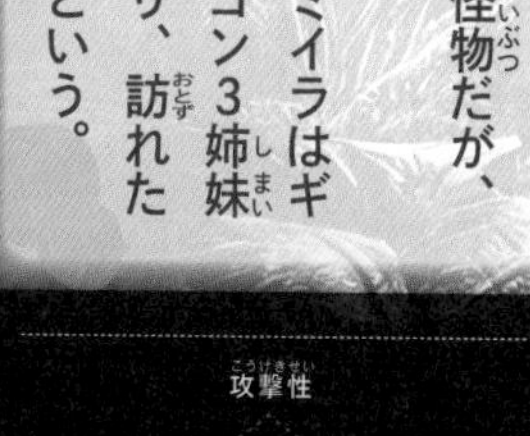

目撃地・生息地	マレーシア、ヌグリスンビラン州
属性	怪生物
初目撃	2010年
推定体長	2～3メートル
見た目の特徴	上半身は人間で、頭髪はきれいなブロンド。下半身はヘビ。

UMA FILE 079

マンデ・ブルング

イエティに似たインドの獣人

△マンデ・ブルングの目撃だけでなく、足跡が発見されている。

マンデ・ブルングはインドで「ジャングル男」の意味をもつ獣人。

以前からこの獣人の目撃情報はあったが、2007年からその目撃数が一気に急増。6月には、家族連れの獣人が約30メートルの近距離で目撃された。

また、周辺地域では過去10年にわたって、この獣人の調査を続けており、多数の目撃証言や足跡のサンプル、体毛を収集している。

イエティに似ていることも指摘されており、地理的にはインドにイエティがいても何ら不思議ではない。

DATA

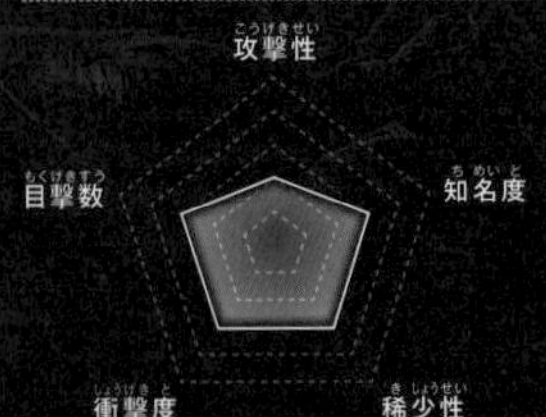

目撃地・生息地	インド、メガラヤ州
属性	獣人
初目撃	2001年
推定体長	約2.4メートル
見た目の特徴	全身はふさふさした茶褐色の毛におおわれている。頭部は帽子をかぶっているような形。足は約38センチ。

UMA FILE 080

飛んでくる銃弾を手でつかむ！
UFOから出現した獣人

1973年10月、ペンシルベニア州グリーンズバーグの農場の上空にUFOが出現、近くに2体の獣人が出現した。

目撃者が銃を発砲したところその獣人は、右手で弾をつかんだという。

現場周辺では、6月から8月にかけて、UFOとビッグフット（68ページ）の目撃が多発していたほか、巨大な3本指の足跡が発見された。

この獣人の正体をめぐってはUFOが連れてきたエイリアン・アニマル説がとなえられている。

△現場に残された獣人の足跡の石こう型を見せる研究家ゴードン。

DATA

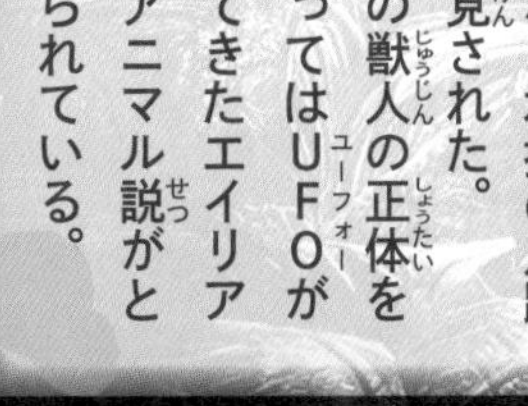

目撃地・生息地	アメリカ、ペンシルベニア州
属性	獣人
初目撃	1973年
推定体長	約2メートル
見た目の特徴	全身を暗い灰色の毛におおわれ、腕は地面に届くほど長く、緑がかった黄色い目をもつ。ゴムが焼けるような臭いを発する。

UMA FILE 081

マンドラゴラ

不老不死の薬にもなる半人半植物

人間の形をした植物の根、マンドラゴラの画像とされるもの。しかし真偽は不明だ。

ナリーポン（112ページ）のように、半人半植物の伝承は、世界に数多くある。とくに有名なのがマンドラゴラだ。

その歴史は古く、2500年以上前にはヨーロッパ全土で知られていたようだ。

そこまで広く知られるには、わけがある。マンドラゴラには不思議な力があり、この半人半植物からは、不老不死の薬や大きな霊力を得ることができるからだ。

もちろんかんたんに手に入るものではなく、採取もたいへん。地中から引きぬかれると絶叫するのだが、その声を聞くと命を落とすほど。しかしそうまでしても手に入れたい人は多いのだ。

DATA

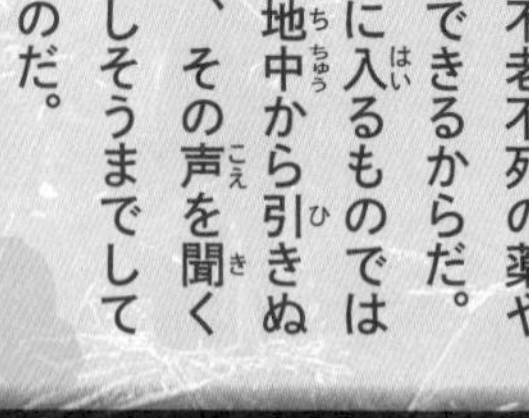

目撃地・生息地	ヨーロッパ全土
属性	怪生物
初目撃	2500年以上前
推定体長	不明
見た目の特徴	処刑場などに生える植物で、人間のような形をしている。正しく保管すれば、どんな質問にも答えるようになる。

UMA FILE 082

謎のオオカミ男 ベアウルフ

ベアウルフが歩く姿を撮影したとされる。ただし、状況など詳細はわかっていない。

ベアウルフの出現場所に残されていた謎の足跡。やはりベアウルフのものと考えられるだろう。

ウィスコンシン州のワシントン郡を中心に出現する奇獣ベアウルフ。オオカミのような頭とクマのような体のUMAだ。

昔から目撃はたびたび報告されていたが、最近では2006年11月に報告がある。地元に住む動物死体回収業者が道路上でひかれて死んだシカをトラックの荷台にのせて回収中、ベアウルフがその死体をうばおうと荷台に身を乗りだしたのだ。死体回収業者は恐ろしさのあまり、トラックのアクセルをふみこみ、必死に逃げたという。

ベアウルフの正体については、その由来からすべてが謎につつまれている。

DATA

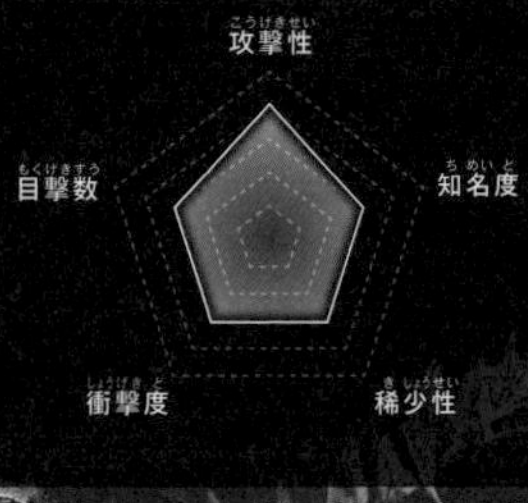

目撃地・生息地	アメリカ、ウィスコンシン州
属性	獣人
初目撃	1930年代
推定体長	1.8～2.3メートル
見た目の特徴	体は黒くごわごわとした固い毛におおわれ、三角形の耳のついたオオカミに似た頭と、クマのようながっしりした体つきをしている。

UMA FILE 083

“かくされた人々”が映ってしまった!?
崖をよじ登るエンティティ

△崖の縁につかまり、あたりをうかがうエンティティ。小さな手のようなものがある。

△さらに足があり、ブーツのようなものをはいているように見えるが……!?

現場では見ていなくても、撮影して映りこんだものに後日、気づくことも多いもの。２０２０年８月、アイスランドの歌手が撮ったこの写真もそうだ。

その日、ヴァトナヨークル国立公園内のデティフォス滝周辺をスマホで撮影した映像には、切りたった崖の縁でうごめく黒い、リスほどの大きさの生き物が映りこんでいた。しかも、崖の縁から周囲のようすをうかがっているようなしぐさを見せていた。

アイスランドには「かくされた人々」の意味をもつ超自然的な存在の言い伝えがある。それが偶然、撮影されたのか？

DATA

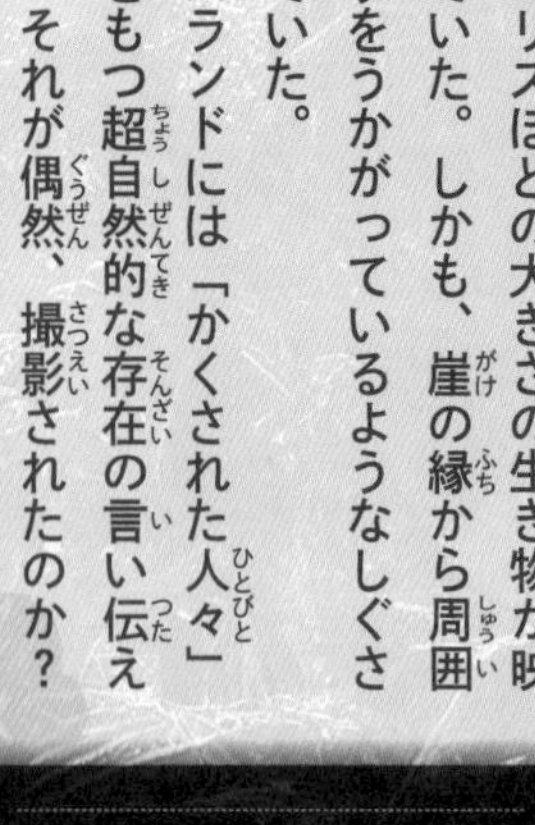

目撃地・生息地	アイスランド、デティフォス滝周辺
属性	異次元生物
初目撃	2020年
推定体長	十数センチ
見た目の特徴	体の色は黒く、顔は醜悪。全体的にメカニカルな印象。

UMA FILE 084

バサジュアン

伝説の森の守り神が出現！

ピレネー山脈の崖を移動している謎の獣人がとらえられた。伝説のバサジュアンだろうか。

カタロニア地方には、ピレネー山脈内の洞窟に生息する謎の獣人伝説がある。獣人はバサジュアンと呼ばれ、精霊、森の守り神だ。そのバサジュアンが、1993年、本当に目撃されたという！6月には洞窟探検隊がピレネー山脈にある古い教会の廃墟で、また、その数か月後にはふたりの古生物学者がバサジュアンらしき獣人と遭遇したのだ。

さらに2013年6月、ピレネー山脈で撮られたというバサジュアンらしき獣人の写真が、初めて公開された。ただし、撮影者やくわしい撮影場所などは不明。今後の調査情報が待ちのぞまれる。

DATA

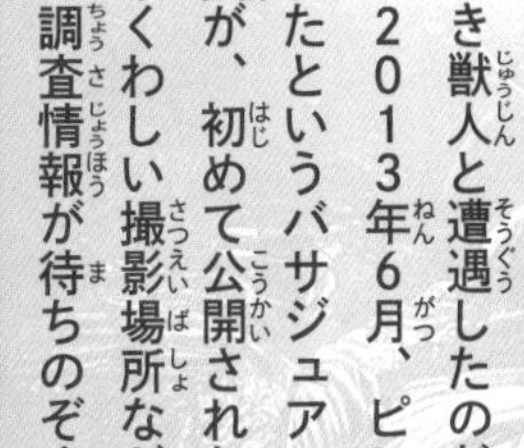

目撃地・生息地	スペイン、カタロニア地方
属性	獣人
初目撃	1993年
推定体長	約1.5メートル
見た目の特徴	全身をぼさぼさした毛におおわれ、ひざまで届くたてがみ、大がらでがっしりとした体で、直立二足歩行で俊敏に歩く。

UMA FILE 085

変幻自在に姿を変える奇怪なUMA

スキンウォーカーの獣人

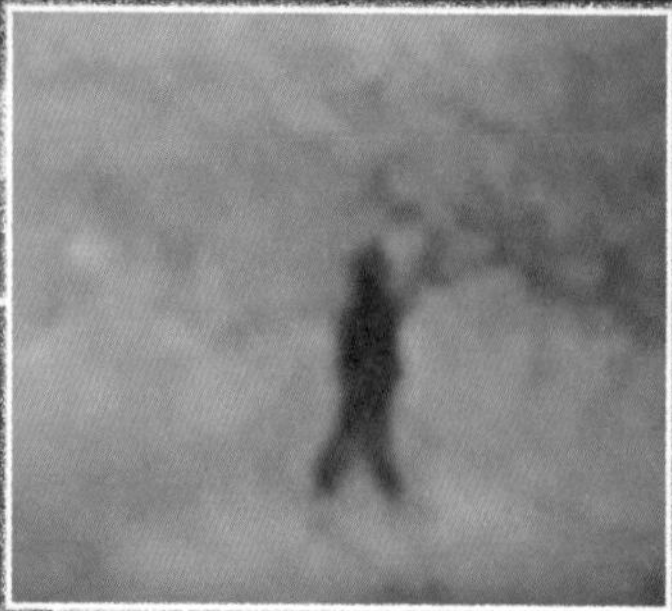

スキンウォーカー牧場周辺で撮影されたビッグフットのような姿。

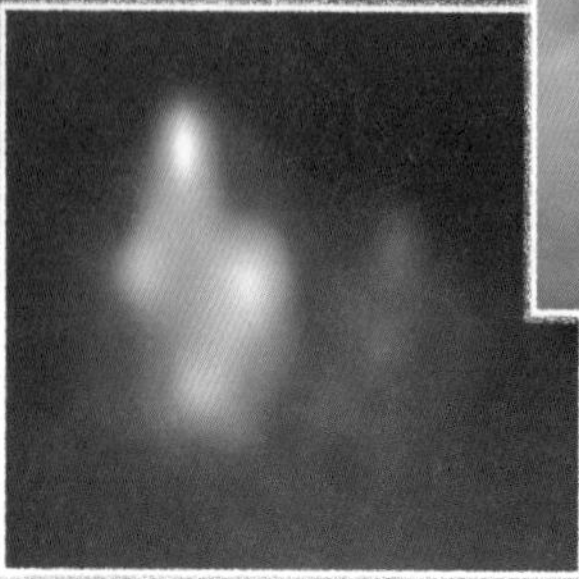

ヒト型に変身したスキンウォーカーの獣人。2体いて、暗闇では光っている。

ユタ州にあるスキンウォーカー牧場の周辺では、1800年代半ばから、超常現象が多発。とくにおそろしいのが、姿を変化させるUMAの存在だ。

獣人形態や巨大な野獣形態でウシなどの家畜をおそい、目や鼻などを切りとり、血を抜かれるという事件も起こしている。しかも、銃での攻撃もきかないのだ。

それにしても、この怪物は何なのか？一説には、この牧場には異次元につながる扉が開かれており、そこから出現しているといわれる。また、ここに軍事試験場があり、その産物とも指摘されているが、謎の解明にはほど遠そうだ。

DATA

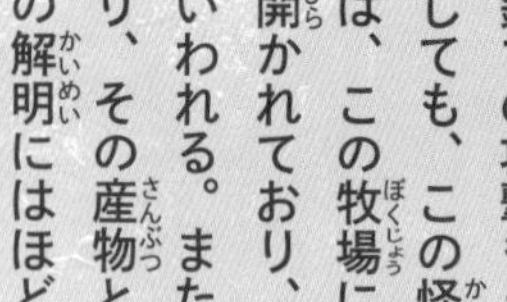

目撃地・生息地	アメリカ、ユタ州
属性	異次元生物
初目撃	1800年代
推定体長	約2メートル
見た目の特徴	獣人だけでなく、オオカミやコヨーテ、カラス、キツネ、フクロウなどさまざまなタイプにシェイプシフト（変化）する。

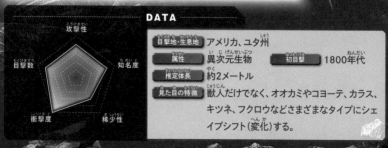

UMA FILE 086

シンガポールの獣人
ブキッ・ティマ・モンキーマン

ブキッ・ティマの森林地帯に生息する獣人がブキッ・ティマ・モンキーマンだ。1805年以来、たびたび目撃の報告がある。たとえば2007年には、タクシー運転手が深夜、この獣人をひいてしまう事故が発生。ひかれた獣人はそのまま走りさってしまったという。

最近では2020年12月、森林の奥にひそむブキッ・ティマ・モンキーマンが撮影された。撮影者によれば、怪物はすぐに姿を消してしまったという。

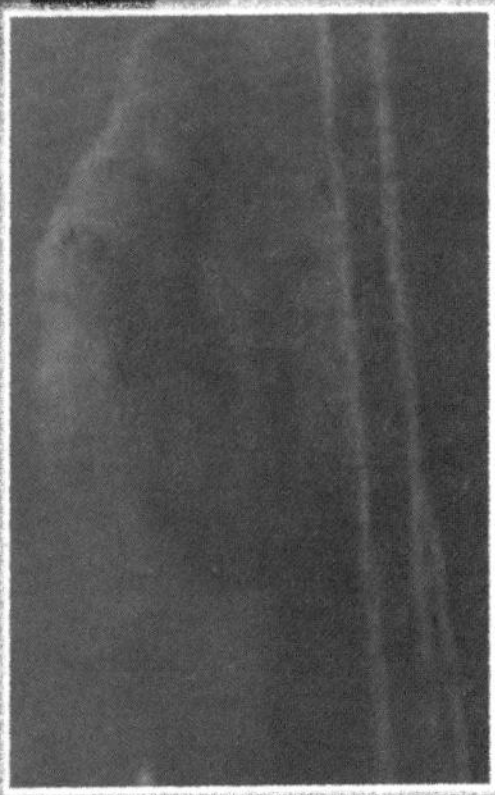

△2020年12月に森林の奥にたたずむ獣人の姿が撮影された。

DATA

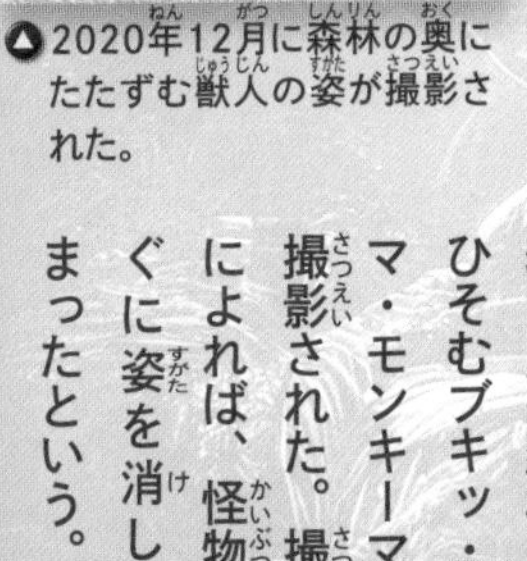

目撃地・生息地	シンガポール
属性	獣人
初目撃	1805年
推定体長	1～2メートル
見た目の特徴	全身は体毛におおわれ、人間のように直立二足歩行をする。

UMA FILE 087

ピクシー

都市伝説の存在が動画撮影された！

△2022年にイングランドのどこかで撮影されたというピクシーの姿。

イギリスのコーンウォールなど南西部諸州の民間伝承には、ピクシーと呼ばれる妖精の一種が登場する。

彼らはふだん、森の生垣や下草にかくれており、しかも透明で人間には見えない。しかし、頭に四つ葉のクローバーを乗せると姿を見られるようになると伝えられている。

そんな伝説の存在が2022年6月、動画撮影され、インターネット上にアップされた。上の画像はその一場面だ。ただし、撮影場所はイギリス某所の森の下草という情報のみで、くわしいことは明かされていない。

DATA

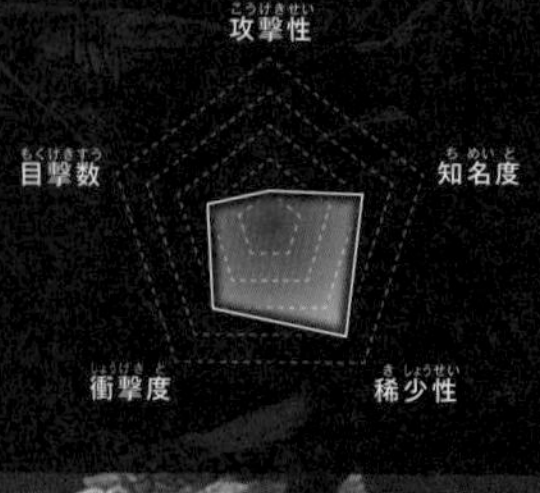

目撃地・生息地	イギリス、コーンウォール
属性	都市伝説
初目撃	古来
推定体長	約20センチ
見た目の特徴	小さな妖精、精霊で、髪の毛は赤く、鼻は上に向いている。

UMA FILE 088

タムファーナ

神の化身が映った！

丘に設置されたトレイルカメラで撮影された画像に映っていた、タムファーナとおぼしきUMA。

タンケンバーグでは、昔から神の化身、女神タムファーナが語られてきた。この都市伝説的存在が、2018年7月、撮影されるという事件が起きた。

同地方には、ガンバという名の丘がある。その丘に女神タムファーナが出没すると、うわさされていた。

この話を聞きつけたある人物が、丘にトレイルカメラを設置したのだ。後日、映像を確認すると、なんと、ヒト型が映りこんでいた！　しかし、その姿形だが、伝説的な存在である女神というよりも、不気味なUMAでしかない。本当に女神なのだろうか？

DATA

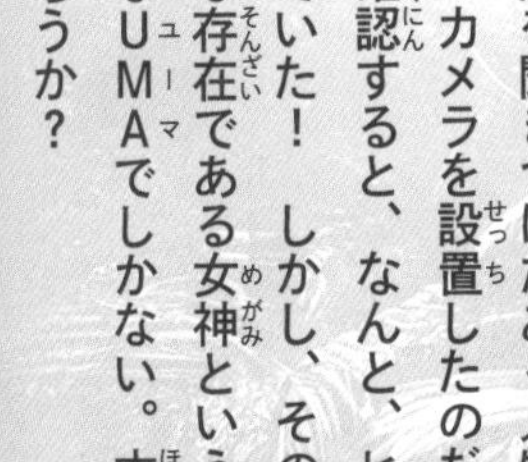

目撃地・生息地	オランダ、タンケンバーグ		
属性	都市伝説	初目撃	2018年
推定体長	不明		
見た目の特徴	目は光り、頭部は大きく、体、腕、足は細い。全体的に醜悪な姿をしている。		

UMA FILE 089

山岳地帯の小人ミイラ

ワイオミングの小人ミイラ

△小人ミイラのレントゲン写真。骨などの骨格があることがわかった。

1932年10月、ワイオミング州のペドロ山脈沿いの峡谷で、謎の小人ミイラが偶然発見された。

発見者はふたりの男性で、金の鉱脈の発掘作業中に、爆薬で岩盤をふき飛ばしたところ、小さな洞穴が出てきた。そこでミイラを発見したそうだ。

のちに、ミイラのレントゲン写真を撮影したところ、なんと頭や肋骨、腕、足などの骨格が写っていた。作り物ではなく、本物の「小さな人間のミイラ」と判明した。

DATA

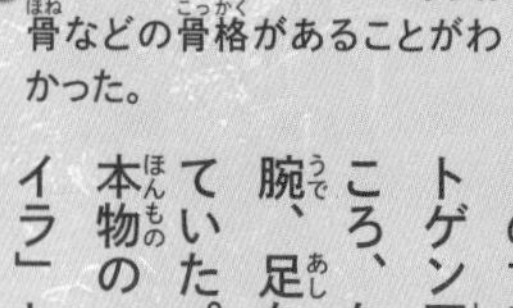

目撃地・生息地	アメリカ、ワイオミング州
属性	怪生物
初目撃	1932年
推定体長	36センチ
見た目の特徴	浅黒い肌はブロンドの剛毛におおわれている。顔つきは日本の河童を思わせる。鼻はつぶれ気味で平べったい。

UMA FILE 090

アゼルバイジャンの獣人

人間と未知の獣人の子どもか?

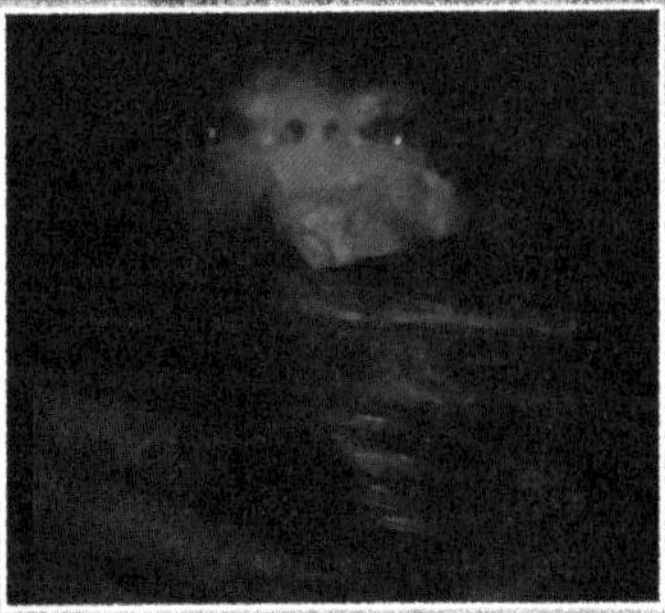

△サルのように毛むくじゃらだが、顔には毛がなく、人間を思わせるところもある。

△飼育されているのだろうか、ひもでつながれている。また、手には手袋、足に靴下をはいている。

2016年末くらいに旧ソ連のアゼルバイジャン共和国で捕獲されたらしいという、全身長毛におおわれたUMA動画がのちに公開され話題になった。

動画の後半では、首をひもでつながれたこの獣人が、2本足で室内をせわしなく歩き回っているようすが映っている。また、手に手袋、足に靴下をはいている。

この動画を観た未知の獣人の研究者のなかには、人間と獣人の間にできた子ども説をとなえる者もいる。いっぽう、着ぐるみを着せたサルではないか、というフェイク映像説もささやかれている。はたして真相はいかに?

DATA

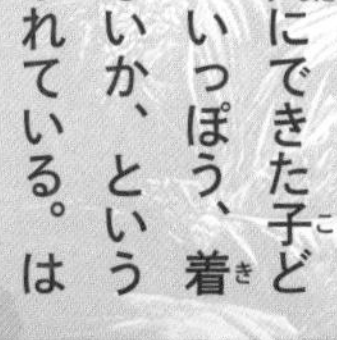

目撃地・生息地	アゼルバイジャン共和国		
属性	獣人	初目撃	2016年(?)
推定体長	50〜60センチ		
見た目の特徴	全身は毛むくじゃらだが、顔には毛はなく、幼い子どものような顔つき。手も人間によく似ている。		

UMA FILE 091

台湾の幽霊エイリアン

風景写真に偶然写った半透明生物

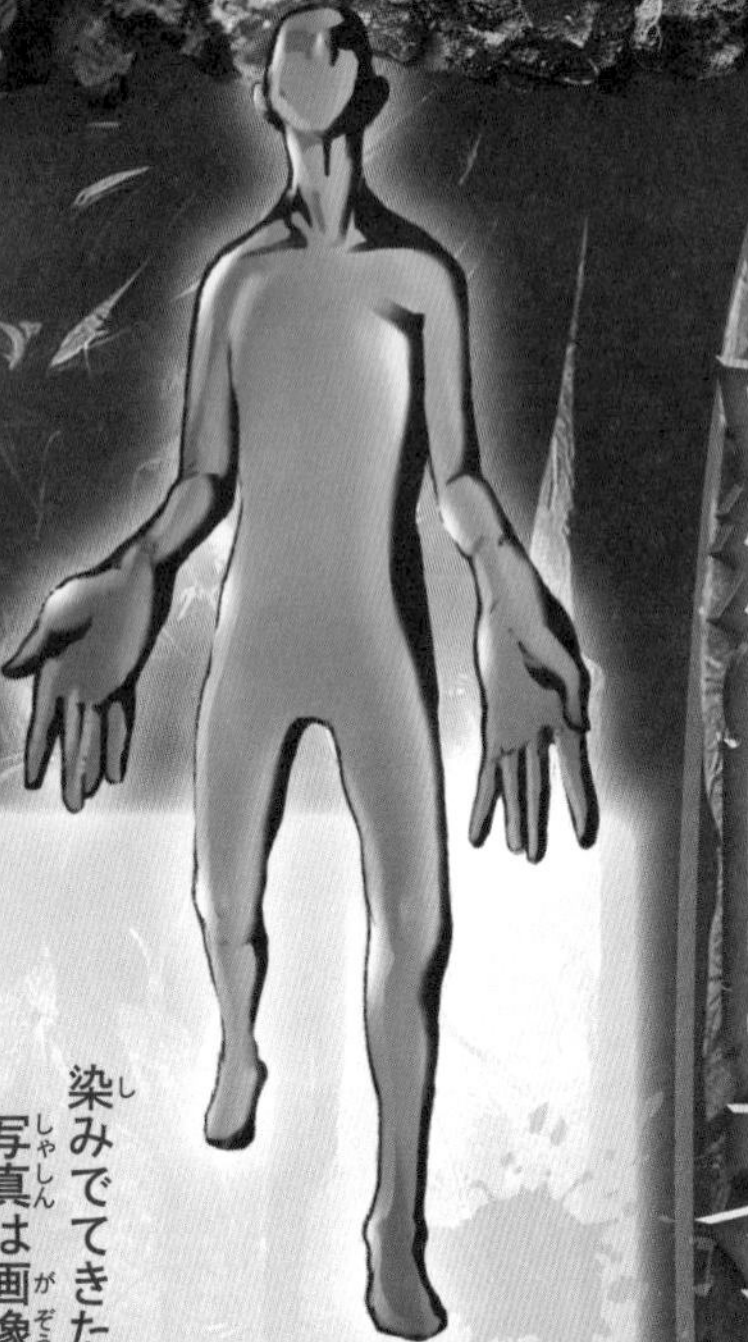

△台湾の警察官が撮影した半透明の無気味な生物。

2012年5月、台東県の嘉明湖の標高3310メートル地点で、警察官が撮った写真に奇妙なものが写りこんでいた。

それは二足歩行する半透明の生物で、まるで異次元空間から染みでてきたような雰囲気を漂わせていた。写真は画像解析専門家が鑑定したところ、トリック写真ではないことが明らかになっている。

なお、2023年8月にはボリビアのピルコマヨ川のほとりで、やはり半透明の異星人のような姿の生物が写真に撮られている。両者に何か関係はあるのだろうか？

DATA

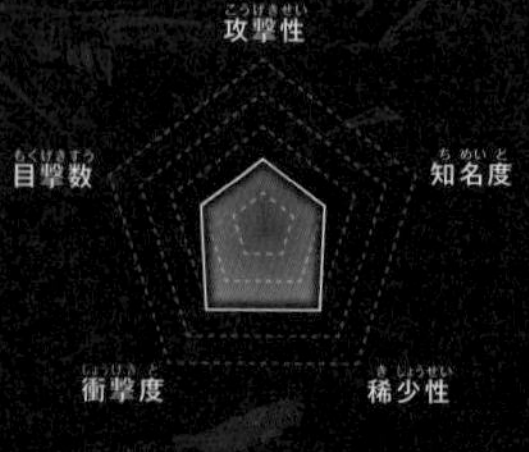

目撃地・生息地	台湾、台東県
属性	異次元生物
初目撃	2012年
推定体長	不明
見た目の特徴	体全体が半透明で、キノコのかさのような頭部、足ヒレのような手を垂らしながら歩く。首から背、足にかけて後部の輪郭が二重。

UMA FILE 092

少年たちが出会った怪生物
テレパシーで意思を伝える怪物

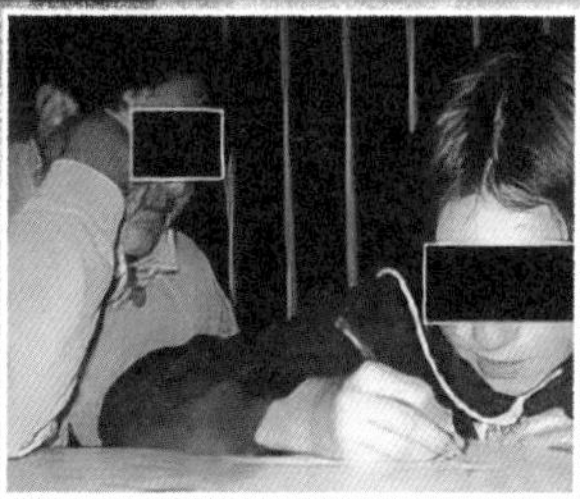

テレパシーを使う怪物と遭遇したネルソン(右)とジーン(左)。

2002年1月、カマラ地区サン・ラファエル村で、目撃者の少年にテレパシーで意思を伝える怪物が出現した！

外にいたふたりの少年の30メートルほど前方に、その怪物はいた。

少年のひとりは勇気を出して約2メートルまで接近。すると、怪物の体がボーッとした光を発し、頭を回した。その瞬間、少年の頭の中に「見るな！行け」と声が響いた。そう、怪生物がテレパシーで警告したのだ。

これには少年たちも恐怖のあまり全力で家に逃げこんだという。

DATA

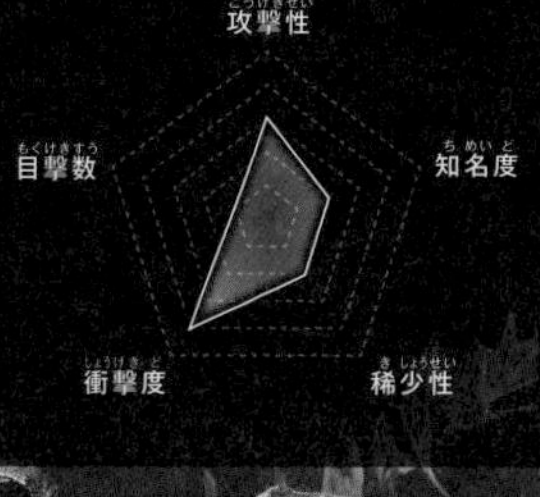

目撃地・生息地	チリ、カマラ地区
属性	怪生物
初目撃	2002年
推定体長	約2メートル
見た目の特徴	ラグビーボールから水かきのある手足が突きでたような見た目で、大きな耳、ブルドッグのような低い鼻、赤みがかった目。

これがビッグフット実在の証拠だ!

パターソン・フィルムの真実にせまる

COLUMN

「ビッグフットの動く姿をとらえた!」そんなふれこみで、世界中にビッグフットの名前をとどろかせ、大ブームを巻きおこした通称「パターソン・フィルム」。本物なのか? フェイクなのか? と大論争が展開され、いまだに検証が続いているこの映像は、どのようなものなのか? ここでふり返っておこう。

このフィルムが撮影されたのは1967年10月、アメリカ、カリフォルニア州ユーレカのブラフクリーク。

ロジャー・パターソンとボブ・ギムリンは、その1か月前、カナダの人類学者ダン・アボットがこの近くで巨大な足跡を発見したという報告を聞き、16ミリフィルムのムービーカメラを設置、ビッグフットの出現を待っていた。

そして午後3時30分ごろ、体長2メートルあまり、全身を黒い毛におおわれた怪物が出現! メスと思われるビッグフットはときどきカメラの方をふり返りながら、森の中へゆっくりと消えていった。この光景をおさめたフィルムは、「パターソン・フィルム」と呼ばれ、世界各国で大きな話題を呼んだのだ。

△1967年に撮影された「パターソン・フィルム」の1コマ。メスのビッグフットがカメラの方をふり返る。

しかし、フィルムを見たアメリカのスミソニアン大学霊長類研究所などの科学者たちは、「これはインチキだ。着ぐるみを着た人間だ」と発表。そのおもな理由は、フィルムの獣人の胸は毛におおわれているが、知られている類人猿の胸は毛におおわれていない、というものだった。

いっぽう、ソ連（現在のロシア）の科学アカデミーの科学者たちは反対の結論を出した。彼らはフィルム1コマ1コマを印画紙に焼きつけ、より鮮明で細かい状態で検証を行い「明らかに、本物の獣人だ」と発表した。

その理由は、歩くときの太ももの筋肉の動き。フィルムの獣人は、歩くときに太ももにふくらみが生じるが、人間や着ぐるみでは、これほど目立つことはないのだ。

さらに1976年、横顔の映像を分析した結果、顔と脳の位置がサルよりも人間に近い生物ということがわかった。

ただし、それで決着というわけにはいかなかった。

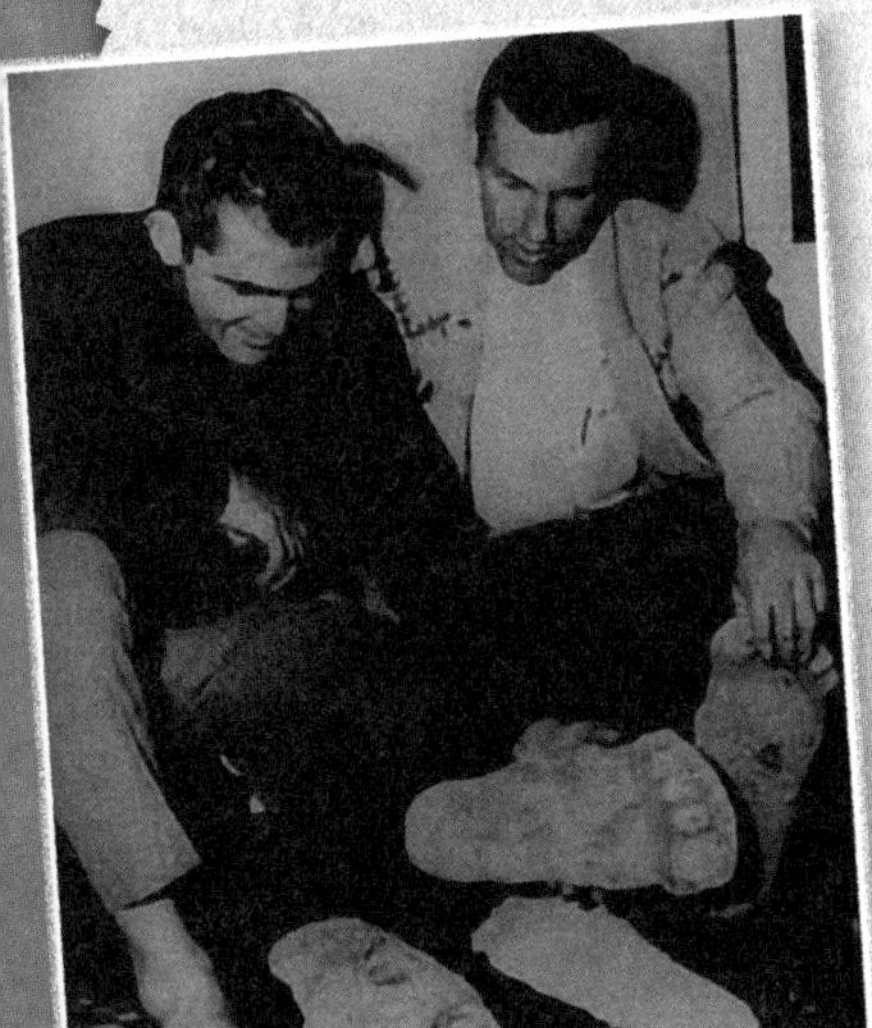

▲ビッグフットのフィルム撮影者、ロジャー・パターソン（右）とボブ・ギムリン。

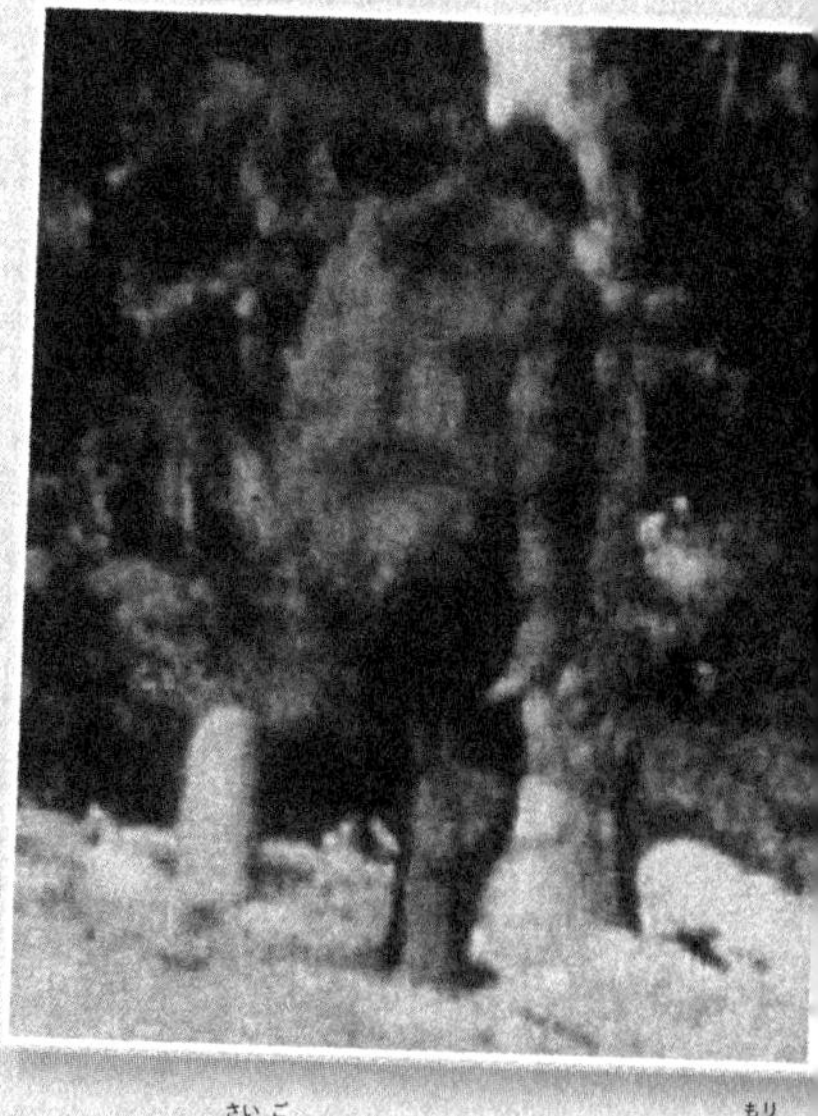

▲フィルムの最後は、ビッグフットがゆっくりと森の中へ消えるようすが映されている。

COLUMN

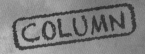

2002年には「着ぐるみを着て撮影した」という男性が、2004年には「わたしが着ぐるみに入っていた」という男性がそれぞれ現れたのだ。ただし、かんじんの着ぐるみが発見されず、撮影状況もあやふやだったため、話はうやむやに終わった。

2010年にはまた新たな展開が起きた。ナショナル・ジオグラフィック・チャンネルが霊長類学者の協力のもと、オリジナルのフィルムをコンピュータで分析、検証した。そしてわかったのは、体の大きさと比べて、ひざの曲がる位置がかなり低いことだった。ひざの関節の位置は、着ぐるみで短くすることができない。さらに、しりの筋肉の動きを着ぐるみを使った実験で、再現できなかった。つまり、この検証では本物と判断されたのだ。

しかし反対意見も根強い。公開から半世紀以上たつ今も、パターソン・フィルム論争は終わっていない。

パターソン・フィルムは、撮影から半世紀以上がたつ今も、人々の熱い関心を集め続けている。ビッグフットの映像でこれを超えるインパクトをもつものは、いまだにない。

3章(しょう) 街(まち)のUMA(ユーマ)編(へん)

UMA FILE 093

家畜をおそう恐怖の吸血生物

チュパカブラ

DATA

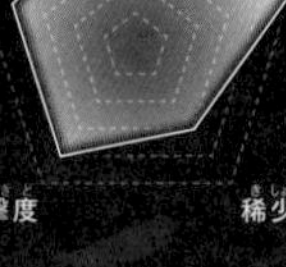

目撃地・生息地	プエルトリコ、メキシコ、ブラジルなど
属性	怪生物
初目撃	1995年
推定体長	0.9〜1.2メートル
見た目の特徴	球型の頭部にアーモンド型の赤い目、先端のとがった長い舌。背にトゲのようなもの。

チュパカブラは、1990年代に一気にその名をとどろかせたUMAのひとつ。名前は「ヤギの血を吸う」という言葉に由来する吸血生物だ。

初報告は1995年、南アメリカのプエルトリコで家畜のヤギの血が吸われて惨殺されていた事件に始まる。その後、北アメリカまで出現地域は拡大し、人間が襲われる事件まで起きた。遭遇件数が増えることで、するどいキバや吸血器官であるとがった舌、後頭部から背にトゲがあることなど、その特徴がわかってきた。しかしその反面、背に薄い膜のついたトゲをもち空を飛ぶ、イヌのような姿をしているなど、本当かどうか怪しい情報が飛びかうようにもなった。

なお、その正体については、UFOに乗って飛来するエイリアン・アニマル説や、軍の基地や研究所近くでの目撃が多いことから生物兵器として作られたミュータント説などがある。

2000年代に入っても、まだチュパカブラの活動は止まることなく、続いている。

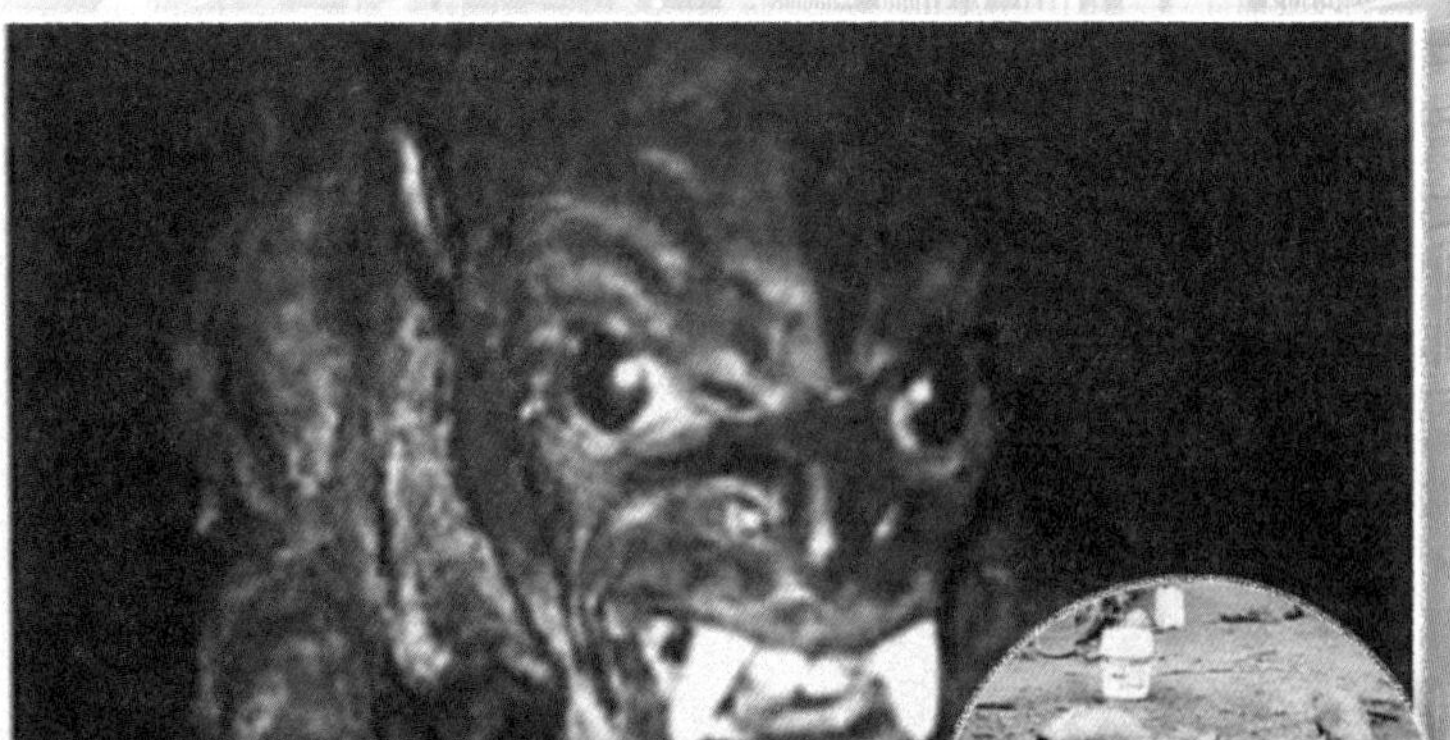

詳細は不明だが、インターネット上に出回ったチュパカブラのアップ（↑）。チュパカブラに殺されたヤギ（→）。

超!衝撃スクープ!!

多様な姿で出現するチュパカブラ

2001年5月、メキシコの森で撮影された、枝にうずくまるチュパカブラ。口の端から突きでた2本のキバが見える。

2008年7月に狩猟用の定点カメラに映った、獲物を追うようなチュパカブラの姿。

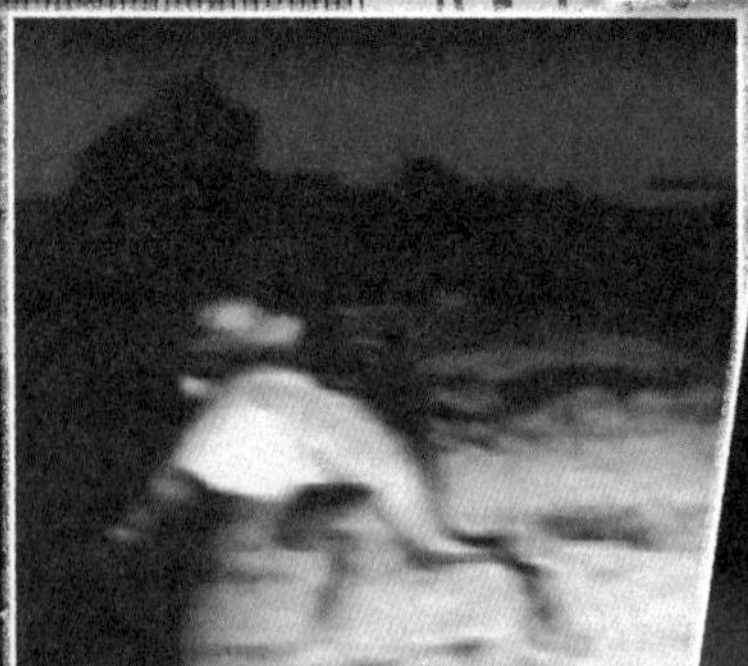

2001年6月、チリのカラマ地区で撮影。車のライトに姿が浮かびあがる!

1995年10月、プエルトリコのカノバナスに出現したチュパカブラとされる画像。

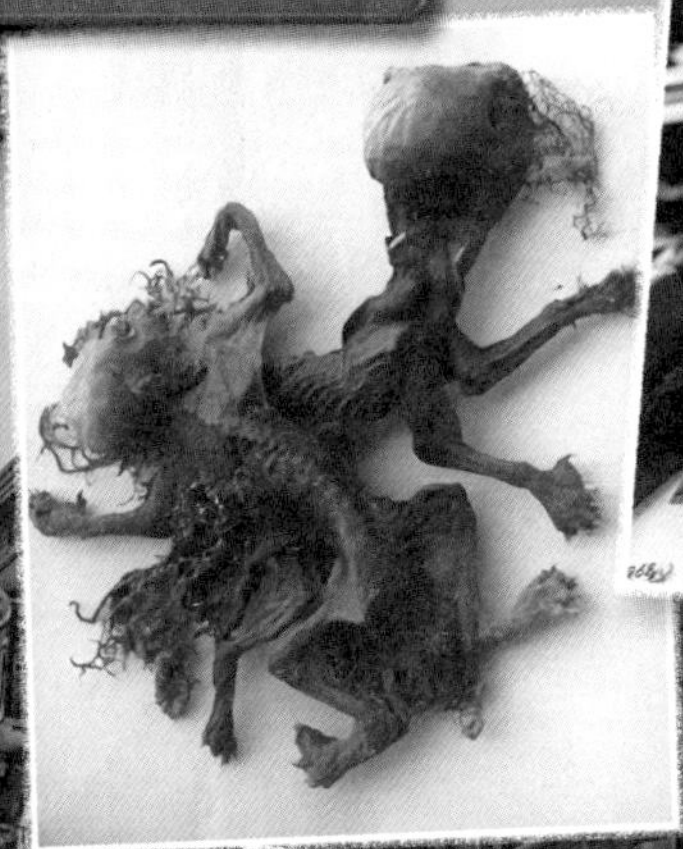

▲チュパカブラの全身ミイラといわれている死骸。突きでたキバと鋭いツメが凶暴さを物語るようだ。

▲2015年1月、チリのワイナリーの中から、2体のチュパカブラらしき怪生物が干からびたものが見つかった。

▶1998年11月、アメリカ、ネブラスカ州の軍事施設跡地で発見された怪生物のミイラ。軍の生物兵器として生みだされたチュパカブラなのか!?

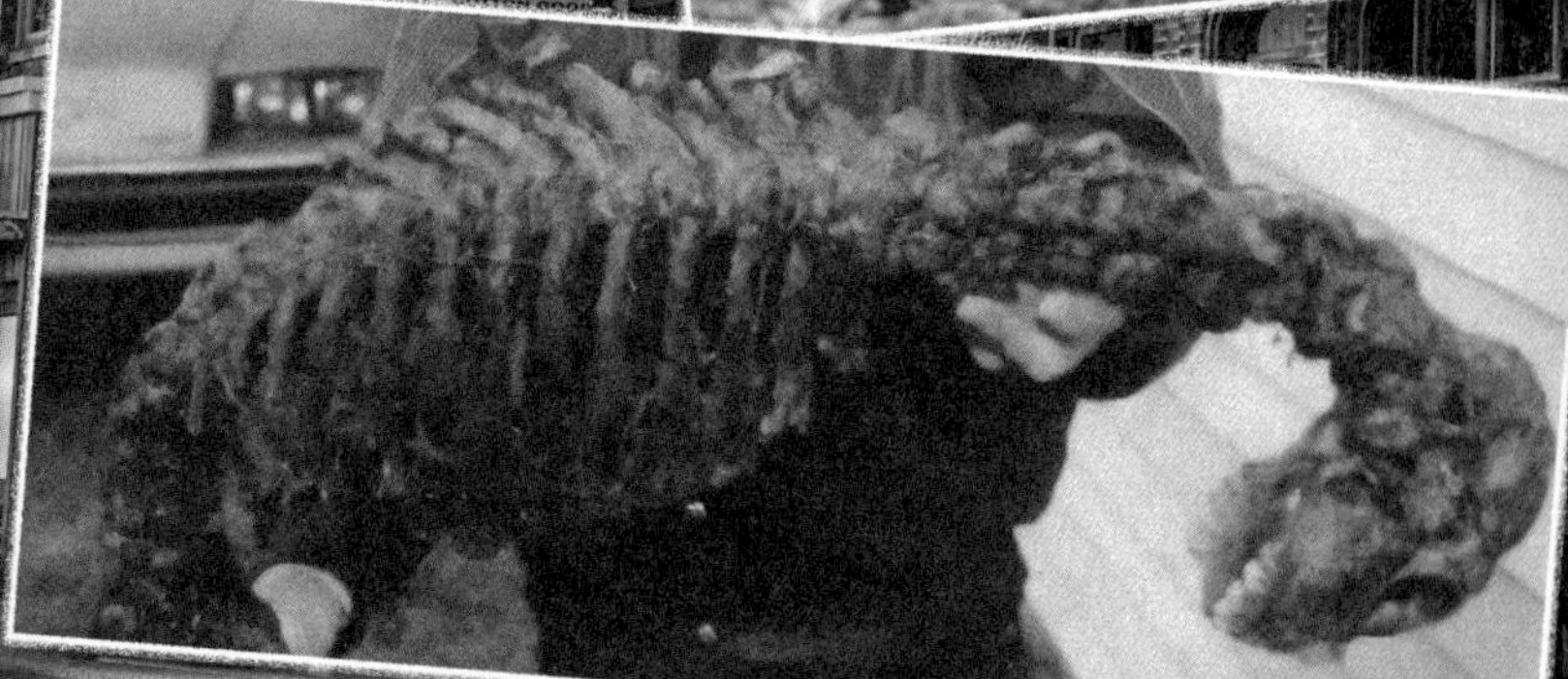

▲チュパカブラのものではないかとうわさがある、謎の生物の死骸。

UMA FILE 094

“そこにいないはずの”大型野獣

エイリアン・ビッグ・キャット

DATA

目撃地・生息地	イギリス、アメリカ、オーストラリア
属性	都市伝説
初目撃	1960年代
推定体長	約70センチ
見た目の特徴	体は黒または黄褐色と黒のまだら模様の毛におおわれている。クロヒョウ、ピューマのような大型ネコ科動物に似る。

1960年代からイギリス全域で、クロヒョウのような大型ネコ科動物に似た、正体不明の野獣が目撃されだした。その謎の生物がエイリアン・ビッグ・キャット（略してABC）だ。

名前に「エイリアン」とつくと、宇宙から来た生物をイメージしがちだが、「そこにいないはずの」という意味の言葉。つまり、イギリスには野生のクロヒョウはいないから、その出現自体が不思議なのだ。

そして、目撃数も1963年の時点で年間300件、2004年から2005年のうち15か月間では、なんと2123件にもおよぶ。見まちがいではすまない数だ。

さらに、〝そこにいないはずの〟ABCは、イギリス以外の国にも出現。アメリカ本土やオーストラリア、さらに2022年にはハワイでも目撃されているのだ。

その正体については、未知のヤマネコ説、太古の巨大ネコ説がある。また、ABCの中には「モギィ」（157ページ）と呼ばれる瞬間移動能力があるものもいる。イギリス国外にもテレポートしているのだろうか？

◀イギリスに出現した、ウサギをくわえたエイリアン・ビッグ・キャット。この写真は新聞でもトップニュースであつかわれた（→）。2022年にはハワイに出現した！（←）。

UMA FILE 095

謎の小型UMA

写真に偶然写りこんだ小型怪生物

△フロリダの住宅の庭に現れた、直立二足歩行の小型UMA（丸囲み）。

2005年、フロリダ州ペンサコーラをドライブ中の男性が、ある民家の庭をなにげなく撮影した。帰宅後、写真をチェックしたところ、2本足で歩く謎の生物が写っているのを発見したのだ。

また、2004年には、チリのコンセプシオンで祭りを見学していた男性が、撮影した写真にも、似たような小型UMAが写っていた。

なお、両方の目撃に共通するのは、チュパカブラ（134ページ）の目撃多発地域であることだ。もしかすると、小型のチュパカブラだったのかもしれない。

DATA

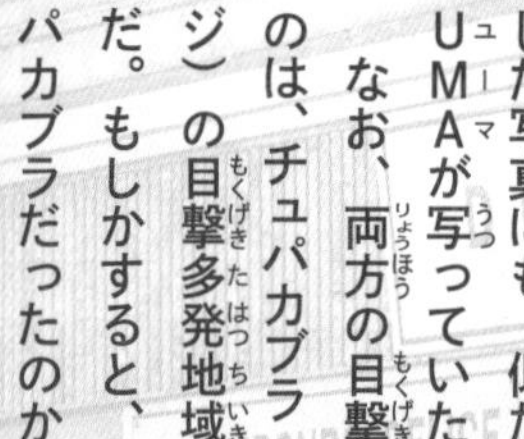

目撃地・生息地	アメリカ、フロリダ州、チリほか
属性	獣人
初目撃	2004年
推定体長	0.2〜1メートル
見た目の特徴	体長は小さく、二足歩行する。肉眼では見えないのか、写真に写りこんでいる姿で初めて確認される。

UMA FILE 096

3日間出現した赤目の怪物
ドーバーデーモン

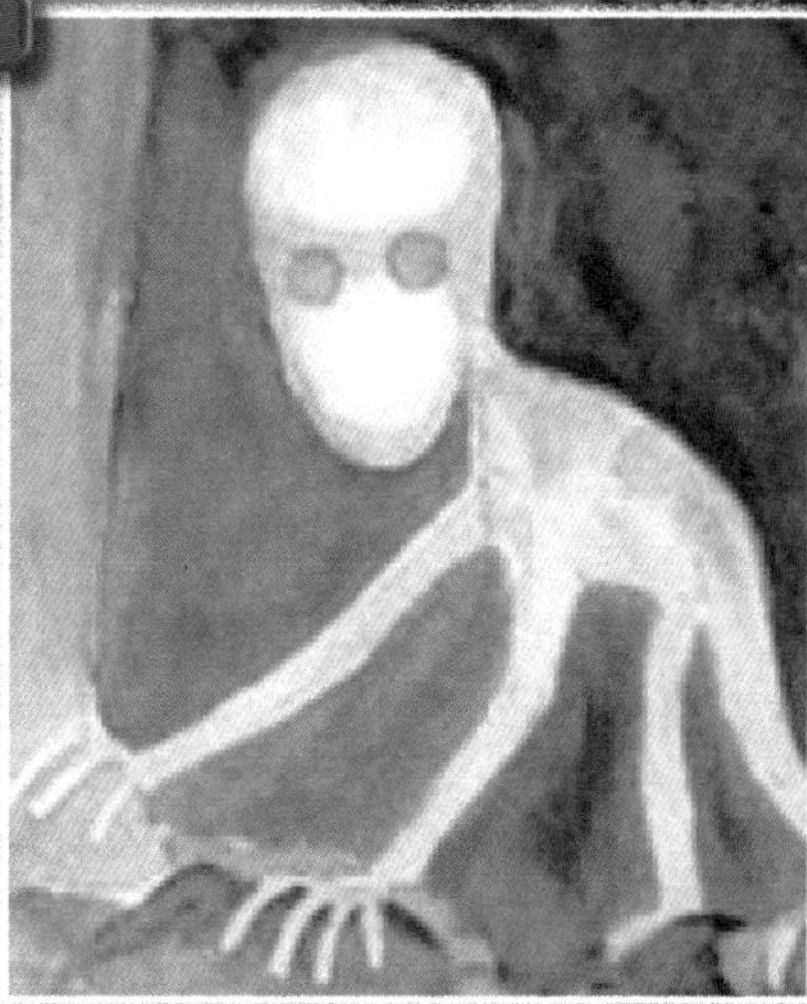

第一目撃者が描いたスケッチ。大きな頭に赤い目、細長い腕をしていた。

1977年、マサチューセッツ州ドーバーにある静かな高級住宅街で、数人の若者が、大きな頭に細い手足をもつ怪生物を目撃した。

目撃は4月21日に始まり、23日までに3件報告された。いずれも10代の若者によるもので、すぐにマスコミで報道された。そのあまりに異様な姿から怪物はドーバーデーモンと名づけられ、アメリカ中に知れわたったのだ。

ところがそれきり、この怪物は現れなかった。そのため、新種の生物だったのか、宇宙人だったのか、謎は解明されないままだ。

DATA

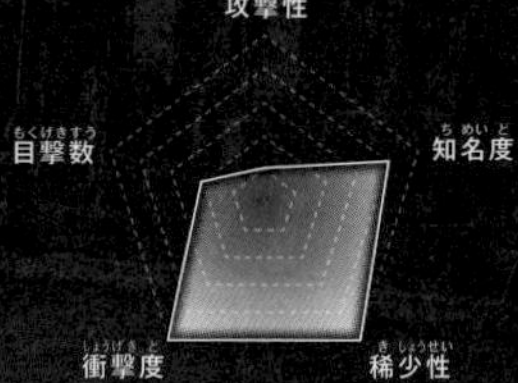

目撃地・生息地	アメリカ、マサチューセッツ州		
属性	異次元生物	初目撃	1977年
推定体長	約1.2メートル		
見た目の特徴	大きな丸い頭部に、大きな赤い目、頭部と同じくらいの大きさの体。か細い両手足の指は長い。体の色はざらついたピンク。		

UMA FILE 097

ノビー

頭部にトサカのある異臭の獣人

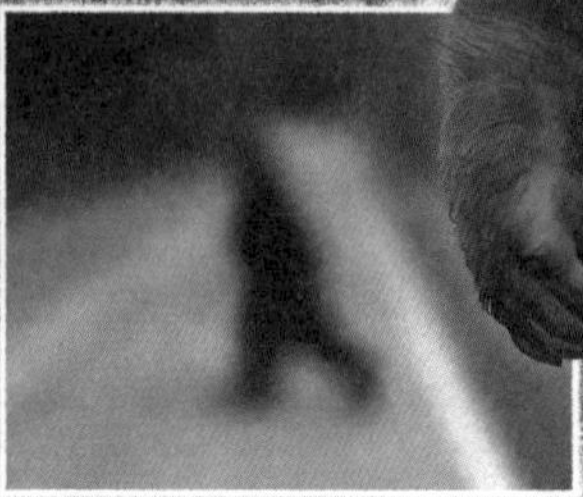

△2011年3月には、道路を横断するノビーの姿が撮られた。

1970年代、ノースカロライナ州クリーブランド郡では、頭部の先がトサカのようになった、異臭を放つ謎の獣人、ノビーの目撃が続いていた。

1979年には目撃が10件もあったことから、マサチューセッツ大学などが調査開始。しかし、調査は原因不明のまま打ちきられ、目撃もとだえた。

しかし、2009年から、再びノビーの出現が始まった。2011年には初めて写真も撮られた。人々の前から一度は消えたノビーの再出現は、いったい何を意味しているのだろうか。

DATA

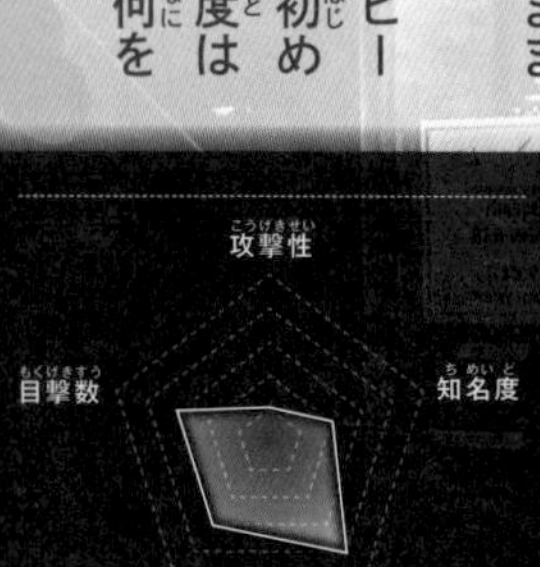

目撃地・生息地	アメリカ、ノースカロライナ州
属性	獣人
初目撃	1970年代
推定体長	1.8〜3メートル
見た目の特徴	体は濃い褐色または暗赤色の毛におおわれ、太いまゆは前方に突きだす。頭部は先端がトサカ状。強い異臭を放つ。

UMA FILE 098

ミイラで発見されたヒト型の極小UMA
メテペック・モンスター

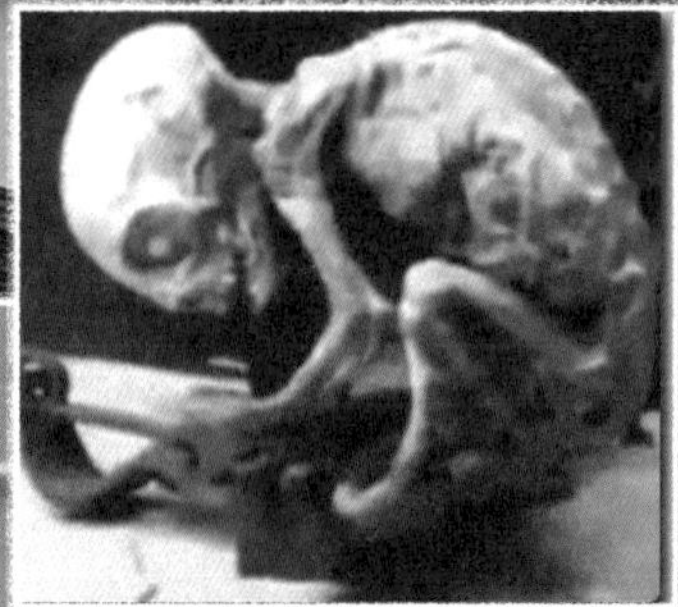

△ネズミ捕り器につかまっていたメテペック・モンスター。発見時にはミイラ化していた。

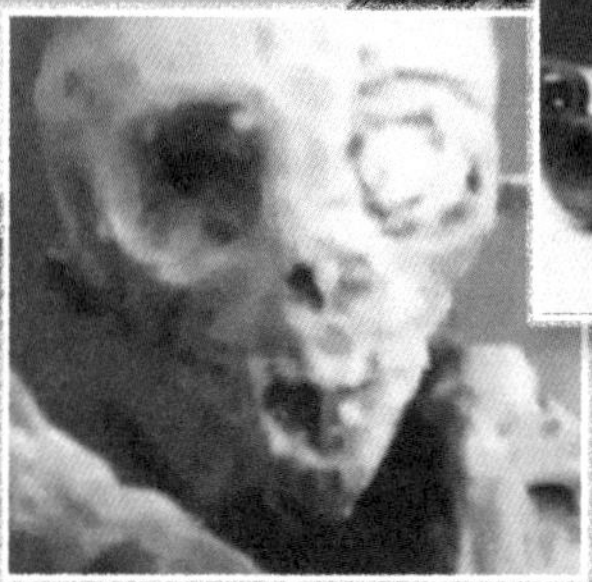

△メテペック・モンスターの拡大写真。逆三角形の頭部に大きな目、指は人間のように5本あるという。

2007年6月、トルーカ市郊外のメテペックにある鳥類研究所で、奇妙なミイラが発見され、メテペック・モンスターと名づけられた。

同研究所では、以前から飼育している鳥が、何者かによって殺される被害が続いていた。そこでネズミ捕り器を各所にしかけておいたところ、この怪物がミイラ化した状態で捕獲されていたのが見つかったというわけだ。

その正体については、チュパカブラ（134ページ）の幼獣、あるいは遺伝子実験で作られたミュータント生物などといわれているが、わからないままだ。

DATA

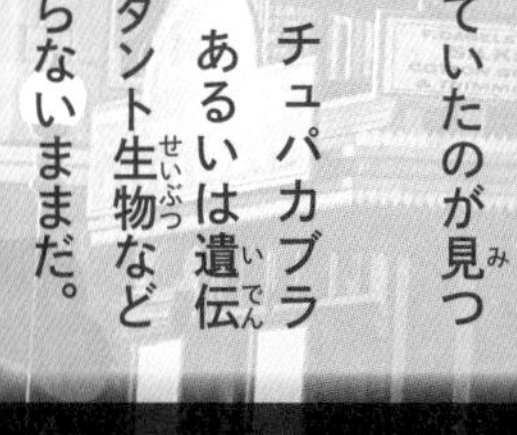

目撃地・生息地	メキシコ、トルーカ市
属性	怪生物
初目撃	2007年
推定体長	約20センチ
見た目の特徴	逆三角形の頭部に細い手足、指は5本。尾がある。異星人として目撃される「グレイ」の超小型タイプを思わせる。

UMA FILE 099

都市伝説から飛びだしてきた獣人

ドッグマン

DATA

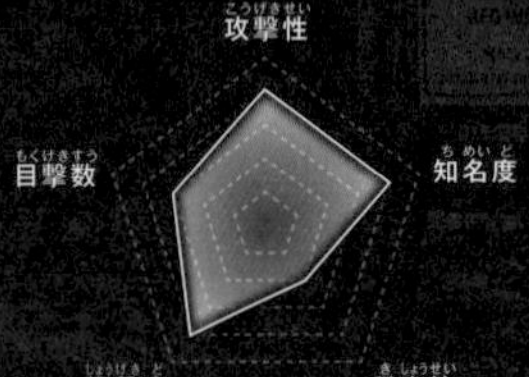

目撃地・生息地	アメリカ、ミシガン州、デラウェア州ほか
属性	都市伝説
初目撃	1970年代
推定体長	1.8～2メートル
見た目の特徴	頭部はイヌ、体は人間で、イヌのような太い尾が生えている。直立二足歩行をする。

1987年、ミシガン州のラジオ番組の企画で、DJが「ドッグマン」という都市伝説上の怪物を考えた。そして、ドッグマンをテーマにした歌を作りラジオで流すと、大反響を呼んだのだが、奇妙なことが起きた。ラジオのリスナーから「歌に出てくる怪物を見た」という報告が集まってきたのだ。

その後、ブームが過ぎさると目撃情報も沈静化したのだが、20年後の2007年に、新たな展開があった。1970年代に撮影されたというドッグマンの姿をとらえたフィルムが公開されたのだ。雑木林の中からがっしりとした体の獣人が、カメラに突進してくるというもの。

さらに2008年、2009年とさまざまなドッグマンらしき写真や映像が公開されだした。しかも、足跡まで見つかるという奇妙な事態を迎えたのだ。まるで都市伝説として創作した怪物が、現実化したかのように。

近年では2017年、デラウェア州とメリーランド州の州境のニューアークの森林地帯で体長2メートル近いドッグマンらしき怪物の姿も撮影されている。

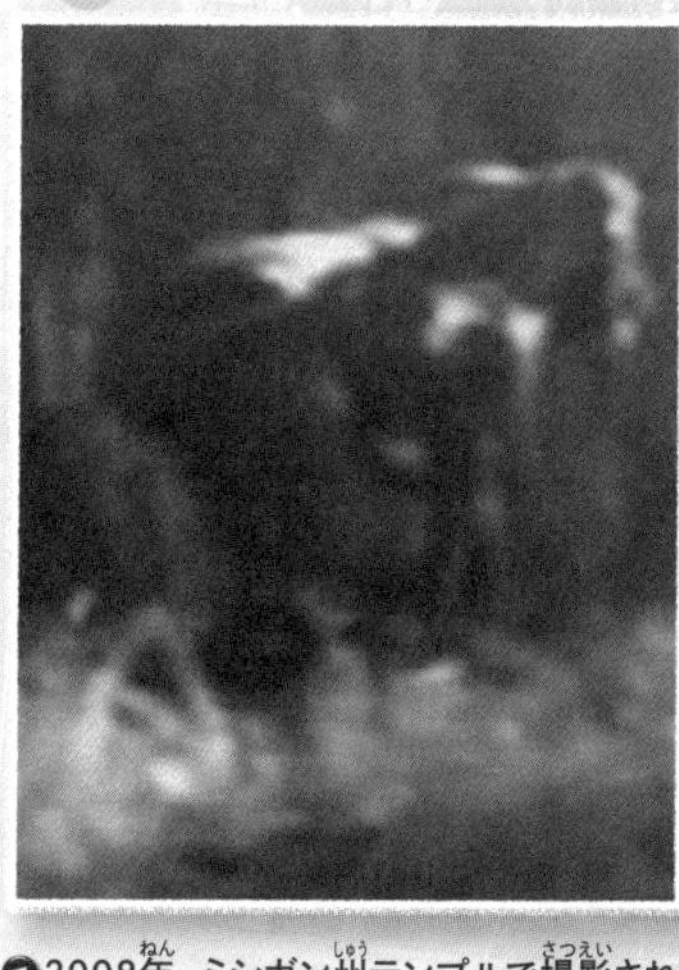
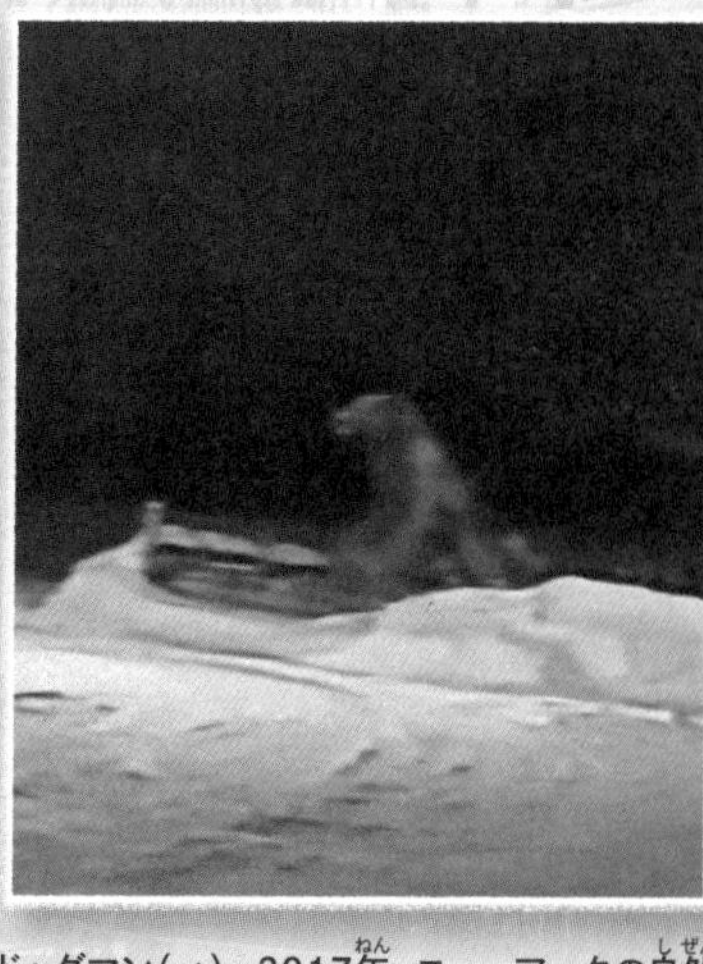

◀2008年、ミシガン州テンプルで撮影されたドッグマン(→)。2017年、ニューアークの自然保護区の森林地帯で撮られたドッグマンと見られる謎の野獣(←)。

UMA FILE 100

アメリカ各地に出現する恐怖の人影

シャドーピープル

DATA

目撃地・生息地	アメリカ全土、南アメリカ
属性	異次元生物
初目撃	2006年
推定体長	1.7〜2メートル
見た目の特徴	体の色は黒く、人間の影のような姿。出現時には、何かがこげたような臭いをともなう。また、物がこわれるなどの怪現象を起こす。

　2006年ごろから、アメリカの各地で奇妙な人影が目撃されだした。それは、真っ黒で影のように平面的に見えることから、シャドーピープルと呼ばれている。

　目撃事件をいくつか紹介しよう。2007年7月、カリフォルニア州フレズノの森林公園を散歩中の男性が、木の根元に人の影のようなものを見た。しかし、そんな影を形作る物はまわりになく、不気味に思った男性はすぐに帰宅。その後、原因不明の高熱でしばらく寝こんだ。

　また、2010年9月には、カンザス州の地理学者の家にたびたび出現し、心霊現象を引きおこしている。

　直接の目撃だけでなく、写真や映像に撮られていたものが、あとから発見される場合も多い。つまりその場ではだれにも気づかれていない、というわけだ。

　この不気味な怪物はいったい何なのか？　異次元からまぎれこんできた生物なのか？　人からぬけた魂のような霊体なのか？　どこにでも出現可能ならば、今、きみのそばにシャドーピープルが立っているかもしれない。

ウェブカメラに映ったシャドーピープルの姿（↑）。白く目を光らせ、暗闇にまぎれて動き出す（←）。

UMA FILE 101

トヨール

お金を盗む小悪魔は実在した！

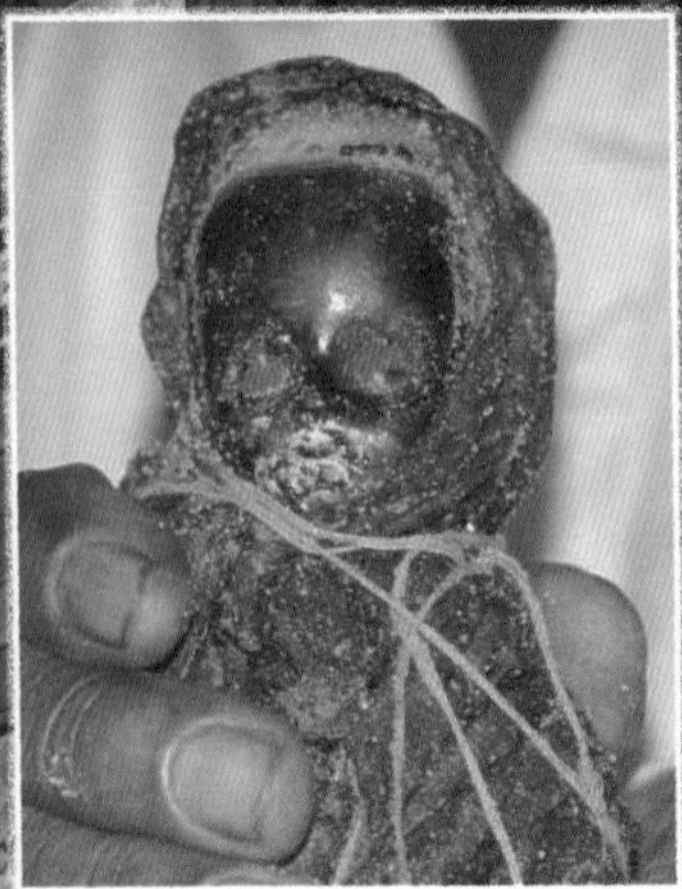

△びんに入った状態で発見されたトヨールのミイラ(→)。取り出すと、人間の手におさまるほど小さい(←)。

マレーシアには、お金を盗んだり、生き血を吸う小悪魔トヨールの伝説がある。その伝説上の怪物の目撃が続いた。

2005年には、ジョホール州の村にトヨールが現れ、宙を舞い、寝ている人の血を吸ったというのだ。

さらに2006年、首都クアラルンプールに現れたトヨールは、女性にかみつき、血を吸って意識を失わせ、財布の中身をうばって消えたという。

同年2月には、トヨールらしき生物のミイラが入ったびんが、海岸に漂着し、州立博物館で展示された。ただし、これが本物かどうかは、未調査だという。

DATA

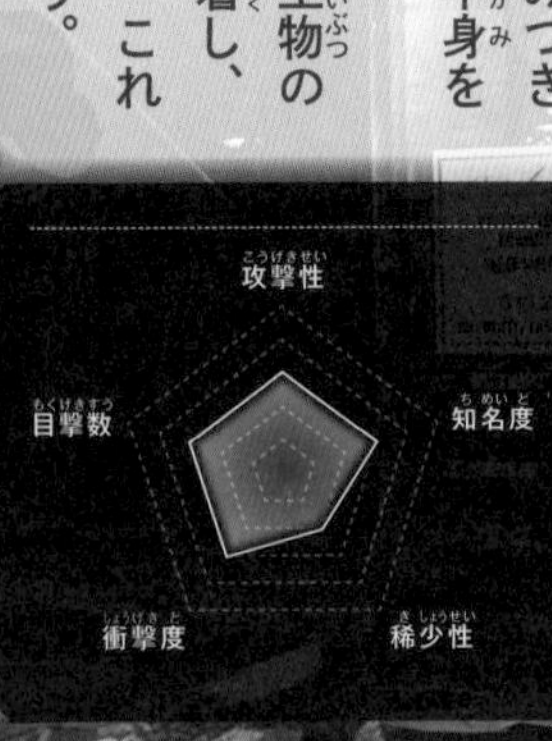

目撃地・生息地	マレーシア各地
属性	都市伝説
初目撃	2005年
推定体長	約15～50センチ
見た目の特徴	体の色は黒く、目は赤く、口は緑色でするどい歯をもつ。また、人の精神をコントロールする力があるという。

UMA FILE 102

先住民の「守り神」とされる森の精霊
ナイト・クローラー

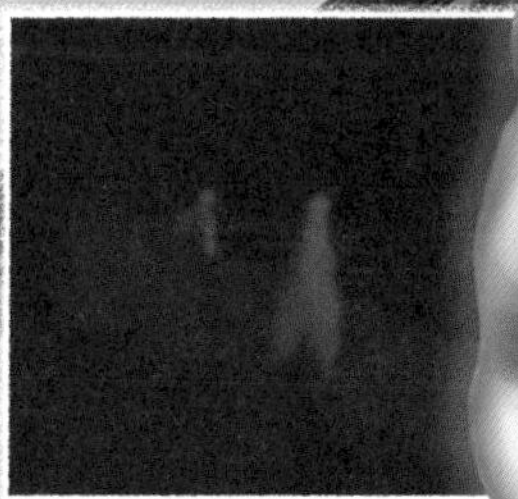

△ヨセミテ国立公園近くを歩き去る大小2体のナイト・クローラー。

2011年、カリフォルニア州ヨセミテ国立公園に設置された監視カメラに、奇妙なものが映っていた。光るコンパス形の大小2体の物体がゆっくりと道路を歩いていたのだ。

じつは、これと似たものは2010年7月にも、同州フレズノで撮影され、動画投稿サイトで話題になっていた。

しかしこの物体は、何なのか。同州の先住民の間には、昔からナイト・クローラーと呼ばれる精霊の伝説がある。守り神のような存在だが、ひょっとするとその守り神が映ったのかもしれない。

DATA

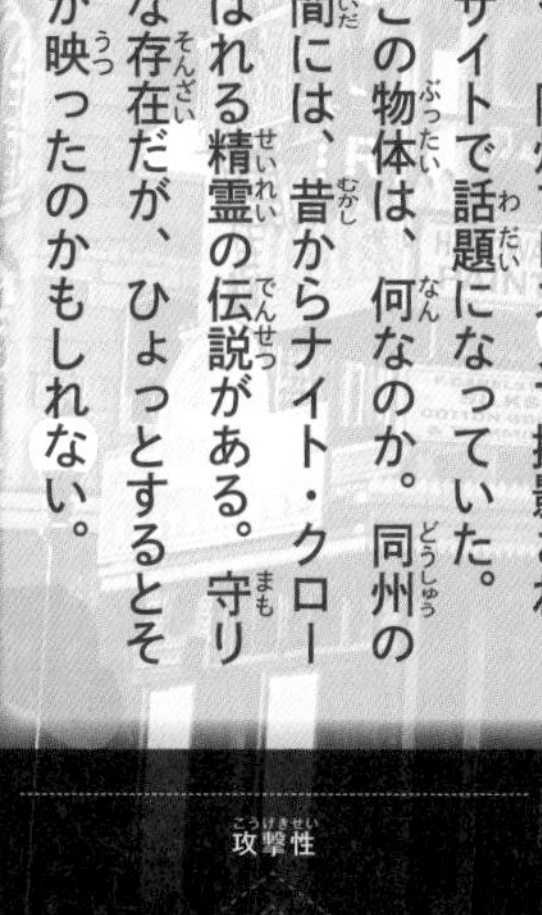

目撃地・生息地	アメリカ、カリフォルニア州
属性	異次元生物
初目撃	2010年
推定体長	0.9〜1メートル
見た目の特徴	体の色は白く、丸みのある頭部、そこから直結したような胴に、コンパスのような足をもつ。

UMA FILE
103

肉眼では見えない異次元的発光生物
ライト・ビーイング

▲2007年夏に撮影されたライト・ビーイング。飛行し、強い光を放っていることがわかる。

▲2008年8月、アルゼンチンで撮影されたもの（丸囲み）。撮影者はあとで写真を見て気がついたという。

肉眼では見えず、カメラに写ることでその存在が確認できる。そんな発光する異次元生物がライト・ビーイングだ。

2007年からアメリカで撮影されるようになり知られだした。最初は夏ごろにネットで話題に。撮影者によれば、知人が撮った愛車の写真に、妖精のような光る物体が写りこんでいたという。

さらに2008年8月には、UFO多発地帯として知られるアルゼンチンのオンガラミ谷で撮った写真に、白く輝く大型のライト・ビーイングが写っていた。現地ではこのような怪人の写真での目撃が続いているそうだ。

DATA

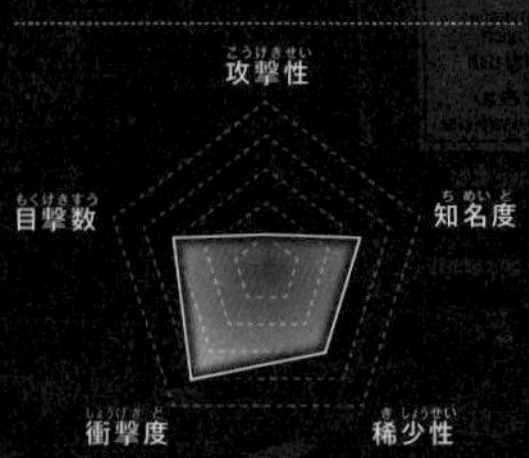

目撃地・生息地	アメリカ、メキシコ、アルゼンチンほか
属性	異次元生物
初目撃	2007年
推定体長	数十センチ～1.8メートル
見た目の特徴	ヒト型で、羽をもつものや、人間と変わらない形のものがいる。光を放っているので、顔などがあるのかどうかは不明。

UMA FILE 104

バウォコジ

変幻自在に姿を変える奇獣

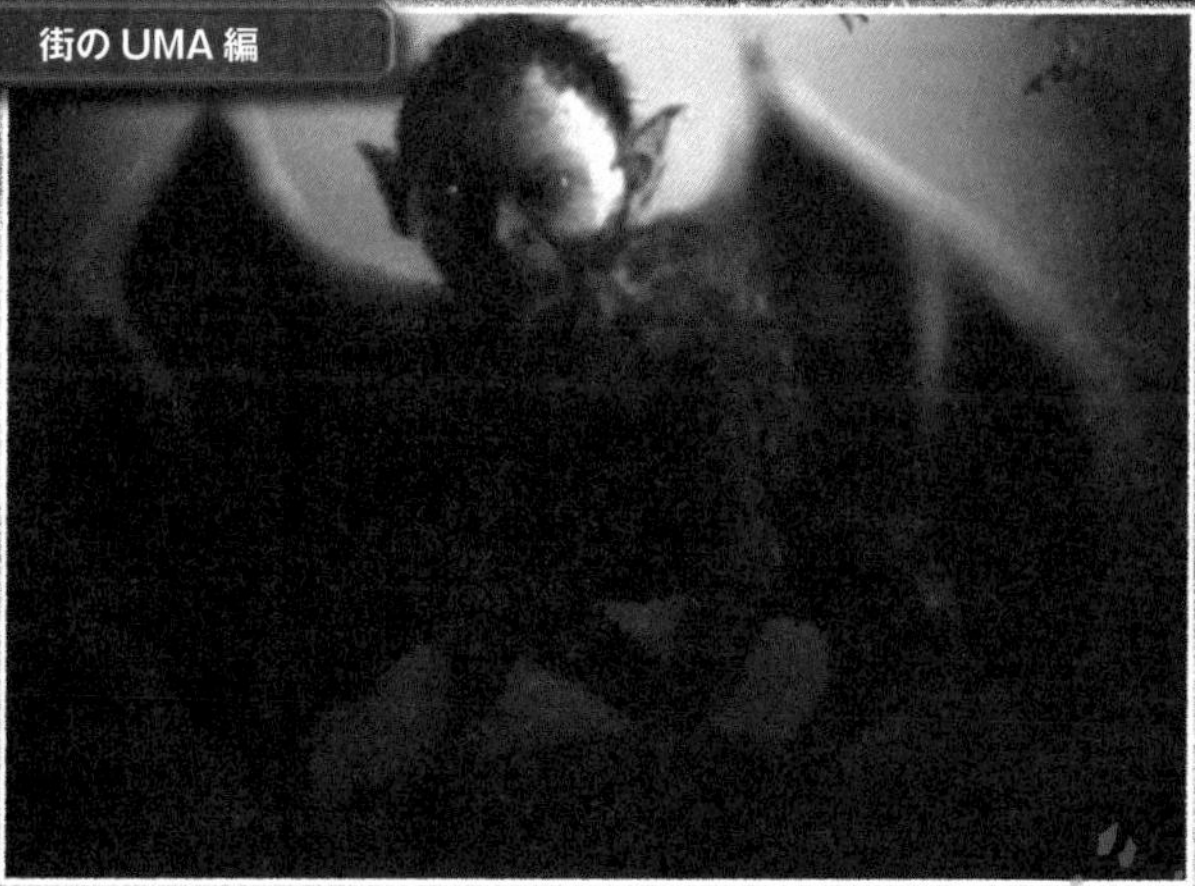

△2011年4月に東ケープ州に現れたバウォコジの目撃・再現イラスト。

2011年4月、東ケープ州の町ステイトラービルで、スーツを着た人間が突然、ブタに姿を変え、さらにコウモリに変身して飛びさるなど、奇怪な事件があいついだ。

さらにある男性と友人が、居酒屋のそばで、黒い服を着た怪しい男を目撃。近づくと、その男には頭がなかった。さらにウシほど大きな猛犬に姿を変えたため、彼らは逃げだした。この怪物は同じ日、別の人物にも目撃されている。

ただし、今のところ被害は出ていない。地元では伝説の奇獣バウォコジではとうわさされている。

DATA

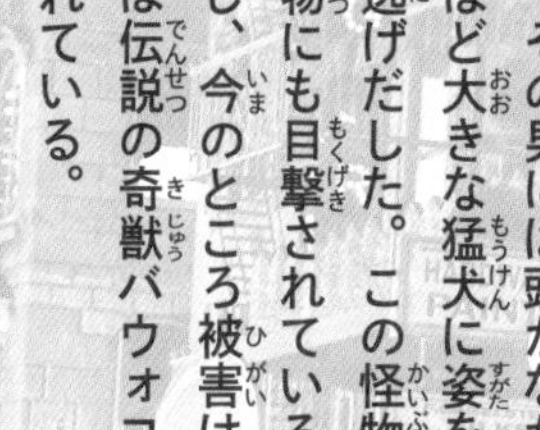

目撃地・生息地	南アフリカ、東ケープ州
属性	都市伝説
初目撃	2011年
推定体長	不明
見た目の特徴	人間からブタ、コウモリ、ウシほどの大きさの猛犬などさまざまな生物に姿を変える。

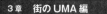

UMA FILE 105

ブルードッグ

チュパカブラの正体説もある奇獣

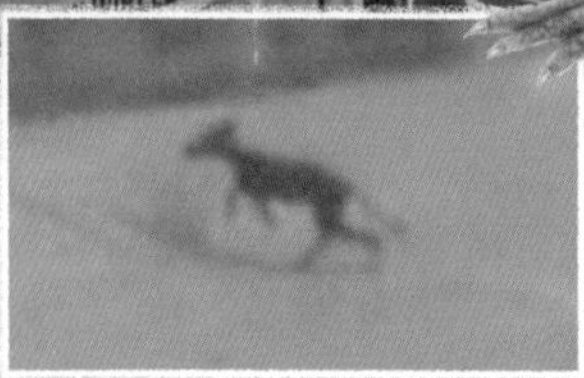

2010年7月に撮影された、二足歩行するブルードッグ。

2007年ごろから、テキサス州を中心に家畜をおそい、生き血を吸うUMAの情報が報告されるようになった。それはコヨーテのような姿をしているものの、その青みがかった体の色からブルードッグと呼ばれている。

以後、アメリカの各地で、ブルードッグらしきUMAが目撃された。なかには死骸を見つけた、捕獲した、といった情報まであったようだ。

それならDNA鑑定など行われていそうなものだが、なぜかそういった報告はされていない。今もって正体は不明なままだ。

DATA

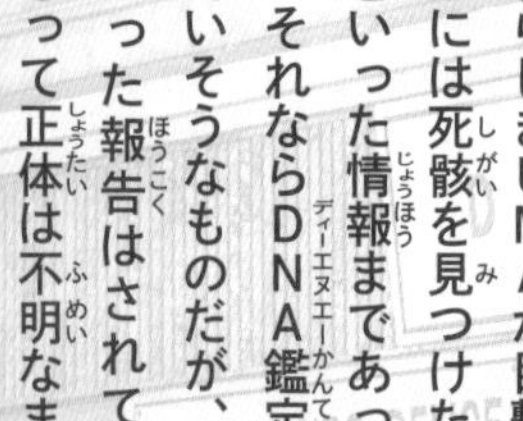

目撃地・生息地	アメリカ、テキサス州、ミシシッピ州ほか
属性	怪生物
初目撃	2007年ごろ
推定体長	80センチ
見た目の特徴	体の色は青みがかった灰色で、とがった大きな耳をもち、鼻は長い。前歯はキバのようにするどく突きでる。前足は短く後ろ足が長い。

UMA FILE
106

シカ男

半人半獣のシカのような妖精？

イギリスに現れたとされる、シカ男（丸囲み）の写真。しかし、くわしいことはわかっていない。

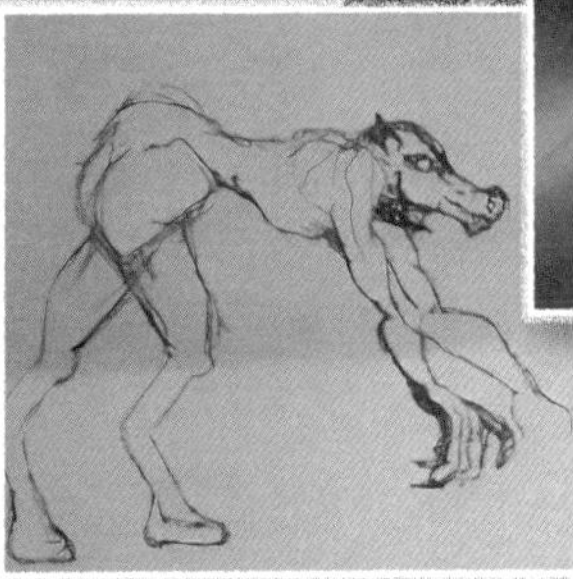

アメリカ、オクラホマ州に現れたシカ男らしき生物の目撃スケッチ。

2020年3月、リンカンシャー州グリムズビーでは、頭部に一対の角を有し、茶色いたてがみの生えた、二足歩行する半人半獣の目撃が立て続けに報告された。目撃者の男子学生は「トウモロコシ畑から現れたそいつは、こちらをじっと見つめたあと、跳ぶようにして姿を消した」と証言しており、その姿はまるでシカと人間のようだったという。また、跳びはねる姿はまるでカンガルーだったとも。

この半人半獣のUMAの正体について、超常現象研究家は当地で伝承される「プーカ」という妖精ではないかと指摘しているが、不明だ。

DATA

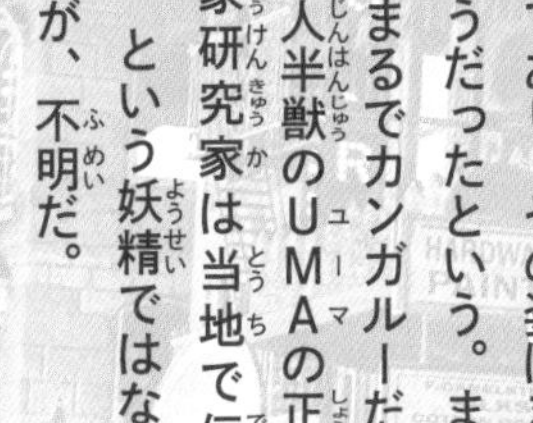

目撃地・生息地	イギリス、リンカンシャー州
属性	獣人
初目撃	2020年
推定体長	1.8メートル
見た目の特徴	頭部に1対の角があり、二足歩行をする半人半獣の怪物。シカのようなたてがみをもつ。目を赤く光らせている。

UMA FILE 107

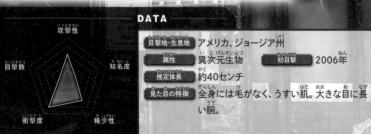

その怪物は民家にかくまわれている?

民家に現れた異次元生命体

△2006年7月、ジョージア州の民家に現れた謎の生物。ネコほどの大きさで長い腕をもっていた。

2006年7月、ジョージア州のとある家のリビングで、ガリガリと壁を引っかくような音が聞こえてきた。住人の親子が、その音の正体を調べようとしたところ、棚の後ろにひそんでいたのが、上の写真の生物だ。

親子は恐怖のあまり、身を縮めた。ところが、その怪物は、その空間にいることが苦しいかのように見えた。

これ以後の情報は残念ながら伝えられていない。うわさでは、親子はこの怪物を自宅にかくまっているとか、政府の研究員を名乗る謎の人物が連れさってしまった、ともいわれている。

DATA

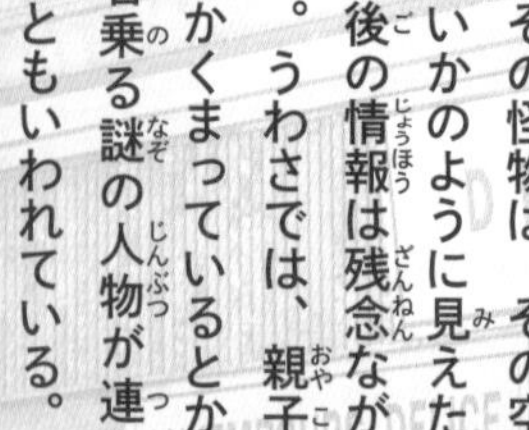

目撃地・生息地	アメリカ、ジョージア州		
属性	異次元生物	初目撃	2006年
推定体長	約40センチ		
見た目の特徴	全身には毛がなく、うすい肌。大きな目に長い腕。		

UMA FILE 108

フロリダ州の悪魔
爬虫類人

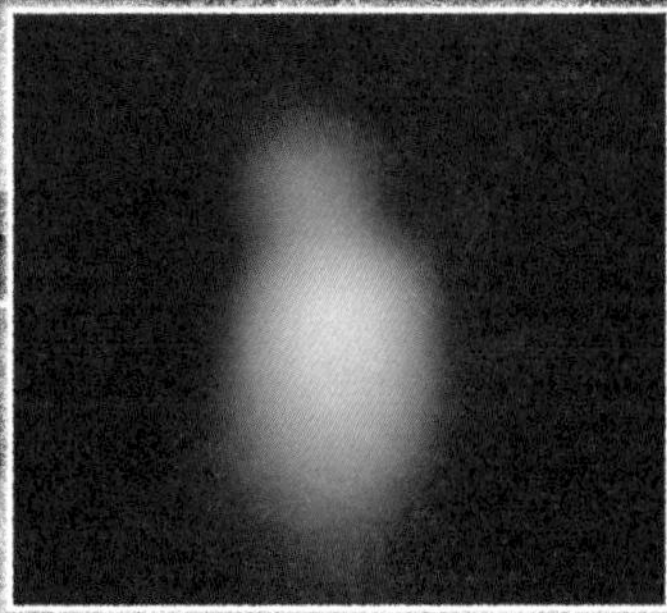

△夜間に現れた、爬虫類のようなヒト型UMAの姿。

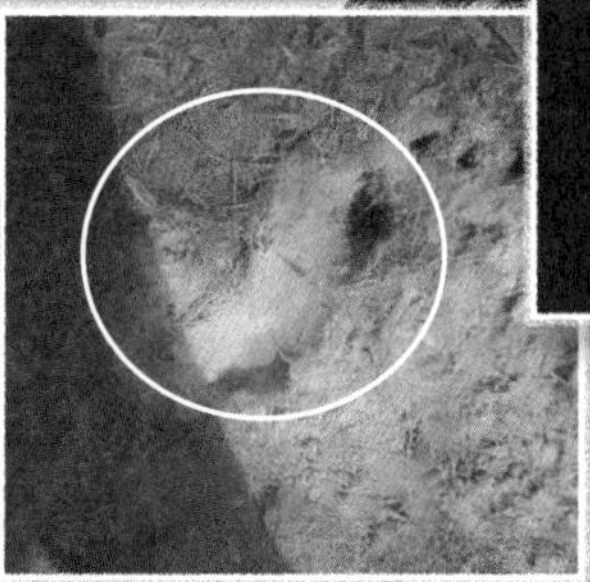

△現場に残されていた、爬虫類人のものと考えられる足跡（丸囲み）。

フロリダ州ノースポートに住むある親子は、2009年4月、家の上空にUFOを目撃して以来、怪物に遭遇しだした。

それはまるで爬虫類のような奇怪な生物で、ときには深夜、窓の向こうに立って、親子のいる部屋を見ていたという。

また、近くの森では、この爬虫類人とは別の、赤黒い肌で宙を飛ぶ、赤い目をして蹄をもつ、悪魔のような野獣に遭遇したこともあったという。

それにしても、なぜ親子だけが、こうした怪物に遭遇するのか、その理由はわからない。なお、この親子は恐怖から、家に閉じこもってくらしているという。

DATA

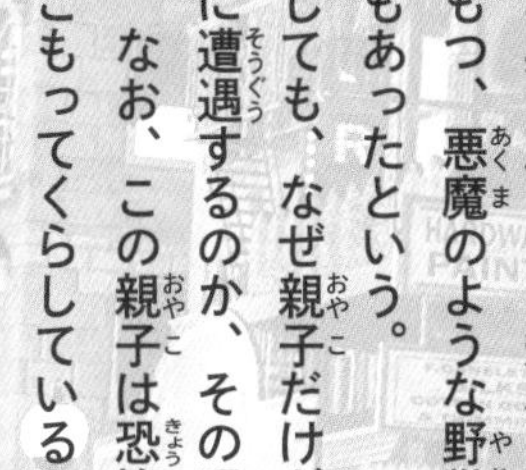

目撃地・生息地	アメリカ、フロリダ州
属性	怪生物
初目撃	2009年
推定体長	3メートル
見た目の特徴	全身はウロコにおおわれたなめらかな皮ふで、球根のような灰色の頭部、大きくにごった黄色い目、異様に長い腕。

UMA FILE 109

ノーム

とんがり帽子の小人の妖精と同じ種？

2008年3月、アルゼンチンの若者が撮影したノーム。

2008年3月、ヨーロッパの民話に登場する妖精ノームと思われる存在が、アルゼンチンで偶然撮影された。動画はすぐに公開され、世界的な話題となった。

サルタ州ヘネラル・グエメスで、深夜、道ばたにいた10代の若者たちが、奇妙な生物が草むらから飛びだしたのを目撃、撮影したものだ。

さらに10月にも同州クロドミラ郊外で、やはり同じ生物と思われるものが撮影された。ちなみに、10月以降、正体不明のこの生物は、ピタリと現れなくなったという。

DATA

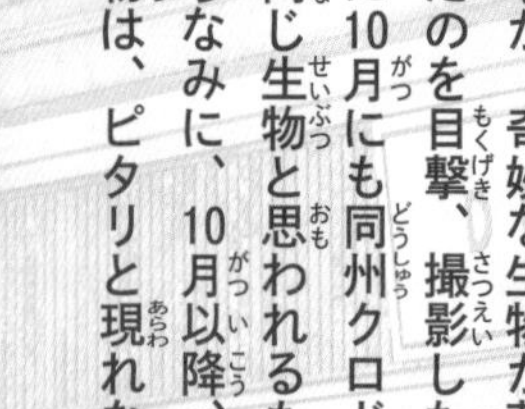

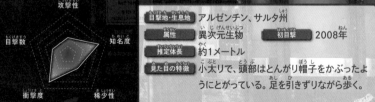

目撃地・生息地	アルゼンチン、サルタ州		
属性	異次元生物	初目撃	2008年
推定体長	約1メートル		
見た目の特徴	小太りで、頭部はとんがり帽子をかぶったようにとがっている。足を引きずりながら歩く。		

UMA FILE 110

モギィ

超能力をもち異臭を放つ謎の魔獣

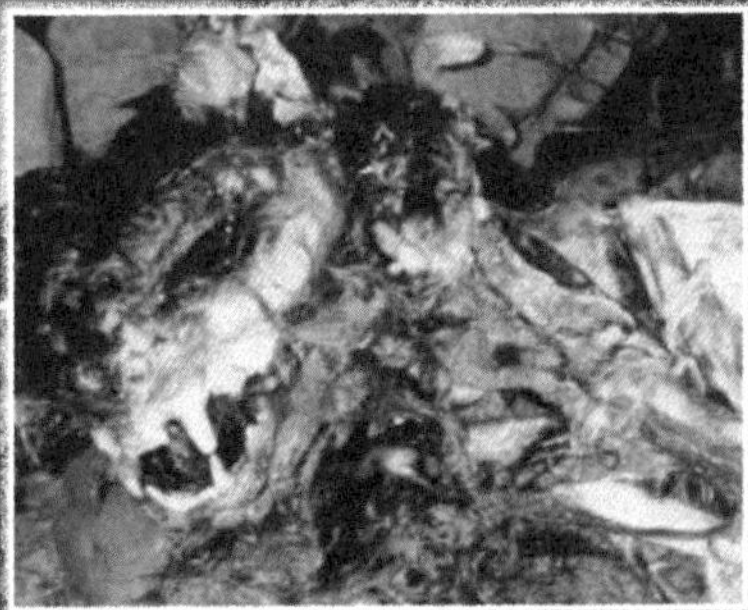

モギィと見られる、謎の怪生物の死骸。するどいキバに凶暴性を感じさせる。

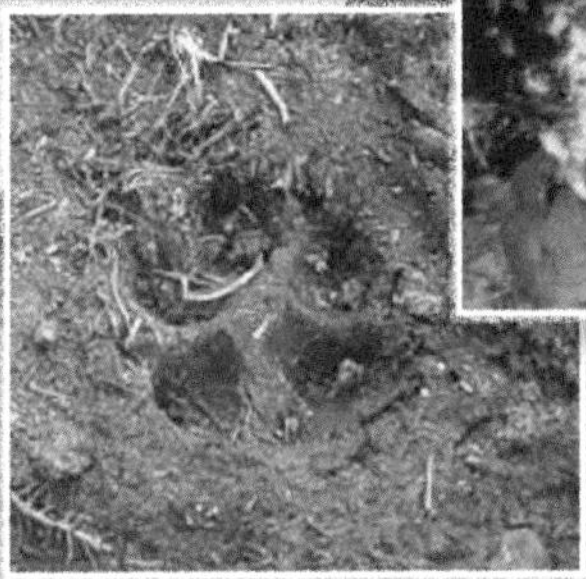

モギィが残した足跡。大型ネコ科の生き物のようだが、イギリスにそのような野生生物はいない。

エイリアン・ビッグ・キャット（138ページ）の中でも、とりわけ凶暴で、しかもテレポーテーション能力を秘めているといわれるのがモギィだ。

2002年には、ケント州の住宅街に出現。目撃者に飛びかかり、腕を傷つける事件を起こした。モギィはその後、姿が薄くなり、消えたという。

その年にはイギリス各地で、人がモギィにおそわれ、目の前で姿を消す事件が発生。2006年には消える瞬間の映像まで撮られているのだ。

ある調査によれば年間で40件以上のモギィ目撃報告があるようだ。

DATA

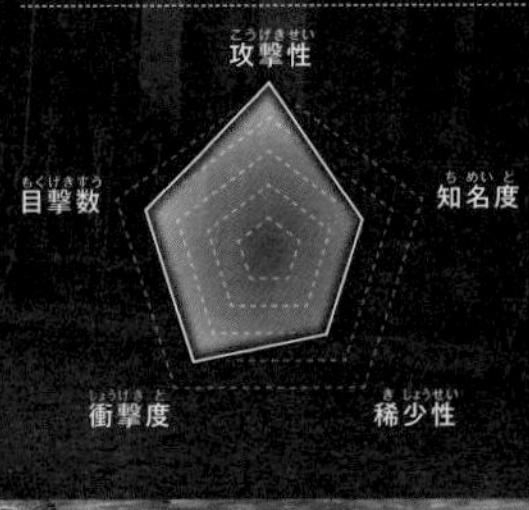

目撃地・生息地	イギリス、ケント州ほか
属性	怪生物
初目撃	1960年代
推定体長	0.6〜1.2メートル
見た目の特徴	クロヒョウによく似た姿で、強烈な異臭を放つ。するどいツメとキバをもつ。超能力がある。

カップルにおそいかかるヤギ人間

UMA FILE 111

ゴートマン

DATA

目撃地・生息地	アメリカ、メリーランド州
属性	都市伝説
初目撃	1950年代
推定体長	約2メートル
見た目の特徴	体の色は黒や暗灰色、頭部はヤギで、胴体は人間の半獣半人。足はヤギのように先の割れれたひづめ。

メリーランド州のガバナーズ橋付近には、1950年代からこんな都市伝説が語りつがれている。恋人たちがこの橋の側でデートをしていると、手に斧をもったヤギ頭の半獣半人ゴートマンが現れ、おそわれる、と。

幸いこれまで、負傷した者は出ていないが、これはただの都市伝説ではない。実際にペットが残虐に殺されたという話があるのだ。

ゴートマンが出没する場所は、ガバナーズ橋以外にも、ロッツフォード街道、フレッチャータウン街道が知られる。いずれも夜になると、薄気味悪い雰囲気につつまれる場所だ。ここで車を停めて3回クラクションを鳴らすとゴートマンが出てくるという都市伝説まである。

最近ではわざわざ現場まで行って、肝試しをする若者が増えているのだとか。取り返しのつかないことが起きないことを祈るばかりだ。

なお、ゴートマンの正体だが、遺伝子実験が失敗した結果生まれたものという説、あるいは超自然的に誕生したUMAなどともいわれている。

▶監視カメラに映っていたゴートマン。フェイク画像のうわさもある(↑)。ゴートマンが出現するガバナーズ橋(←)。

UMA FILE 112

モンキーマン

インドに突然現れた凶悪な小型獣人

目撃証言をもとに描かれたモンキーマンの姿。いろんなタイプがいた。

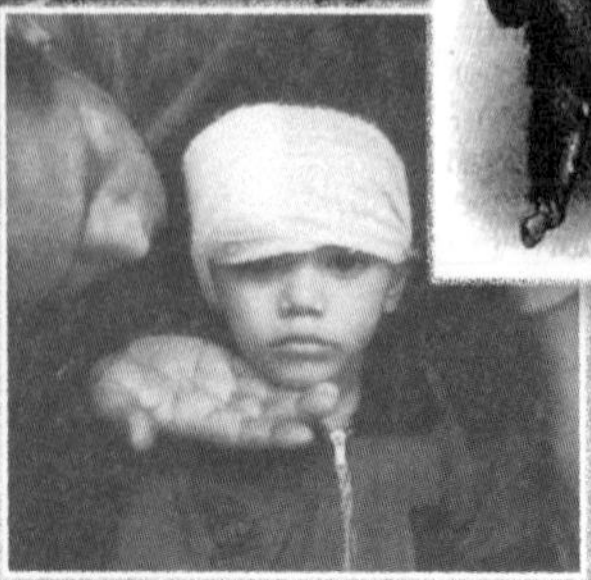

モンキーマンにおそわれて、けがをした少年。おそわれた人は1000人以上!

モンキーマンは、インドに現れた小型の獣人だ。2001年4月から5月の夜間、ニューデリーの人々が、あいついでモンキーマンにおそわれる事件が発生。被害者は1000人以上にのぼった。

地元の警察署長は「モンキーマンはただのうわさ」と発表、事態の沈静化をはかった。もちろん、それで話はおさまらず、警察は事件をしかたなく認め、モンキーマンに懸賞金をかけて捜査を開始。だが、手がかりは何ひとつなく、なぜかモンキーマンも出現しなくなった。

正体については、軍が開発した生物兵器という話があるが、謎のままだ。

DATA

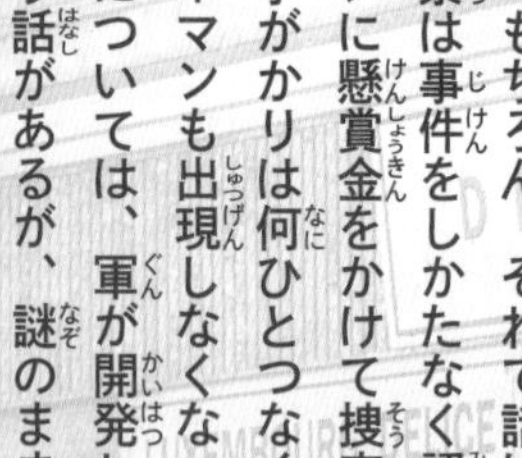

目撃地・生息地	インド、ニューデリー		
属性	獣人	初目撃	2001年
推定体長	1.4～1.6メートル		
見た目の特徴	体は黒や茶色の毛におおわれ、両手にするどいツメがある。直立二足歩行する。また、ヘルメットや服を身につけていることもある。		

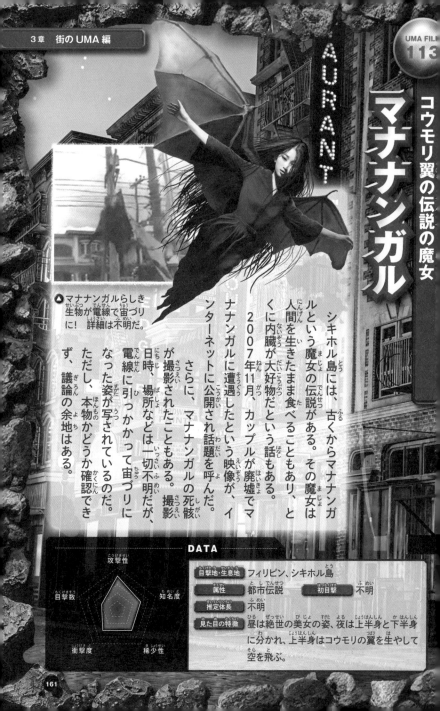

UMA FILE 113

コウモリ翼の伝説の魔女

マナナンガル

△マナナンガルらしき生物が電線で宙づりに！　詳細は不明だ。

シキホル島には、古くからマナナンガルという魔女の伝説がある。その魔女は人間を生きたまま食べることもあり、とくに内臓が大好物だという話もある。

2007年11月、カップルが廃墟でマナナンガルに遭遇したという映像が、インターネットに公開され話題を呼んだ。

さらに、マナナンガルの死骸が撮影されたこともある。撮影日時、場所などは一切不明だが、電線に引っかかって宙づりになった姿が写されているのだ。ただし、本物かどうか確認できず、議論の余地はある。

DATA

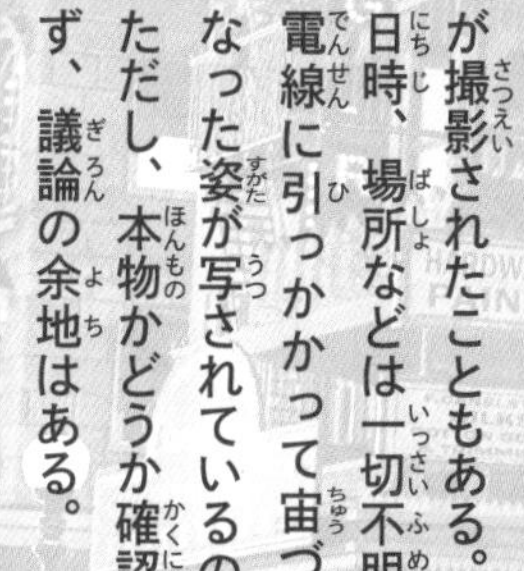

目撃地・生息地	フィリピン、シキホル島
属性	都市伝説
初目撃	不明
推定体長	不明
見た目の特徴	昼は絶世の美女の姿、夜は上半身と下半身に分かれ、上半身はコウモリの翼を生やして空を飛ぶ。

UMA FILE 114

体長45メートルの巨大昆虫

衛星カメラが映しだした巨大生物

△衛星カメラで映したアルルスベルクの町。丸で囲んだところに何かがある。

△丸で囲んだところを拡大すると、明らかに昆虫の姿だとわかる。

世界中の景色を衛星写真で見られる「グーグルアース」。その画像にはときどき、変なものが写っている。上の写真は2006年9月、アルレスベルクの町の画像に写っていたものだ。

その昆虫の大きさを、画像周辺に写った他のものと比べて算出してみると、体長は約45メートル。拡大した写真で確認すると、昆虫の尾からは何かが噴きだしているようにも見える。

とても人工物には見えない。遺伝子実験で巨大化した生物が、たまたま写ってしまったのか？　しかし、ここまで巨大なら近くの人が気がつくはずだが……。

DATA

目撃地・生息地	ドイツ
属性	怪生物
初目撃	2006年
推定体長	約45メートル
見た目の特徴	頭部には触覚、胸部から6本のあし、長い腹部からなる。昆虫の姿をしているが、衛星カメラでとらえられるほど巨大。

UMA FILE 115

進化史をくつがえす奇獣死体
ボスニア・モンスター

生物の進化には、水中にすむ魚類から、水陸に適応した両生類、陸に上がった爬虫類、鳥類、ほ乳類という大きな流れがある。ところが、2001年2月、ゼニカ市ジャリジャ地区で発見された謎の生物の死骸は、進化の順序では説明できないものだった。両生類とほ乳類、両方の身体的な特徴があったのだ。

死体の検証にあたったサラエボ大学獣医学部の教授は、これはほ乳類のテンの死骸にすぎない、と発表。しかし、新種ではないかと意見する獣医も多い。

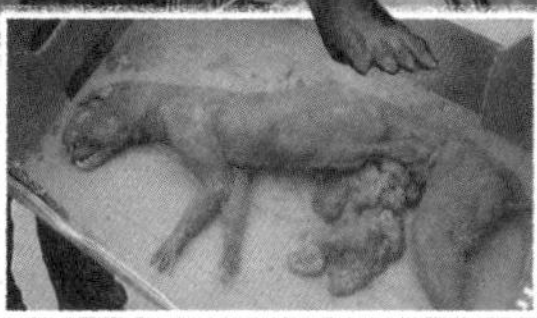

△明らかにテンとは異なる謎の生物の死骸。

DATA

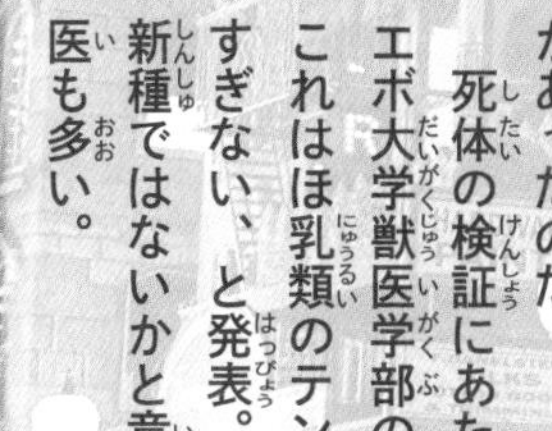

目撃地・生息地	ボスニア・ヘルツェゴビナ、ゼニカ市
属性	怪生物
初目撃	2001年
推定体長	約50センチ
見た目の特徴	一見、オオトカゲのようにも見えるが、イタチ科の動物の特徴ももっている。

UMA FILE 116

創作都市伝説から誕生した誘拐怪人

スレンダーマン

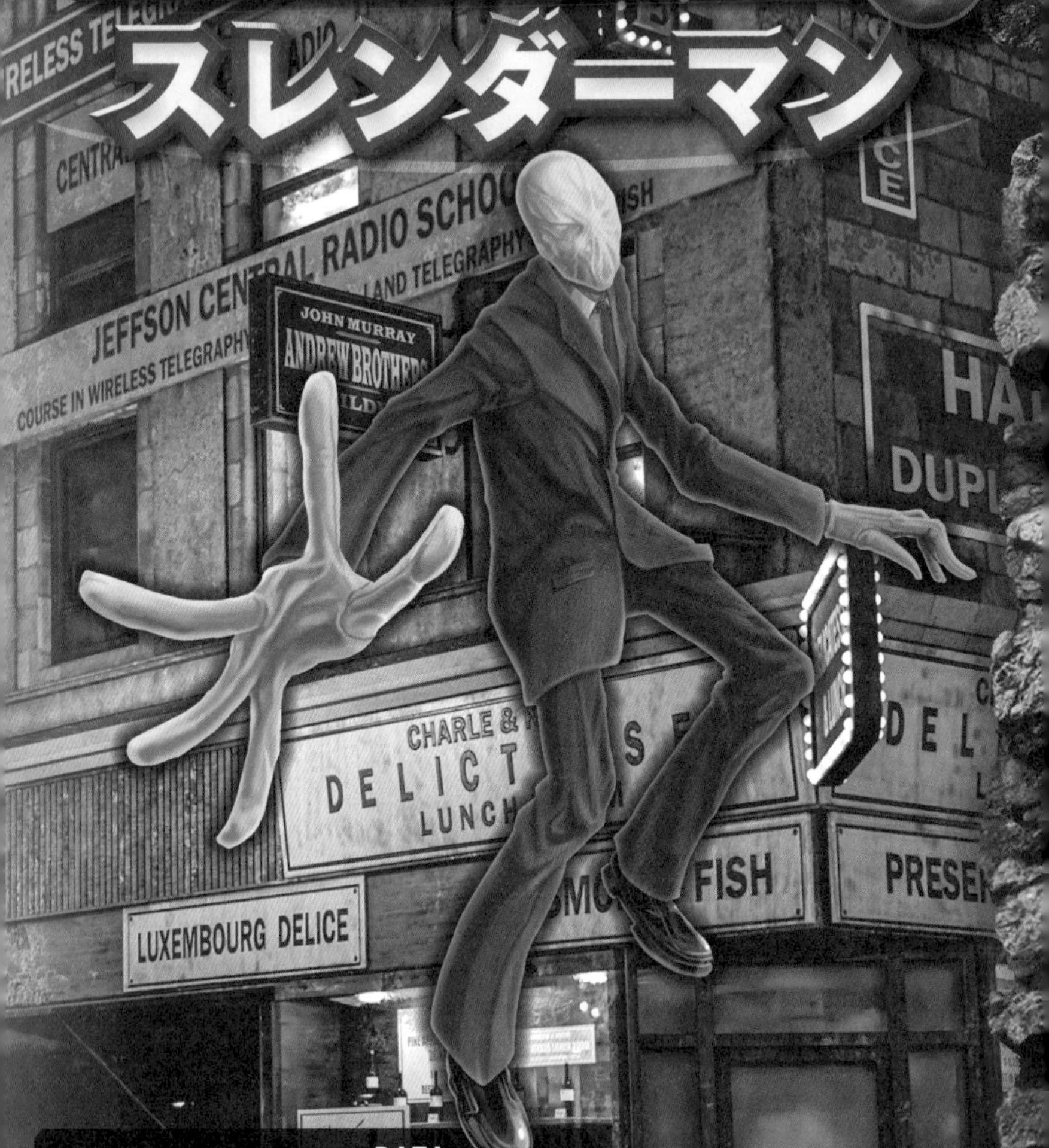

DATA

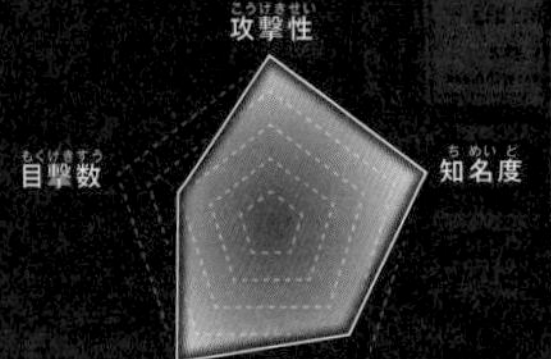

目撃地・生息地	アメリカ全土、イギリス、カナダ
属性	都市伝説
初目撃	2009年
推定体長	1.8～3メートル
見た目の特徴	背が高くスマートな体に、暗い色のスーツを着用。白色の頭部は丸く、目や鼻はない。背には無数の触手がはえているとも。

スレンダーマンは、近年の都市伝説系のUMA怪人の中でもかなり話題になった〝異色の存在〟だ。

もともとは2009年、公園で遊ぶ子どもたちと、それを見つめる背の高い男の写真がネット上に公開されたことに始まる。なんと、写真の子どもたち全員が行方不明になっており、長身男性が「スレンダーマン」なのだ——という話が話題になった。

じつはこの写真とエピソードはコンテスト用に創作されたものだったという。

ところが、現実世界で大規模な誘拐事件や行方不明事件が起こると、その前にスレンダーマンが目撃されたとの報告があいつぐようになった。

しかも、2015年にはイギリスで、2022年にはカナダでもスレンダーマンが目撃されている。謎は深まるばかりだ。

◀スレンダーマン（丸囲み）の写真として最初に公開された1枚。写っている子どもたちは行方不明になったという（←）。創作だったはずのスレンダーマンの目撃写真!?（→）

UMA FILE 117

怪現象の原因だったのか？ アパートにいるUMA

たまたまウッドデッキを撮影したところ、右端（丸囲み）に奇妙な生物が写っていた。

右の写真の丸囲み部分拡大。ネコにも見えるが、明らかに二足歩行しているように見える。

2007年7月マサチューセッツ州のあるアパートに住む男性が撮った写真に、直立二足歩行する、細い手足の小さくて奇怪な生物が写っていた。

画像を見た男性の家族たちは、すぐにこう思った――もしかしてこいつが怪奇現象の原因か？　と。というのもこのアパートでは、壁を引っかく音が聞こえたり、室内で黒いものが現れ、目の前を横切るなどの怪現象が起きていたのだ。つまり、この写真の妖怪が怪現象を起こしているのでは、と考えたのである。

なお、この写真が撮られて以後、怪現象はなぜかおさまってしまったそうだ。

DATA

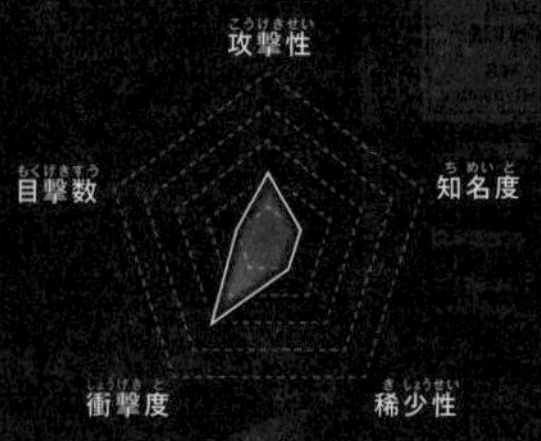

目撃地・生息地	アメリカ、マサチューセッツ州		
属性	異次元生物	初目撃	2007年
推定体長	数十センチ		
見た目の特徴	とても小さく、シルエットのような姿。横に長い頭部、直立二足歩行で、細い手足。		

UMA FILE 118

翼ネコ

実在する翼の生えたネコ

中国・四川省で飼育されている翼の生えたネコ。しかしこのネコには、飛行能力はないようだ。

翼の生えたネコの目撃は1800年代から、イギリスを中心に、世界各国で130件以上の報告がある。

まさかと思えそうだが、1933年にはイギリス、オックスフォードシャー州で、鳥のように羽ばたき空を飛ぶネコが、動物園の園長によって捕まえられたと、新聞が報じている。また、1966年にはカナダ、オンタリオ州でも、羽をもつ黒いネコが目撃され、翼を広げて飛びあがったが、発見者に射殺されたという。

なぜネコに翼が生えるのか？ これはネコに生えたのではなく、まったく異なる未知の生物の可能性もあるだろう。

DATA

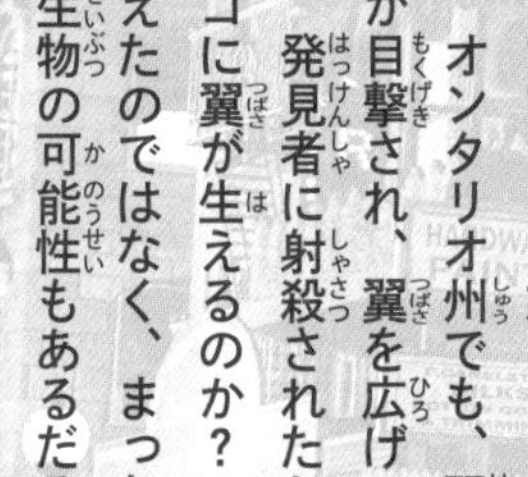

目撃地・生息地	世界各国		
属性	怪生物	初目撃	1800年代
推定体長	約50センチ		
見た目の特徴	一見するとふつうのネコだが、背には鳥のような翼が生えている。		

UMA FILE 119

ピッグマン

田舎道を歩く醜悪なブタ男

バーモント州とインディアナ州では、夜間に田舎道を走行中、ピッグマンに追われるという都市伝説がある。

それが現実のものとなった。2010年にバーモント州を車で走行中の男性が、路肩を歩くブタ顔の男を目撃。もちろん男性は、猛スピードでその場を逃げだした。

また、バーモント州では、夜間にうろつくピッグマンと目されている奇妙な生き物が撮られたことがある。ピッグマンはまちがいなく存在する。ただの都市伝説ではないのだ。

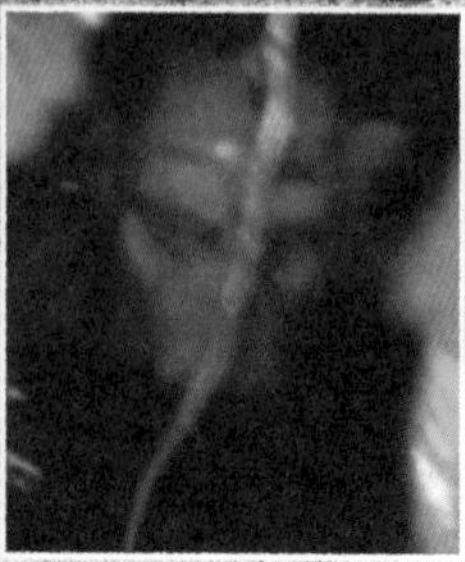

△バーモント州に現れたピッグマンらしきUMA。

DATA

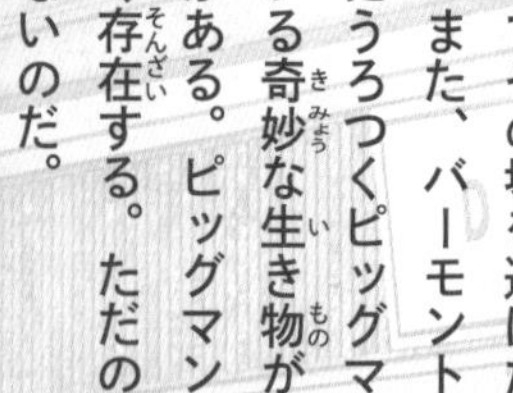

目撃地・生息地	アメリカ、バーモント州、インディアナ州
属性	都市伝説
初目撃	2010年
推定体長	約1.8メートル
見た目の特徴	人の顔にブタの鼻がついたような醜悪な容姿、体は人間の半獣半人。頭部や背、肩には少ないながら毛が生えている。

UMA FILE 120

オーブ

異次元を行き来する謎のUMA

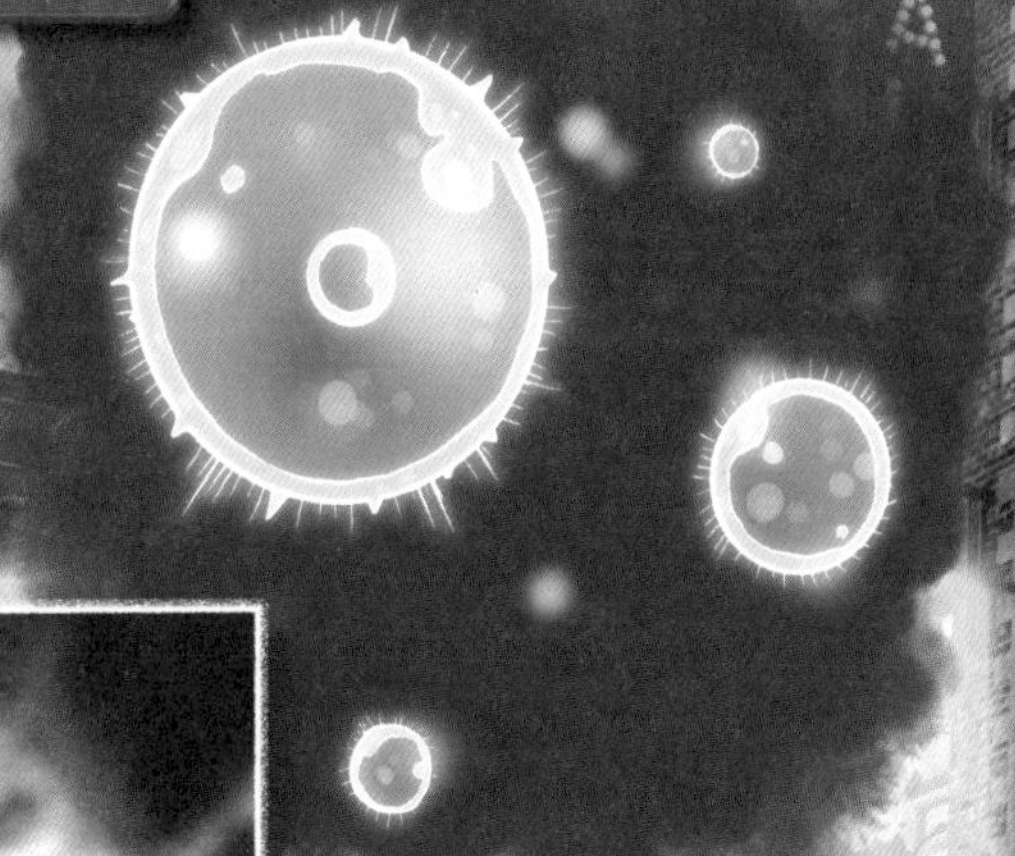

オーストラリアのパースに住む男性の家では、1996年からたびたび、半透明の不気味な未知の生き物が現れている。そして現在まで、彼はその生き物を撮影し、ネットで公開しているのだ。

ビデオに映る未知生物は、異次元生物のオーブと呼ばれるもので、彼とコミュニケーションを取りたがっているようなそぶりを見せるという。つまり、UMAオーブは、意思表示があり、〝生きている〟というのである。

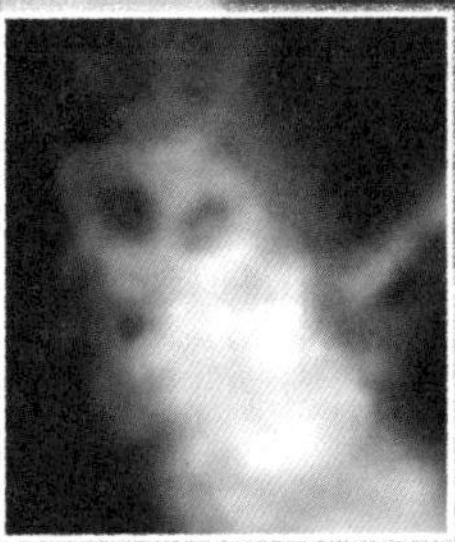

△姿を現すと、撮影者のポールと意思疎通をはかろうとした!?

DATA

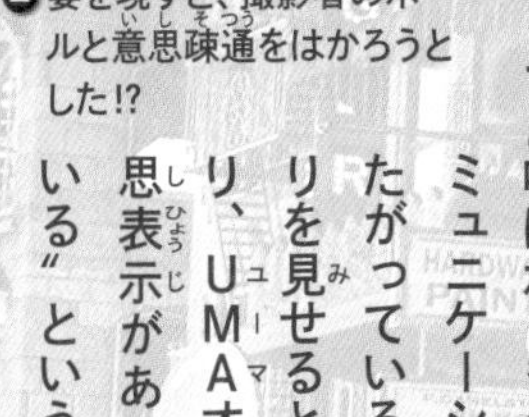

目撃地・生息地	オーストラリア、パース
属性	異次元生物
初目撃	1996年
推定体長	不明
見た目の特徴	半透明でさまざまな形をしている。

UMA FILE 121

マンティコア

古代伝説上の怪物が出現した！

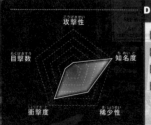

2008年7月、インターネット上に公開された動画に映っていた、言葉を発するマンティコア。

2008年7月、インターネットの動画投稿サイトに、奇怪な生物の姿を記録したものがアップされた。その生物は横たわったまま、言葉を発して人間と会話していたのだ。

この動画を観た人々は、口々に「これはマンティコアだ」といった。

マンティコアは、紀元前の歴史家クテシアスが『インド誌』に記したことを皮切りに、さまざまな書に記録されている伝説上の怪物だ。問題の動画も、引いた映像では、マンティコアの特徴を備えているというのだが、この怪物は本物のマンティコアなのだろうか。

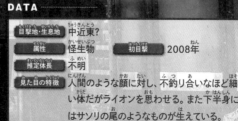

DATA

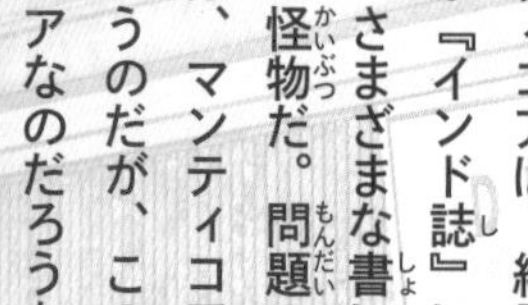

目撃地・生息地	中近東?		
属性	怪生物	初目撃	2008年
推定体長	不明		
見た目の特徴	人間のような顔に対し、不釣り合いなほど細い体だがライオンを思わせる。また下半身にはサソリの尾のようなものが生えている。		

UMA FILE 122

ターナーの野獣

交通事故死した家畜をおそうUMA

△イヌのようなオオカミのような姿をした、メーン州ターナーの町に現れた謎の生物。車にはねられ死亡していた。

1990年代初頭より、メーン州アンドロスコッギン郡に出没した謎の野獣がいた。人間のような声で鳴き、家畜をおそい続けたのだ。しかし住人たちは、一度として捕まえることはできなかった。

ところが、2006年8月、同州のターナーでこの野獣らしき死骸が発見された。ネコを追って猛スピードで走っていた謎の野獣が、車にはねられ死亡、その死骸が路肩に転がっていたのだ。

その姿はイヌやオオカミのようでもあるが、今、知られている動物とは明らかにちがう。そのため、未知の動物だった可能性がある。

DATA

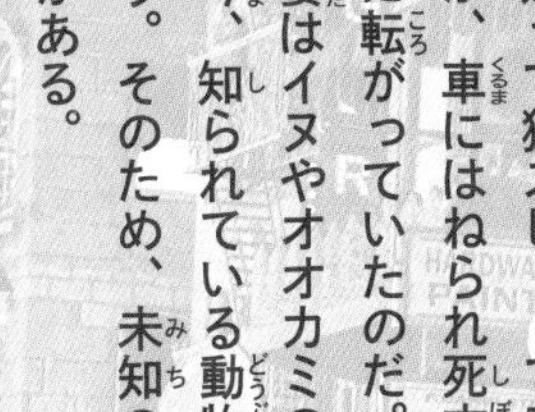

目撃地・生息地	アメリカ、メーン州
属性	怪生物
初目撃	1990年代
推定体長	不明
見た目の特徴	体はチャコールグレーの毛につつまれ、短い三角形の耳、ふさふさした尾、そして短い足の野獣。

UMA FILE 123

背後からはいでてくる影怪人

インドネシアの怪人

△2009年6月、アパートの前でギターを弾く少年の背後から奇妙なヒト型の怪物が出現！

△異常に長い手を伸ばし、少年にふれようとしたが、すぐに姿を消してしまった。

2009年6月、インドネシアで撮影されたという動画が、投稿サイトにアップされた。その動画には、手足が異常に長いヒト型の怪物が映りこんでいた。

状況としてはこうだ――アパートの前で少年がギターを奏でながら歌っていると、背後から問題の怪物がはいでてきた。撮影者にも見えたのだろう、その存在に気がついたと思われる瞬間、怪物は一瞬にして消えてしまったのだ。

正体としては、異次元から現れるシャドーピープル（146ページ）の一種説や、地元で語られる「トゥユル」という泥棒をはたらく妖怪という説もある。

DATA

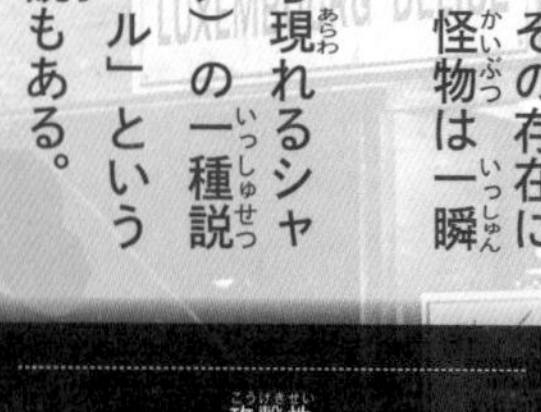

目撃地・生息地	インドネシア		
属性	異次元生物	初目撃	2009年
推定体長	約1.5メートル		
見た目の特徴	全身真っ黒で、目や鼻があるかは不明。胴や腕、足は細い。はうような姿勢で移動する？		

UMA FILE 124

ポンベロ

人にイタズラをし、おそう妖怪

ポンベロを写したとされる写真。詳細は不明だ。

南アメリカのパラグアイの先住民の神話に登場する妖怪ポンベロが、近年、同国の各地に出現しているという。

パラグアリ県サンタ・リブラダでは、寝ているとき、突然、窓をたたかれ恐怖にふるえたという住民が何人もいる。

また、パラグアイ東部のイパラカイでは、母子がポンベロと思われる毛むくじゃらの怪物におそわれ、約10メートル先に放り投げられ、腹をなぐられるなどの被害もでた。

ポンベロの目的はいったい何なのか？　まったくの謎である。

DATA

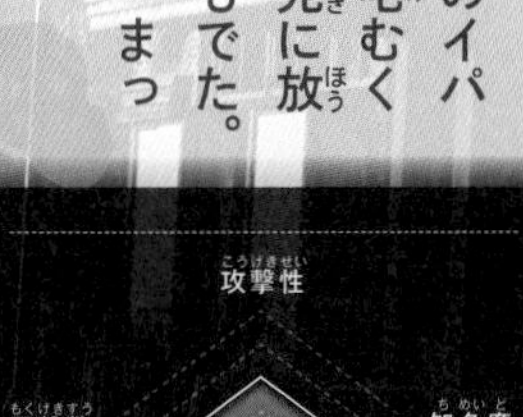

目撃地・生息地	パラグアイ、パラグアリ県ほか
属性	怪生物
初目撃	不明
推定体長	不明だが小さい
見た目の特徴	毛むくじゃらの手と足をもつ。

UMA FILE 125

トコロシ

奇妙な現象を引きおこす怪生物

△トコロシにつきまとわれて困っている一家の男性と、自然発火したベッド。

△トコロシの目撃スケッチ。出現すると奇妙な現象を引きおこすという。

南アフリカ共和国では、奇妙な現象が起こると、トコロシのせいにされるという。石を降らせるなどの力があるのだ。

2018年、同国フリーステイト州ボツシャベルに住む一家は、そのトコロシにまとわりつかれ、恐怖体験をした。

住人はいきなり頭から水をかけられたり、ドアがバタバタ開閉したり、家の屋根に石を投げつけられたりしたという。

さらに、目には見えないトコロシはしゃべりだし、近隣住民にまで謎の攻撃をしかけて恐怖におとしいれて、みな、とほうにくれているという。その後の続報はないが、現在、どうなっているのだろう。

DATA

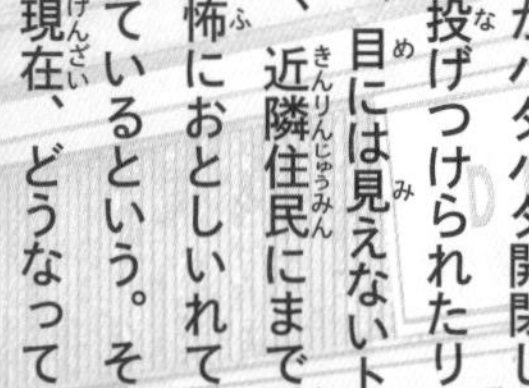

目撃地・生息地	南アフリカ		
属性	怪生物	初目撃	2018年
推定体長	不明だが小さい		
見た目の特徴	体は茶色の毛におおわれているが、ふだんは目に見えない。		

UMA FILE 126

猛スピードで走りさる 黒衣のヒト型UMA

△黒衣をまとったような姿の何か(丸囲み)が、猛スピードで道路を走っていく。

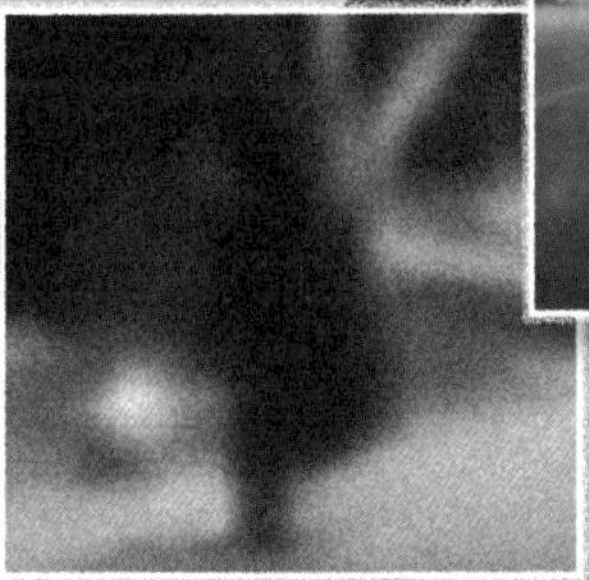

△丸囲み部分を拡大。これは異次元生物の一種なのか?

2016年にブラジルのどこかで撮影されたUMAの動画が、2018年に公開され話題になった。

夜、道ばたでサッカーをしている少年が蹴りそこねたボールが大通りに転がっていった瞬間、そこに人の形をした黒衣の怪生物が現れ猛スピードで、いずこともなく消えさっていったのだ。もちろん気づいた少年たちは後を追ったが追いつけなかった。

正体をめぐっては、その大きさからしてノーム（156ページ）が異界から現れたのではないか、という声もあるが、不明のままだ。

DATA

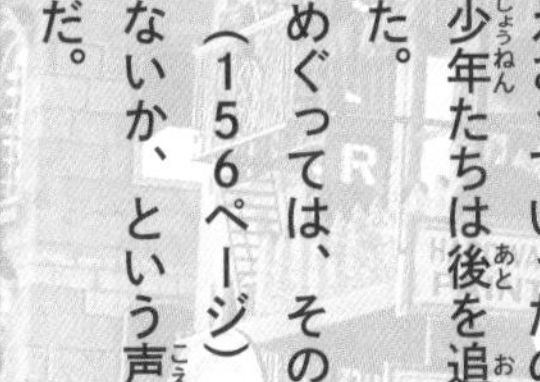

目撃地・生息地	ブラジル
属性	異次元生物
初目撃	2016年
推定体長	かなり小がら
見た目の特徴	黒いマントのようなものをまとっている。猛スピードで走る。

UMA FILE 127

ファントム・ウルフ（幽霊オオカミ）

妖怪変化の超次元生物

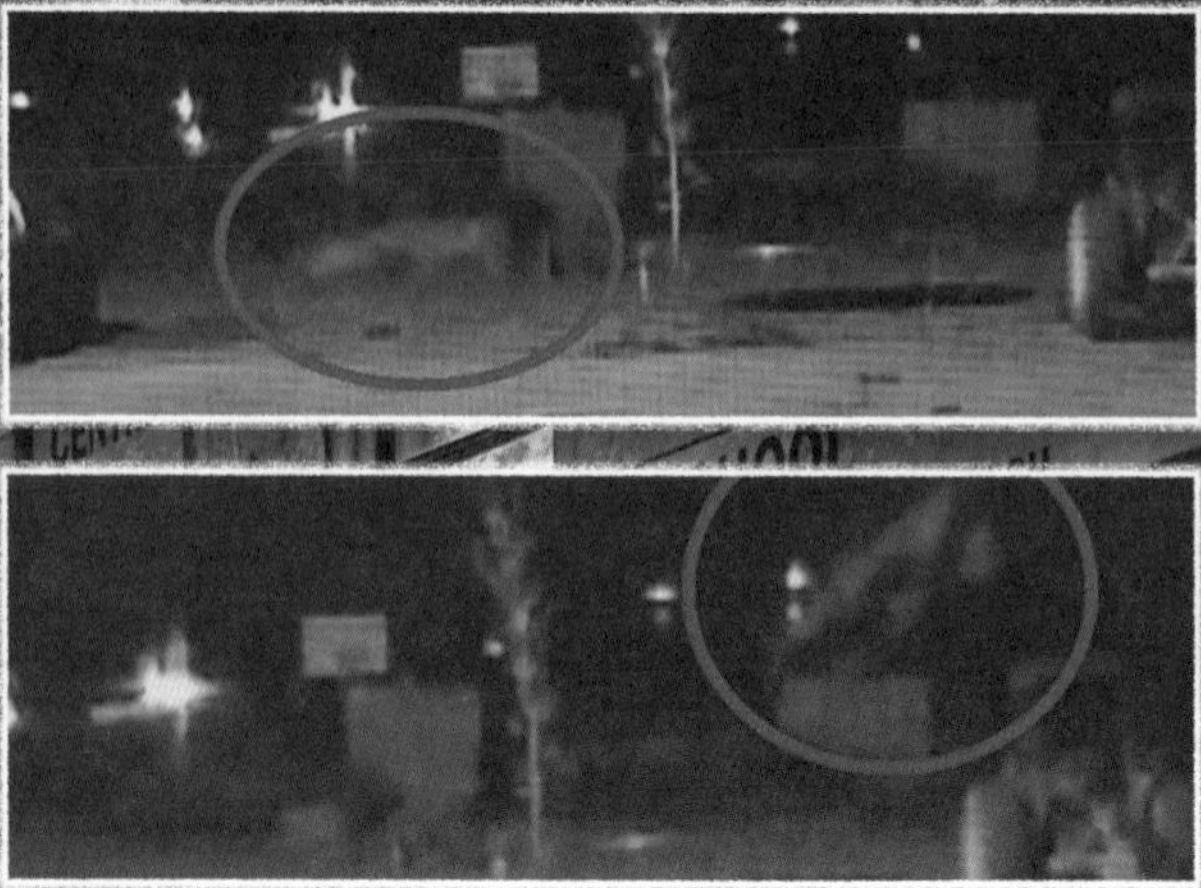

▲監視カメラの映像。左の方から歩いてきたオオカミのような生物が、突然、宙に舞い、飛び去った！

2017年4月、姿を変化させるオオカミのようなUMAの映像が公開された。アメリカ南西部の州にある先住民の保留地で撮られた監視カメラ映像で、その獣は宙に舞い、消えていったのだ。

じつは、この保留地では以前から、夜間になるとファントム・ウルフと呼ばれる神出鬼没の巨大な獣が周辺をさまよっていた。それは家畜をおそい、住民たちをおびやかしたという。

ちなみに、アリゾナ州北東部からニューメキシコ州にまたがる砂漠地帯に住む先住民は、それに似たものを、〝悪魔の化身〟として恐れている。

DATA

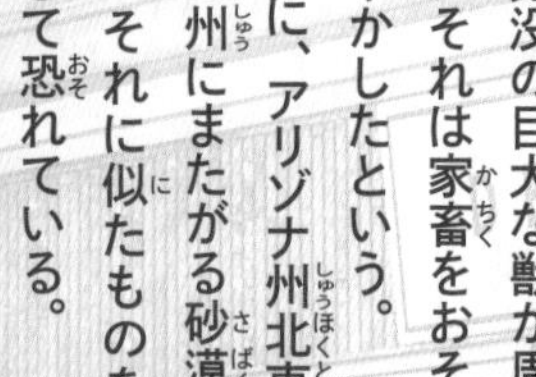

目撃地・生息地	アメリカ南西部のある州		
属性	異次元生物	初目撃	2017年以前
推定体長	不明		
見た目の特徴	大型のオオカミやイヌを思わせる姿で、目を赤く輝かせる。半獣半人の怪物に変身する。		

UMA FILE 128

異次元の扉をくぐってやってくる!?

ワンパス・キャット

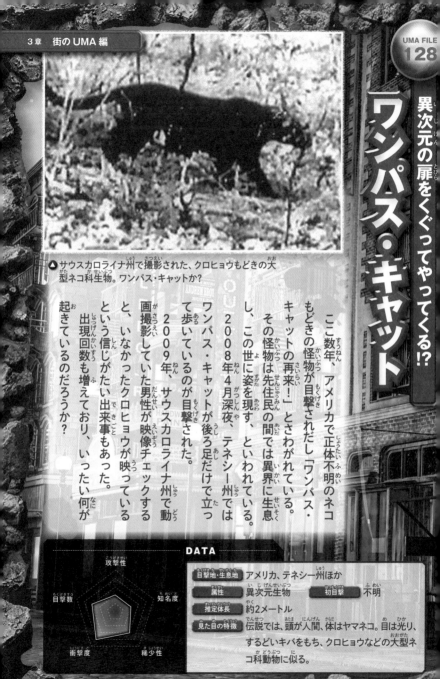

△サウスカロライナ州で撮影された、クロヒョウもどきの大型ネコ科生物。ワンパス・キャットか?

ここ数年、アメリカで正体不明のネコもどきの怪物が目撃されだし「ワンパス・キャットの再来!」とさわがれている。

その怪物は先住民の間では異界に生息し、この世に姿を現す、といわれている。

2008年4月深夜、テネシー州ではワンパス・キャットが後ろ足だけで立って歩いているのが目撃された。

2009年、サウスカロライナ州で動画撮影していた男性が映像チェックすると、いなかったクロヒョウが映っているという信じがたい出来事もあった。

出現回数も増えており、いったい何が起きているのだろうか?

DATA

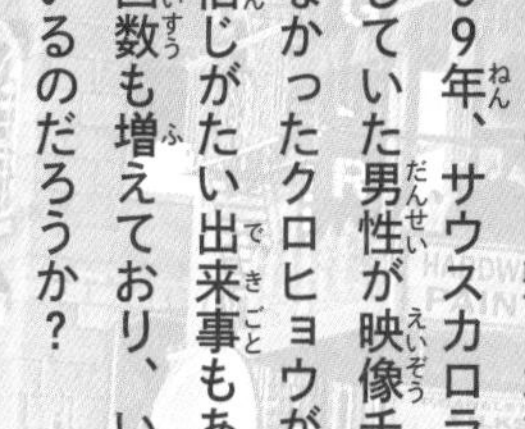

目撃地・生息地	アメリカ、テネシー州ほか
属性	異次元生物
初目撃	不明
推定体長	約2メートル
見た目の特徴	伝説では、頭が人間、体はヤマネコ。目は光り、するどいキバをもち、クロヒョウなどの大型ネコ科動物に似る。

UMA FILE 129

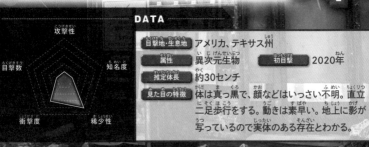

監視カメラがとらえていたふたつの影
玄関先に現れたヒト型エンティティ

△民家の玄関先に、体長30センチほどの、2体の小さなエンティティ(丸囲み)が現れた。

2020年8月深夜、テキサス州ダラスの民家の監視カメラが謎めいたヒト型をとらえ、その動画がネット公開された。

動画には、小さなふたつの影が、家の近くをうろつくようすが映っていた。

その後、2体の影は、仲よく寄りそうように車の後方へと姿を消した。

また、数日前にも2体の影が近隣の住民に目撃され、直後にスッと姿を消したり、飼い犬にほえられてビクッとしていたりしたという報告がある。

その正体は、異界からこの世に出現した精霊ではないか、との声もあるようだが、まだ検証はされていない。

DATA

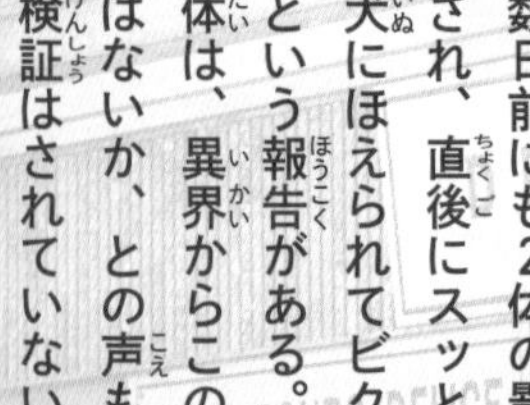

目撃地・生息地	アメリカ、テキサス州
属性	異次元生物
初目撃	2020年
推定体長	約30センチ
見た目の特徴	体は真っ黒で、顔などはいっさい不明。直立二足歩行をする。動きは素早い。地上に影が写っているので実体のある存在とわかる。

UMA FILE 130

異星からのスパイUMAか？ 大統領官邸の半透明エンティティ

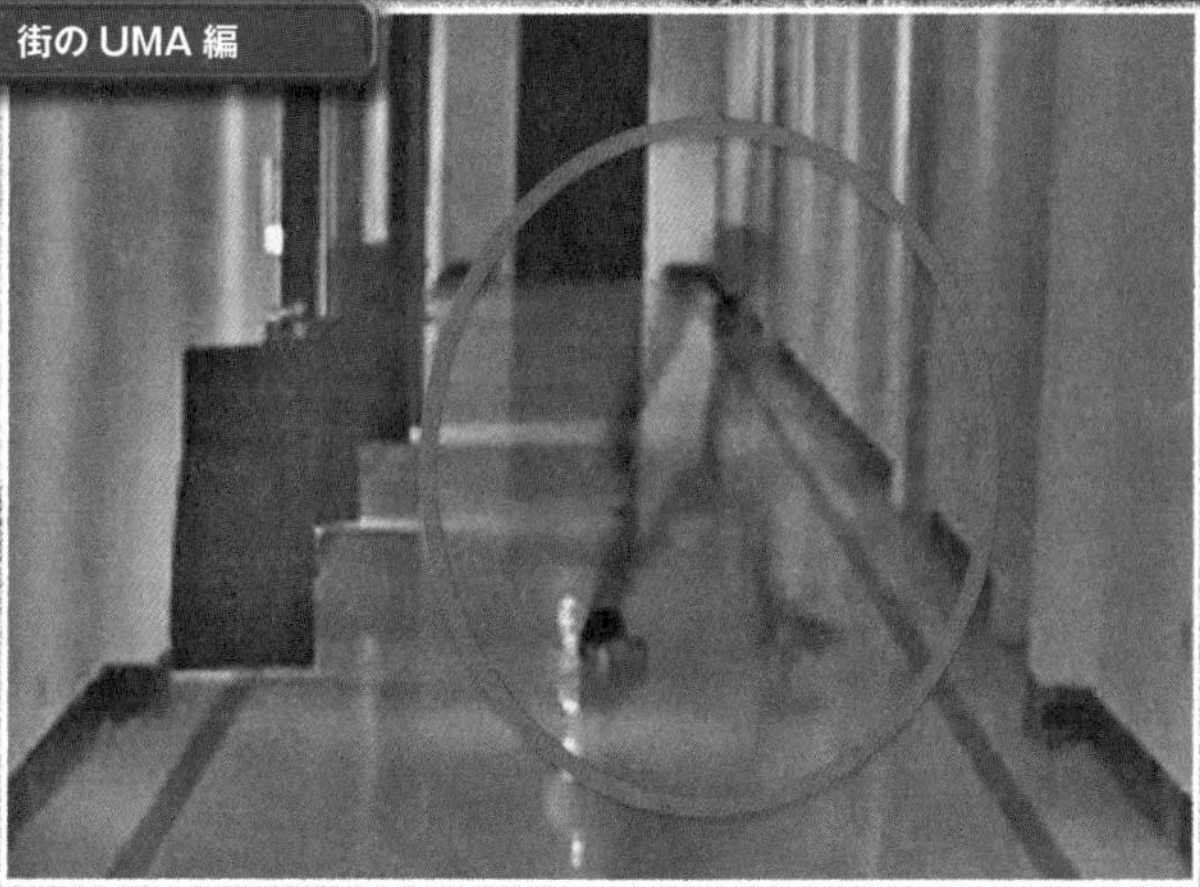

△アルゼンチン大統領官邸の画像に写りこんでいた半透明のエンティティ。

アルゼンチンの首都、ブエノスアイレスの大統領官邸の画像から、怪しい人影が発見された。

画像を見ると、廊下を横切る半透明の幽霊のような怪生物が写っている。

発見者である台湾のUFO研究家は、「これは、透明になるマントを着こみ、アルゼンチン大統領をスパイしているエイリアンだ。大統領に何かが起ころうとしていることを知っているのだ」などと語っていたそうだ。

なお、この画像は2016年6月のものだが、1か月後の画像に怪生物は映っていなかったという。

DATA

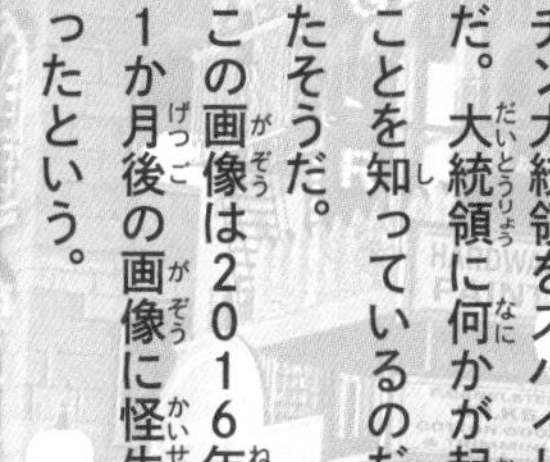

目撃地・生息地	アルゼンチン、ブエノスアイレス
属性	異次元生物
初目撃	2016年
推定体長	約1メートル
見た目の特徴	全身が半透明に透き通っていて、頭部はひしゃげたように小さく、手足、胴は細い。ハイヒールのようなものをはいている？

UMA FILE
131

半ネコ半ウサギの珍獣
キャビット

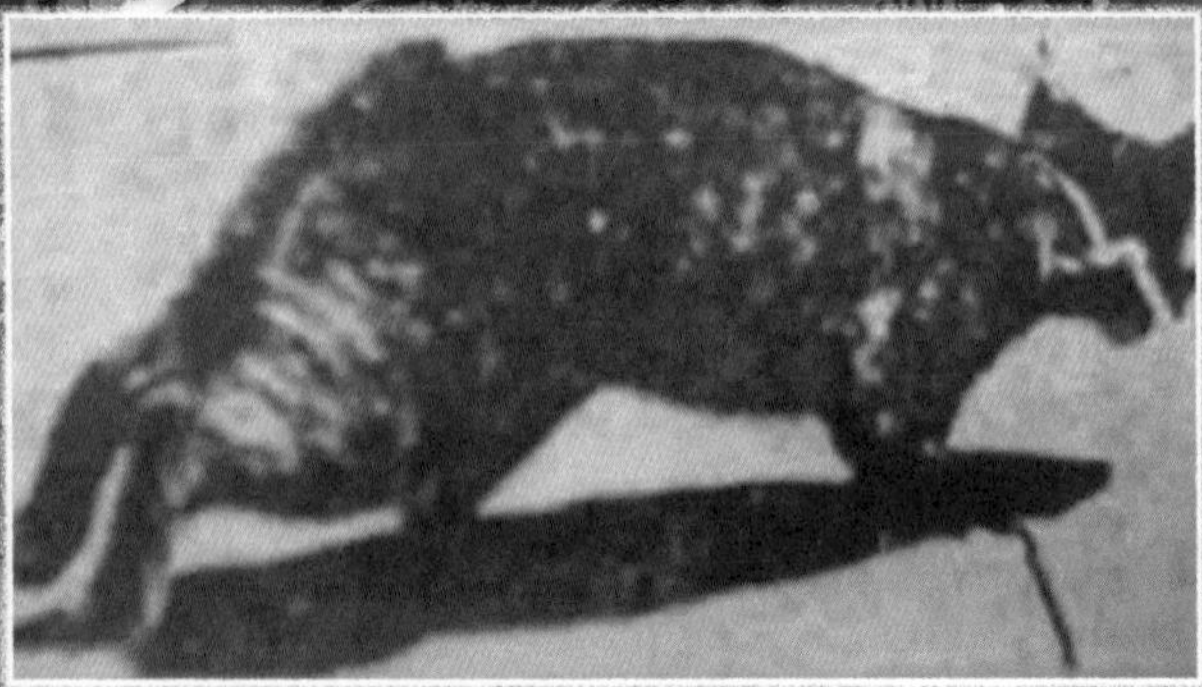

▲1977年7月にニューメキシコ州の砂漠で発見されたキャビット。上半身がネコ、下半身はウサギのような、謎の珍獣として話題を呼んだという。

1977年7月、ニューメキシコ州の砂漠で発見されたUMAキャビット（キャット＋ラビット）。

キャビットの発見者は捕獲すると、見せ物にしようとし、アメリカの新聞やテレビなどで紹介した。ところがその後、発見者もキャビットも行方不明に。

また、9月には別のキャビットが同州サンタフェなど2か所で目撃されている。

正体としては、政府の極秘による遺伝子実験で生まれたともうわさされている。実際、黒ずくめの謎の男たち（政府関係者？）がキャビットを回収する姿も目撃されているというが……。

DATA

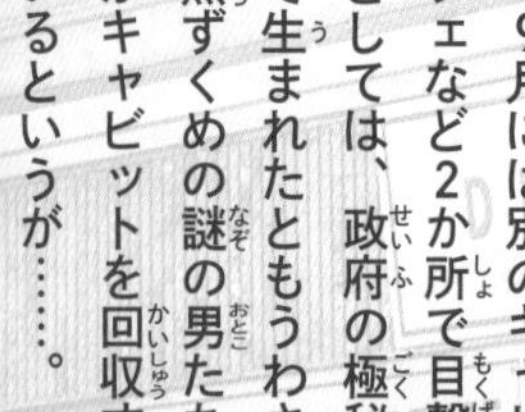

目撃地・生息地	アメリカ、ニューメキシコ州、インディアナ州
属性	怪生物
初目撃	1977年
推定体長	不明
見た目の特徴	上半身はネコ、下半身はウサギのような形をしている。その太くしっかりした後ろあしで、ピョンピョンとはねるように移動する。

UMA FILE 132

レイク

異次元から現れる凶悪で不気味な怪物

△2010年12月にルイジアナ州モーガンシティの監視カメラがとらえた、レイクらしき怪物。

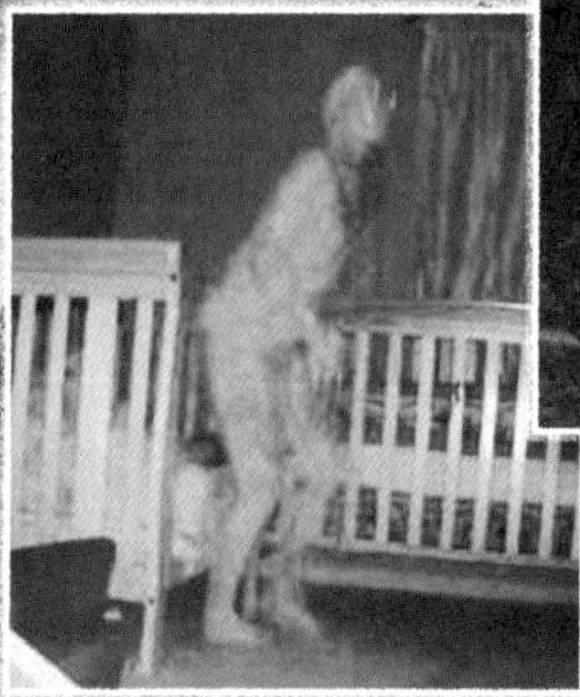

△2021年1月、ネバダ州の民家寝室にセットした暗視カメラに映っていたレイクらしき怪物。

2003年から、ニューヨーク州やアイダホ州に出現する凶悪な怪物レイク。深夜、民家の寝室に忍びこみ、人間の体を氷のように冷たい手でまさぐると、するどいツメで引きさくという。

これはうわさにとどまらない。アメリカではベッドで惨殺死体が発見されることがある。その中に「体温が低下している」「痕跡がまったく残っていない」という、レイクのしわざと思える奇妙な共通点が見られる事件が、たまにあるのだ。

レイクの出現は続いており、最近だと2021年1月、姿が暗視カメラにとらえられている。次はどこに現れるのか？

DATA

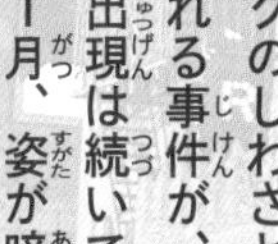

目撃地・生息地	アメリカ、ニューヨーク州、アイダホ州ほか
属性	都市伝説
初目撃	2003年
推定体長	約2メートル
見た目の特徴	ヒトのような姿で、毛はなく、猫背で長い手とするどいツメをもつ。暗闇で不気味に光る目をしている。獲物には声をあげてせまる。

絶滅種のはずなのに目撃が報告された!!

絶滅したはずの生物が生きている!?

COLUMN

UMAの正体は、これまでわれわれが知らない"未知の動物"だけでなく、現在では絶滅してしまったはずの生物の生き残りの可能性も十二分にある! なぜなら、写真・映像がときおり撮られているからだ!

タスマニアタイガー

絶滅生物のなかで、いまだに「生き残っている可能性がかなり高い!」とうわささされる代表格が、オーストラリアのタスマニア島を中心に生息していたタスマニアタイガー(フクロオオカミ)だ。

タスマニアタイガーは、人間がオーストラリアにもちこんだイヌなどによってその数を減らし、最後の1匹が1936年に死亡したことで、絶滅してしまった。

しかし、この絶滅動物の目撃報告は現在までつきることがない。近年では2024年4月、オーストラリアを訪れていた男性が目撃、そのときの写真をインターネットで公開し、大きな話題となった。

▶1936年まで動物園で飼育されていた、最後のタスマニアタイガーの姿。

◀2005年にドイツからの旅行者が撮った写真に写っていたタスマニアタイガー?

マンモス

絶滅動物でもとりわけよく知られるのがマンモスだ。毛の長い巨大なゾウで、約1万年前に古代人類による狩猟で絶滅した。

だが、このマンモスが近代においても〝生きている〟と思わせる目撃報告がなされているのだ。

たとえば、1918年にはシベリアで猟師が巨大な足跡を発見、その後、マンモスらしき生物に遭遇したという。

また、右の写真のように、1943年、やはりシベリアでマンモスらしき生物の姿をとらえた映像もある。こうした話を受け、ベルギーの動物学者ベルナール・ユーヴェルマンは「今なおマンモスは生存していてもおかしくない」と語っている。

△1943年、第二次世界大戦中にシベリアで捕虜になっていたカメラマンが撮影したというマンモス動画。インターネットで拡散され話題になったが真偽不明だ。

ジャイアント・カンガルー

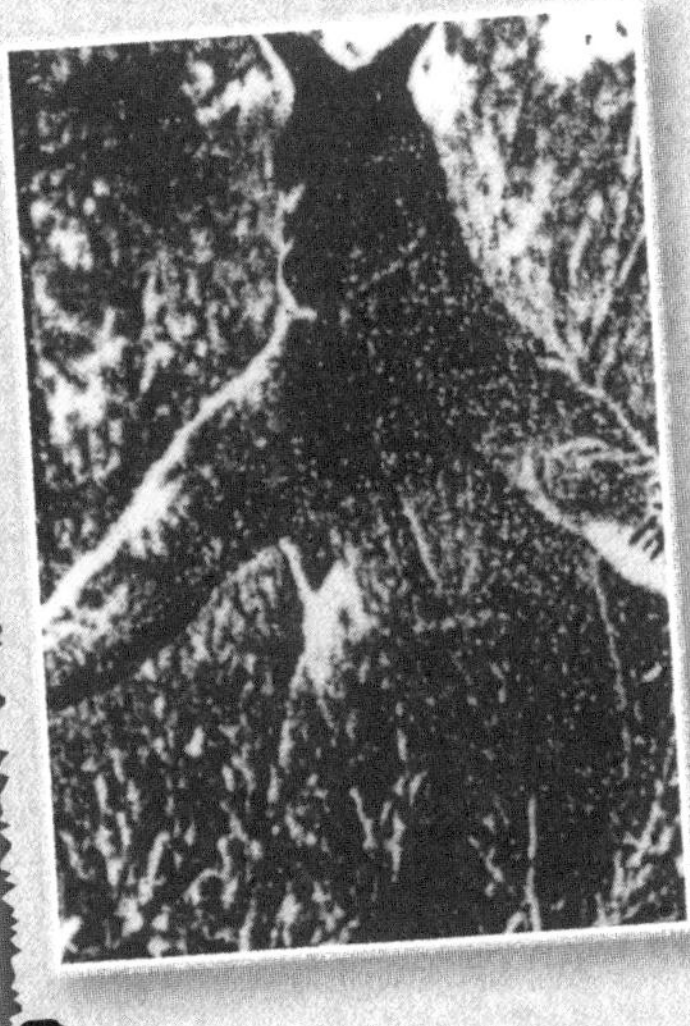

今から10万年前、オーストラリアには3メートルにも達する巨大なカンガルーがいた。

1978年8月、オーストラリアの自然学者デビッド・マッギンリーは、犬の散歩中、森でこの古代生物に遭遇したという。

その際、マッギンリーがあわてて、もっていたカメラで写したのが左の写真だ。明らかに現存のカンガルーとはちがうので、絶滅したジャイアント・カンガルーであった可能性は高い。

◀1978年にマッギンリーが撮影したジャイアントカンガルーらしき生物。異様に太い前あしが信ぴょう性を高める。

COLUMN

モア

モアはニュージーランドにいた、大きさ4メートル以上、体重約230キロにもなる史上最大の巨鳥だ。

人間の移住が始まって以降、乱獲され、17世紀には絶滅した。1769年にイギリスの探検家クックがこの島を訪れたときには、すでに伝説のトリとなっていた。ところが――

19世紀以降、現代まで、モアを目撃したという情報は絶えず報告されている。1993年1月25日には、ニュージーランドの南の山をハイキング中の男性3人がモアを目撃、撮影まで成功しているのだ。

△ニュージーランドの現地人と写された巨鳥モア。ただし、この写真が本物かどうかくわしいことは不明だ。

4章 空のUMA編

災いをもたらす蛾人間

UMA FILE 133

モスマン

DATA

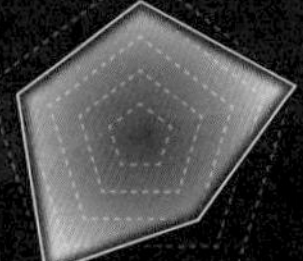

目撃地・生息地	アメリカ、ウエストバージニア州
属性	都市伝説
初目撃	1966年
推定体長	約2メートル
見た目の特徴	全身は褐色や灰色の長い毛におおわれ、巨大な赤い目に大きな翼をもつ。

巨大な蛾のような姿をしたUMAで、都市伝説的存在としても語られる。

その最初の報告は、１９６６年11月。アメリカのウエストバージニア州のポイント・プレザントを車で走行中の男女４人が、後方上空から追いかけられたのだ。これをきっかけに、ポイント・プレザントでは、モスマンの目撃が多発。大騒動となった。

しかし何より恐ろしいのは、モスマンが出現すると災いが起こることだ。

１９６７年12月には、モスマンが目撃されたシルバー・ブリッジがくずれ、死者46人を出す大事故が発生した。

２００２年にはモスマンの事件を元にした映画『プロフェシー』が制作されたが、関係者たち80人以上が不可解な死をとげている。

はたして、モスマンとは何なのか？　ＵＦＯの目撃とモスマンの目撃が重なることも多いことから、宇宙人のペットともいわれるが、その正体は不明だ。

◀1967年12月、ポイント・プレザント周辺でモスマンが目撃された最後の日、シルバー・ブリッジが崩落。46人の死者を出した(←)。最初の目撃者の乗る車を追うモスマンのイメージ(→)。

超!衝撃スクープ!!

モスマンがカメラにキャッチされだした!

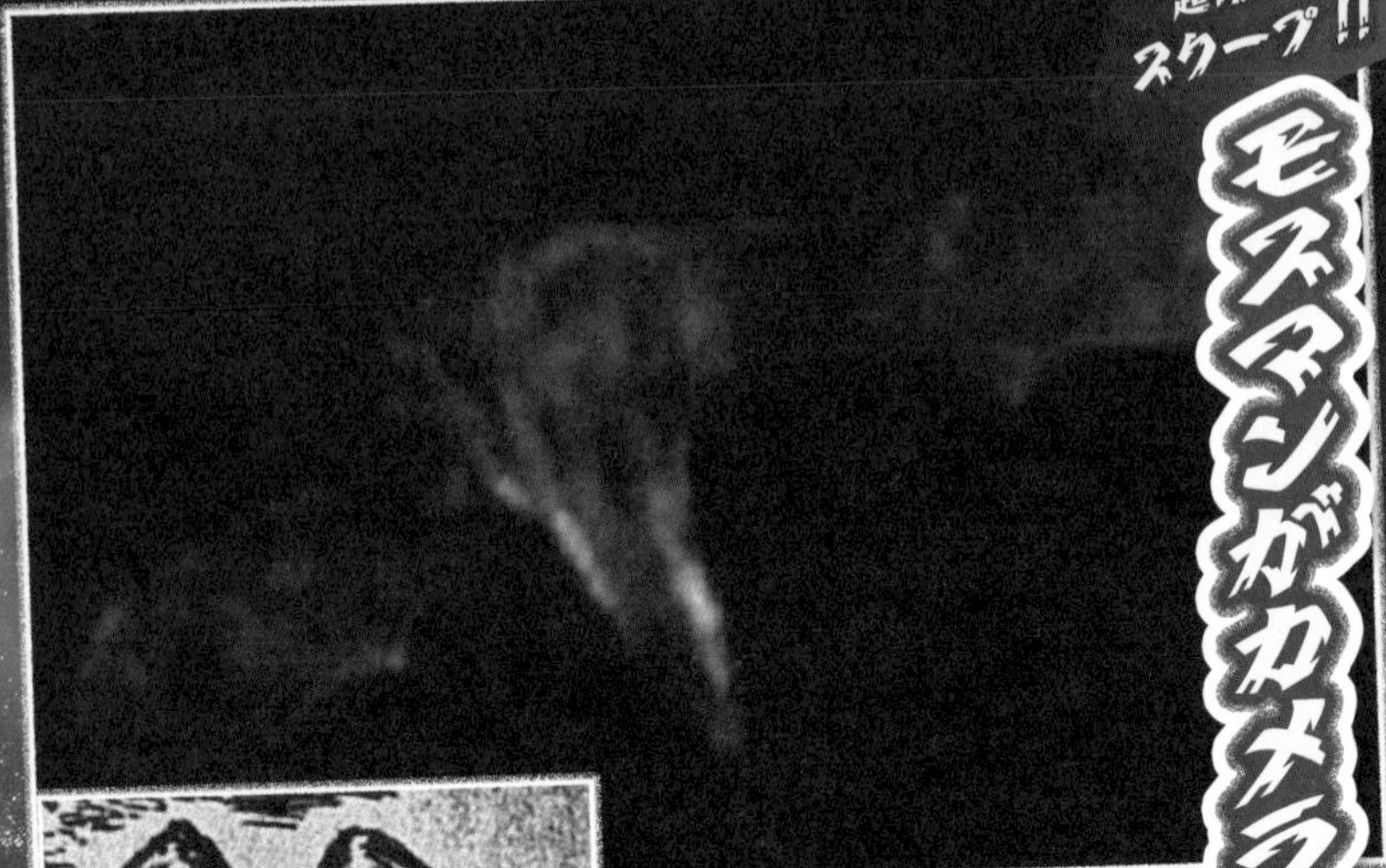

▲2011年7月。アメリカ、ペンシルベニア州で撮影され、2014年11月に公開された。姿がしっかりとらえられた世界初のモスマン画像だ。

◀モスマンの画像がキャッチされだす以前は、目撃イラストが主だった。左はよく知られるモスマンのイラスト。

▶2000年代初頭までの代表的なモスマン写真。2003年11月に、アメリカのオハイオ川にかかる橋の先端に、モスマンらしき生物の姿がとらえられた。

◀2017年8月、アメリカのアパラチア山脈でキャンパーが目撃した、モスマンと思われる怪物の姿。キャンパーに気づくと飛びさった。

▶2016年11月、ポイント・プレザントの州道2号線を車で走行中の男性が、木から木へとジャンプしていくモスマンらしき怪物の写真を撮影し話題となった。

◀2017年、アメリカのシカゴ郊外で撮影されたモスマン。近年、シカゴで目撃が多発している。

UMA FILE 134

浮遊するヘビ型UMA

フライング・サーペント

DATA

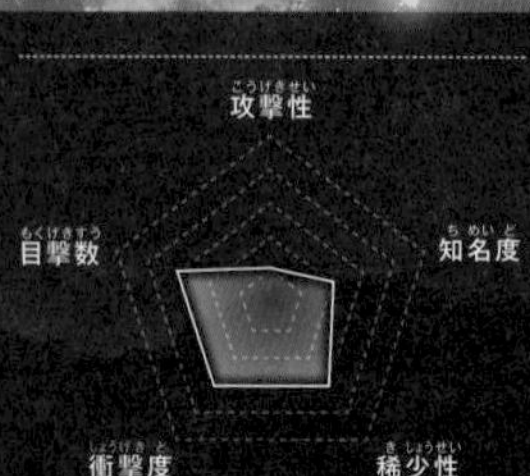

目撃地・生息地	メキシコ各地、アメリカ各地など
属性	UFC
初目撃	2009年
推定体長	約5メートル
見た目の特徴	色は白く、ヘビのように長い体にはギザギザとした節がある。全身をくねらせたり伸び縮みさせたりする。

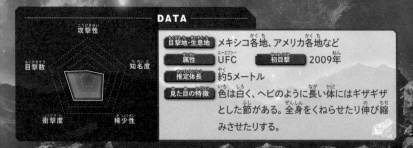

メキシコの超常現象研究家が2009年に映像を公開した、スカイ・サーペントとも呼ばれる空中をフワフワと漂うUMA。空飛ぶ未確認生物UFC（220ページ）の一種と考えられている。その名前は海のヘビ型UMA、シーサーペント（244ページ）にちなみ、空のヘビ型UMAということで名づけられた。

フライング・サーペントの目撃者によると、地上100メートルほど上空で、体をよじったり輪のようにねじったりして、伸び縮みさせていたという。しかも、この白いフライング・サーペントは、体をCの字形に曲げたあと、まるで卵を産むかのように白色の球体をはきだした。この球が何なのかも、まったく不明だ。

これ以後、目撃報告は増えつづけ、2010年にはアメリカのニューヨーク州、サラトガにも出現した。

この正体不明の浮遊体フライング・サーペントは、いったい何なのか？　動きは複雑だし飛ぶための動力装置も見当たらないことから、機械的な力で動いているとは思えない。やはり生物なのだろう。

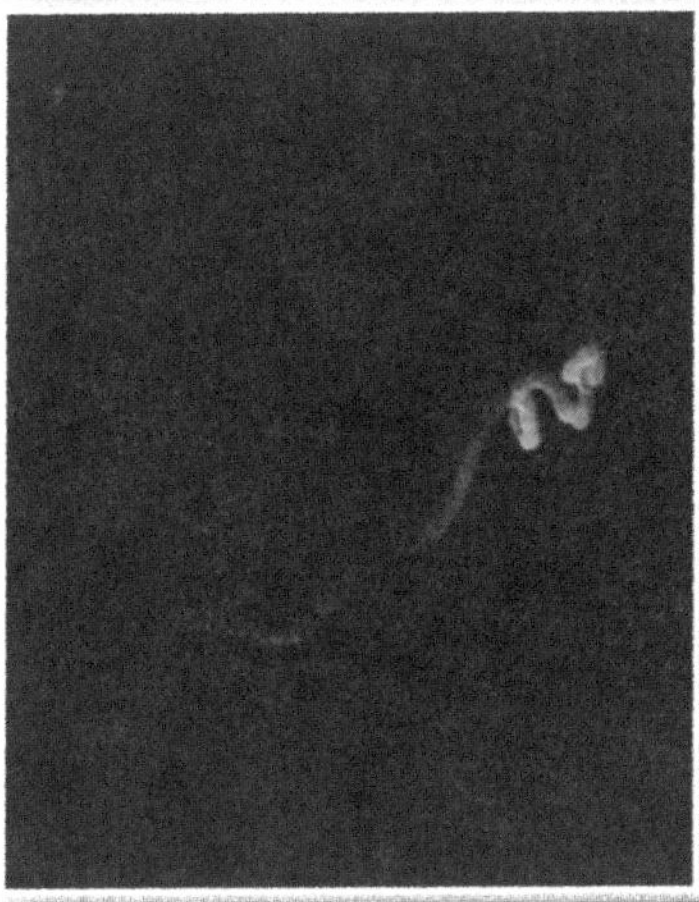

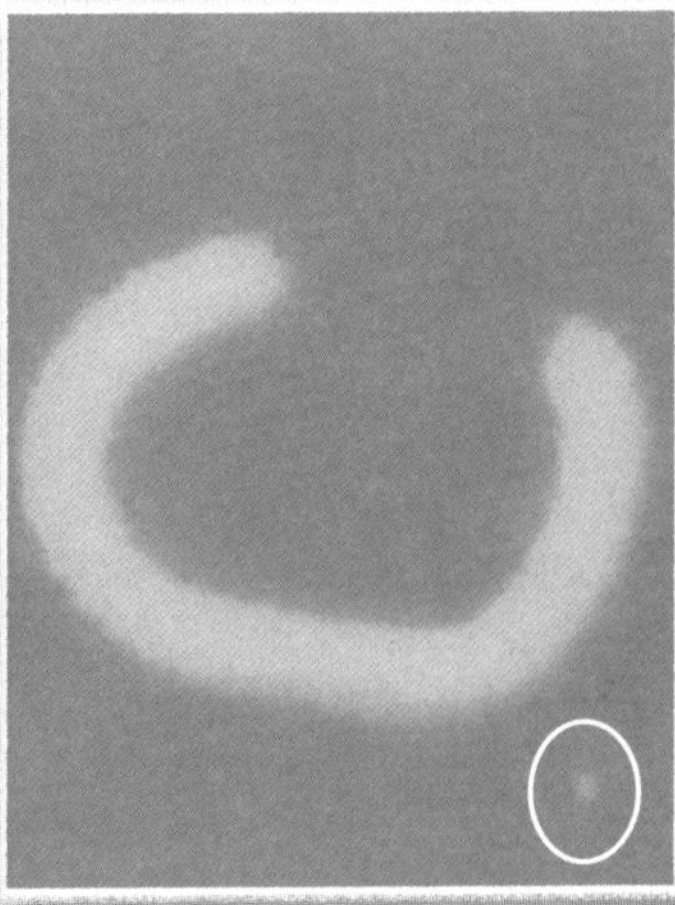

◀2009年に公開された、メキシコシティ上空のフライング・サーペント。白い球状のもの（丸囲み）をはきだした（→）。2010年8月にニューヨーク州サラトガにも現れた（←）。

UMA FILE 135

オヨ・フリオ

体を波打たせて飛ぶ奇妙なイモムシ

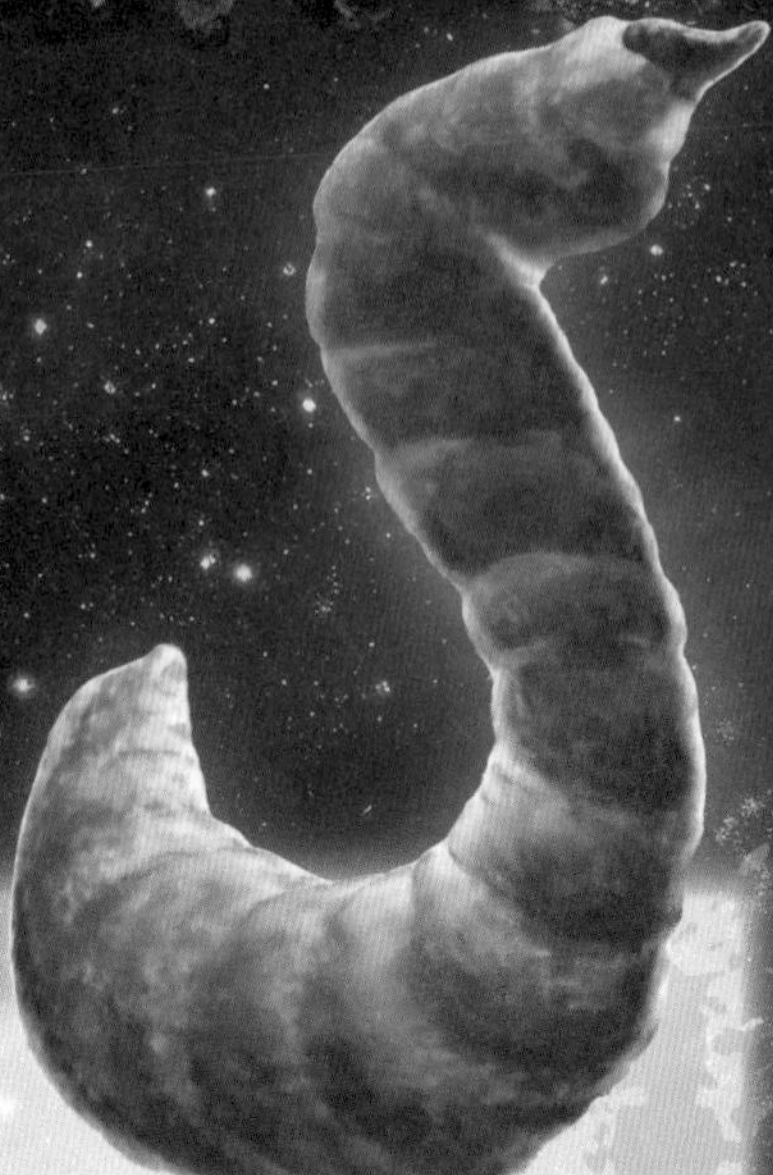

△2006年7月、メキシコ上空に現れたオヨ・フリオ。

2006年7月、メキシコ北東部・ヌエボレオン州に住む男性によって撮影された謎の生物で、UFC（220ページ）の一種とみられる。現地ではオヨ・フリオと呼ばれるそうだ。砂漠地帯の地上から約50メートル上空で、体を波打たせるように動かす姿は、まるでイモムシが空を飛んでいるかのよう。また、意志をもって飛んでいるようだった。不思議なのは、翼などの空を飛ぶ器官はどこにも確認できないこと。どのような力で飛行しているのか？

DATA

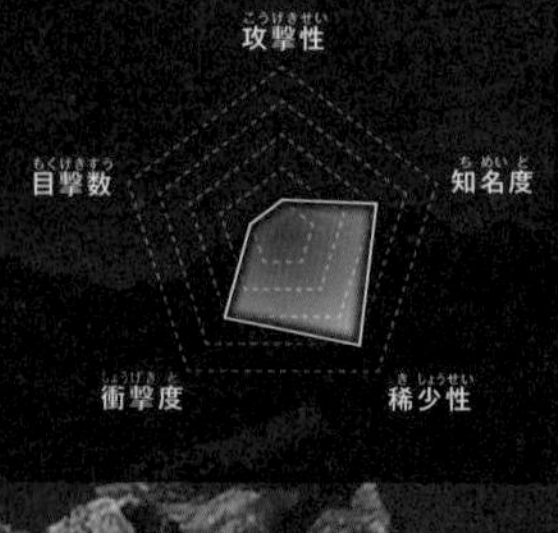

目撃地・生息地	メキシコ、ヌエボレオン州
属性	UFC
初目撃	2006年
推定体長	25〜30メートル
見た目の特徴	体は白く、蛇腹のような筋が入ったイモムシのような形をしている。先端に目や口らしきものが確認できる。

UMA FILE 136

フライング・ストリングス

細長い体を自在に動かして飛ぶUFC

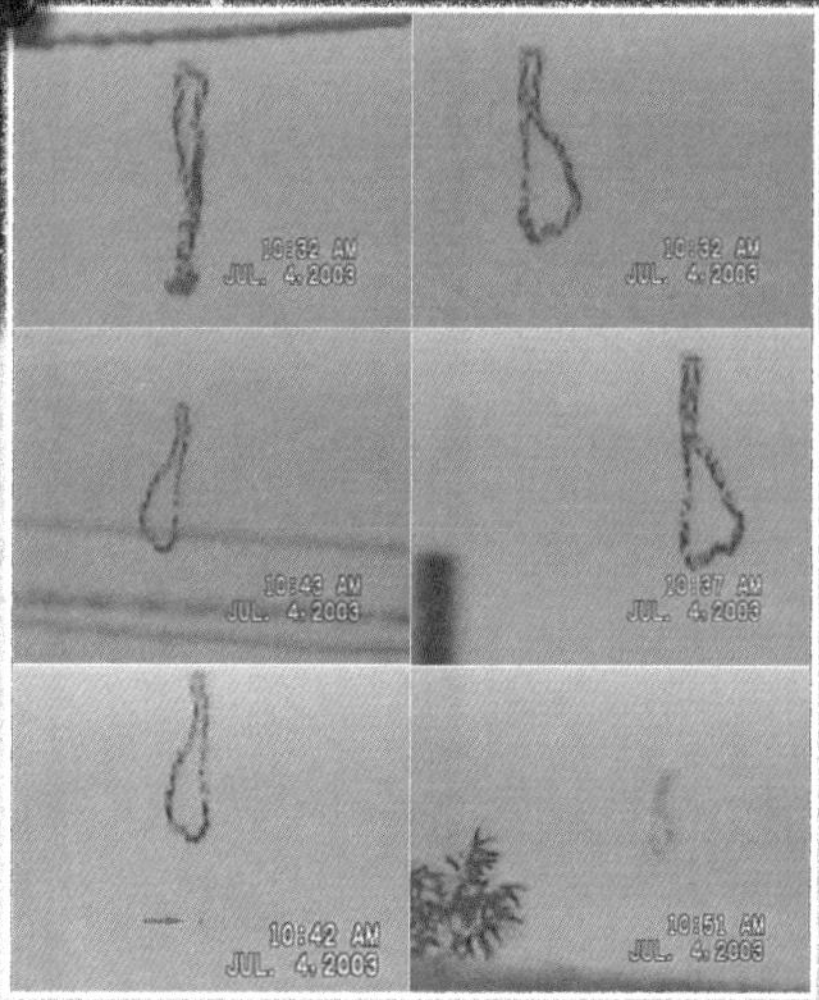

▶2003年7月にメキシコ上空に現れた糸状の怪物体。くねくねと形を変えながら浮遊しているようすがビデオ撮影された。

フライング・ストリングスもまた、UFC（220ページ）の一種とされる。目撃されたのは2003年7月の昼すぎだ。メキシコシティに住む男性が外出しようとしたとき、上空に回虫のような姿をした物体を発見した。まるで生きているように体を動かして、飛びまわっていたという。

男性はあわてて家にもどるとビデオカメラを持ちだし、この不思議な物体の撮影に成功した。

このUFCは、しばらく飛行を続けたあと、卵のような黒い物体をはきだし、やがて消えさったという。

DATA

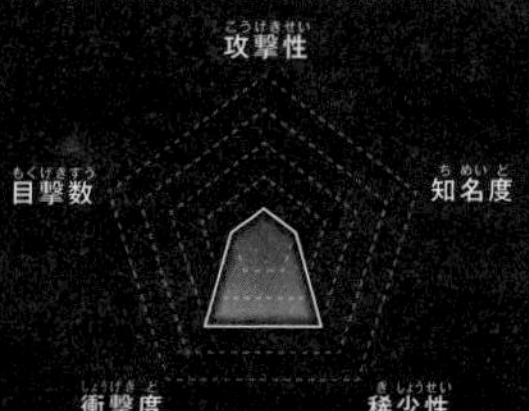

目撃地・生息地	メキシコ、メキシコシティ
属性	UFC
初目撃	2003年
推定体長	不明
見た目の特徴	糸のように細長い体をしている。体勢を自由自在に変えながら飛ぶ。卵のような黒い物体をはきだす。

UMA FILE 137

サンダーバード

雷を呼ぶ伝説の巨鳥

△1865年、ハンターにとらえられたサンダーバード。

北アメリカの先住民の間で「目から稲妻を放ち、翼を羽ばたかせて嵐をまき起こす幻の鳥」の伝説が語りつがれ、彫刻や遺跡の岩絵に残されている。その鳥こそ、サンダーバードだ。

伝説だけでなく、この巨鳥を思わせる目撃が1800年代から始まっている。目撃を裏づけるように、1865年には、アリゾナ州でサンダーバード・ハンターと呼ばれる男たちによって、サンダーバードらしき巨鳥が撃ち落とされている。その姿は鳥というより、翼竜のプテラノドンのようだった。

DATA

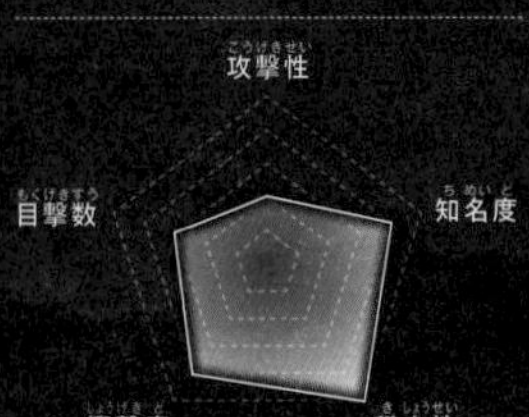

目撃地・生息地	アメリカ、アラスカ州、アリゾナ州ほか		
属性	翼竜・巨鳥	初目撃	1800年代
推定体長	3～10メートル		
見た目の特徴	巨大なワシなどの猛禽類に似る。翼は黒く、頭は白いものが多い。また、翼竜プテラノドンのような姿のものもいる。		

UMA FILE 138

子どもをむさぼり食うコウモリ獣人
オラン・バディ

オラン・バディはインドネシアのセラム島カイラトゥ山の地下洞くつにひそむという。

オラン・バディの想像図。大きなコウモリのような翼が特徴だ。

オラン・バディ（オラン・バッチ）はモルッカ諸島のセラム島に生息するコウモリの翼をもつ獣人UMA。

その目撃談は15～16世紀、この島を訪れたキリスト教徒たちによって語られている。それによれば、怪物は昼の間は島にあるカイラトゥ山の地下洞くつで眠り、夜になると人里におりてくる。そして、人間の子どもを連れさり、むさぼり食らうというのだ。

2003年に生物学者による現地調査が実施されたが、証拠は見つからなかった。しかし目撃証言も多いことから、未知のコウモリと考える研究者も多い。

DATA

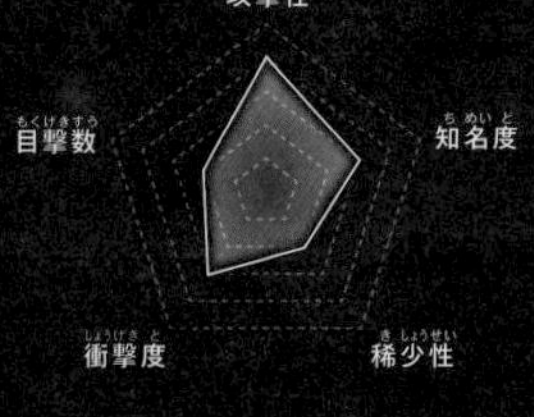

目撃地・生息地	インドネシア、モルッカ諸島
属性	怪生物
初目撃	1400年代
推定体長	不明、翼を広げた幅約2メートル
見た目の特徴	赤みがかった皮ふ、コウモリのような翼、細長い尾、赤い目、するどいキバをもつ。

UMA FILE 139

自在に上空を舞うヒト型怪生物

フライング・ヒューマノイド

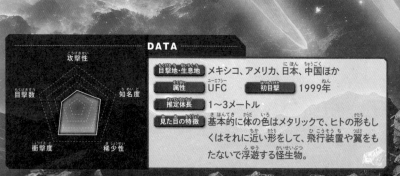

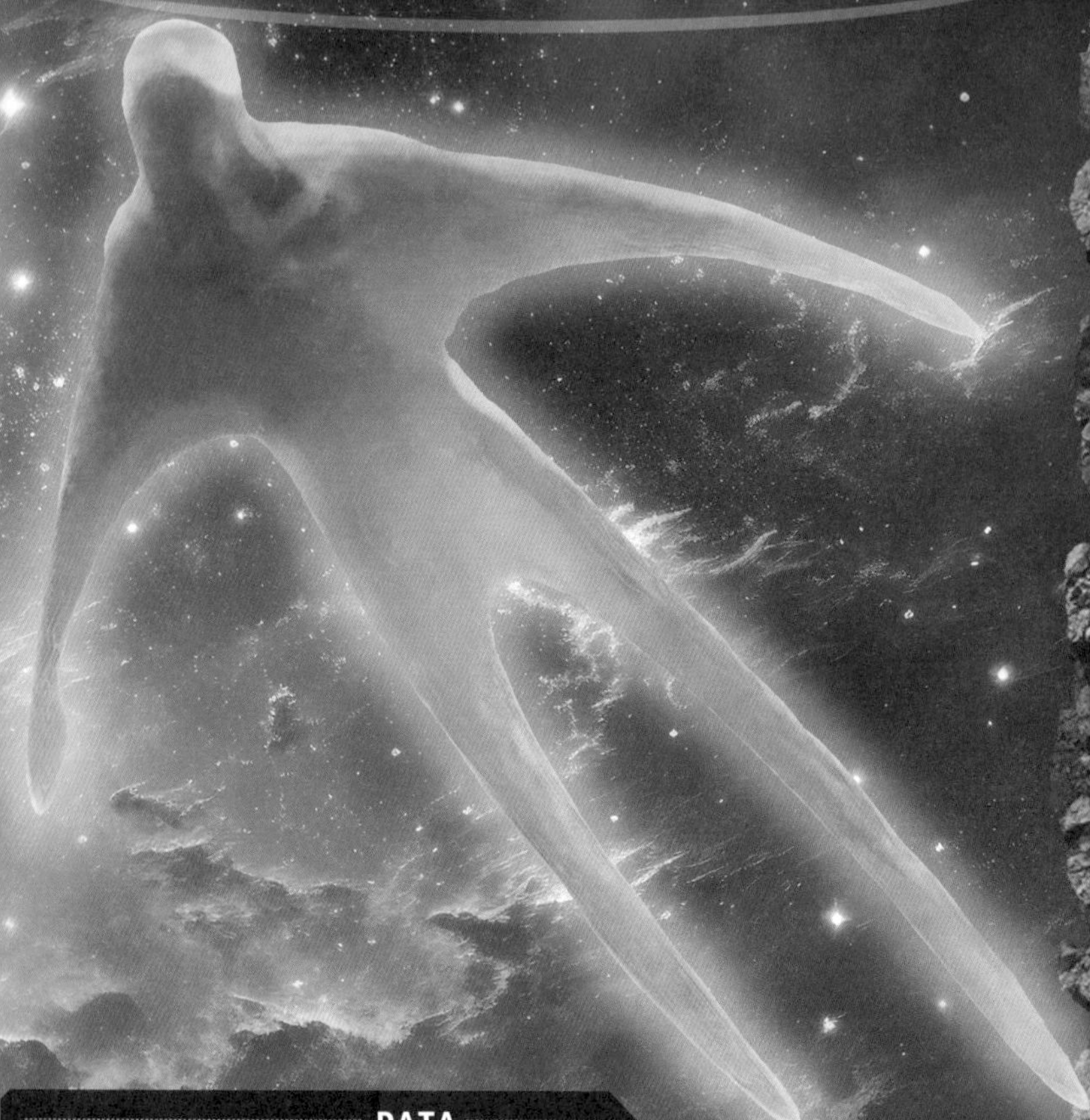

DATA

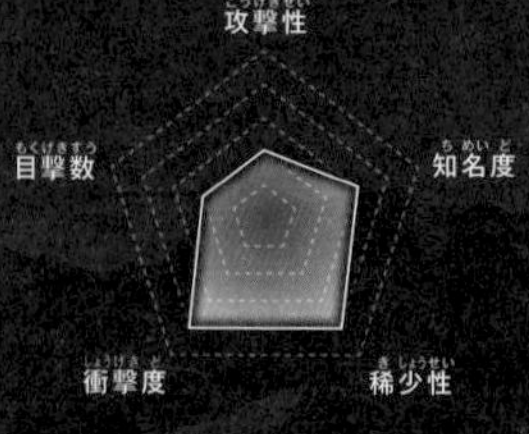

目撃地・生息地	メキシコ、アメリカ、日本、中国ほか
属性	UFC
初目撃	1999年
推定体長	1～3メートル
見た目の特徴	基本的に体の色はメタリックで、ヒトの形もしくはそれに近い形をして、飛行装置や翼をもたないで浮遊する怪生物。

メキシコ上空を中心に目撃される謎のヒト型飛行生物。UFC（220ページ）の一種とする場合もある。

最初の目撃は1999年3月。テオティワカン遺跡で行われたイベント中、上空に現れたのだ。これは数千人が目撃しており、とても見まちがいとは思えない。

翌年以降も出現は続き、その姿が写真や映像でとらえられだした。中にはパイロットが飛行機の操縦中に、同じ高度で目撃する衝撃的な事件まで発生している。

さらに2004年、それまでただ空を移動しているだけの存在だったフライング・ヒューマノイドが、パトロール中のパトカーめがけて飛来し、警官をおそう事件も発生している。

2005年以降は、まるでメキシコを飛びだし世界に広がっていったように、アメリカやフランス、中国、そして日本などで目撃が報告されている。

一説には、メキシコの地下にはアメリカ軍の秘密基地があり、そこで人間の形をした飛行生物がつくられているというのだが……。

フライング・ヒューマノイドは、2000年3月のこの画像をきっかけに注目された（↑）。2005年2月、アリゾナ州にも現れた（←）。

UMA FILE 140

ニュージャージー州伝説の悪魔

ジャージーデビル

WANTED
REWARD OFFERED FOR THE CAPTURE, DEAD OR ALIVE, OF THE LEEDS MONSTER, ALSO KNOWN AS THE
JERSEY DEVIL
THE CREATURE IS OFTEN DESCRIBED AS A KANGAROO-LIKE PATCHWORK WITH THE FACE OF A HORSE, THE HEAD OF A DOG, LEATHERY BAT-LIKE WINGS, HORNS, SMALL ARMS WITH CLOVEN HOOVES AND A FORKED TAIL. IT HAS BEEN REPORTED TO MOVE QUICKLY AS TO AVOID HUMAN CONTACT, AND OFTEN IS DESCRIBED AS EMITTING A "BLOOD-CURDLING SCREAM."
APPROACH WITH EXTREME CAUTION
$250,000 REWARD!

△ジャージーデビルの手配書。懸賞金額は25万ドルだったという。

oks like it has wing

△赤外線スコープでとらえた、ジャージーデビルが遠くへ飛びさる姿。

1735年、アメリカのニュージャージー州で、魔術の儀式で呪われた乳児が悪魔と化した。それがジャージーデビルという。

そんな伝説の存在だが、実際に同州ではこの怪物の目撃が、現代まで続いている。被害もあり、1966年には、農場で飼っていたイヌやネコが惨殺されたという報告もある。

こうした目撃事件を受け1999年、同州で調査団体が設立。彼らはジャージーデビルの鳴き声の録音に成功した。2010年には、赤外線スコープで空中を遠くに飛びさる姿をとらえている。正体が判明する日はせまっている。

DATA

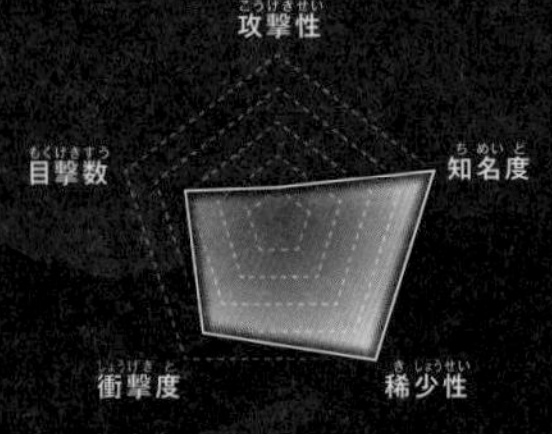
攻撃性
知名度
稀少性
衝撃度
目撃数

目撃地・生息地	アメリカ、ニュージャージー州
属性	都市伝説
初目撃	1735年
推定体長	1.2〜1.8メートル
見た目の特徴	ウマのような頭部、コウモリのような翼、赤または黄色に光る目、4本のキバ、水かきのついた足をもつ。

UMA FILE 141

アスワン

フィリピンに伝わる女性吸血鬼

△2006年5月、上空を飛ぶ姿をカメラマンが撮影。

パラワン島には、16世紀から、アスワンという女吸血鬼伝説がある。昼間は美しい女性だが、夜になると怪物に変化し、男の血を吸うという。

2005年8月、漁業を営む男性が、浜辺の上空でアスワンとみられる怪物を目撃する事件が発生。直後、意識を失った男性の体からは、大量の血液が失われていた。

2006年には、アスワンらしき怪物が上空を飛行する写真が撮影されている。

アスワンはたんなる伝説の存在ではないようだ。

DATA

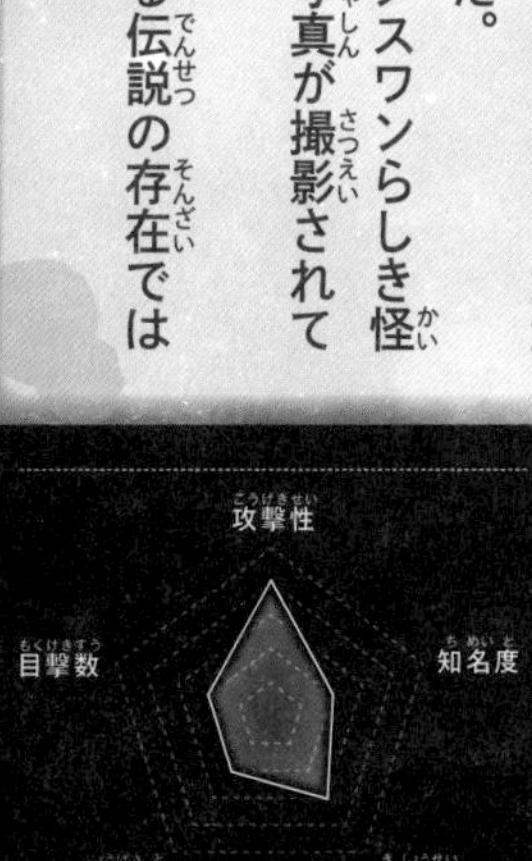

目撃地・生息地	フィリピン、パラワン島
属性	都市伝説
初目撃	1500年代
推定体長	1.5～1.8メートル
見た目の特徴	全体的に黒く、角のある頭部や腹部は青白い。口にはするどいキバがある。コウモリのような翼、するどいツメをもつ。

UMA FILE 142

空飛ぶエイ

異次元からまぎれこんだ未確認生物

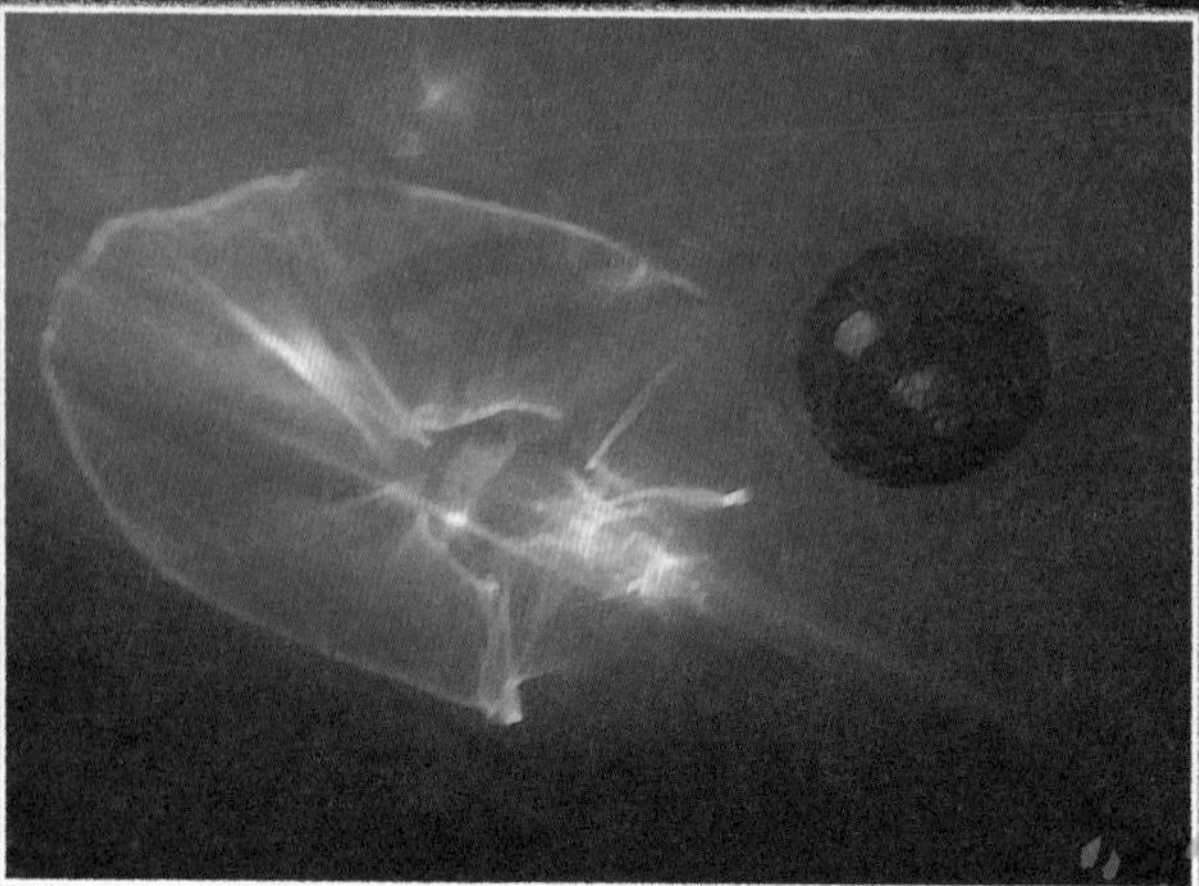

▲2006年、カナダの民家の天井あたりをゆっくり漂っていたエイのような怪生物。

2006年6月、カナダのブリティッシュコロンビア州のバンクーバーで、じつに奇妙な生物が撮影された。

撮影者はこの日、自宅での夕食を終え、テレビを観てくつろいでいた。ふと、部屋の中に、エイに似た半透明の物体がいることに気がついた。とっさにデジタルカメラを取りだし、息をひそめながらシャッターを切った。半透明の物体はそのシャッター音にも反応することなく、部屋の天井あたりをフワフワと飛びつづけ、突然、消えてしまったという。

この物体は、私たちの世界とはちがう異空間から、一瞬、迷いこんだのか？

DATA

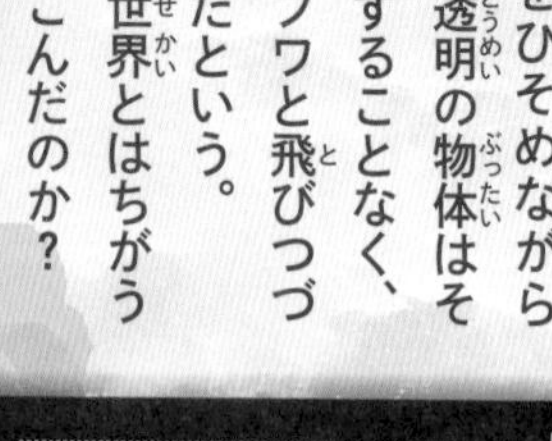

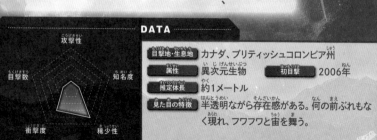

目撃地・生息地	カナダ、ブリティッシュコロンビア州		
属性	異次元生物	初目撃	2006年
推定体長	約1メートル		
見た目の特徴	半透明ながら存在感がある。何の前ぶれもなく現れ、フワフワと宙を舞う。		

UMA FILE 143

吸血怪鳥

ニワトリの生き血を吸うキバのある鳥

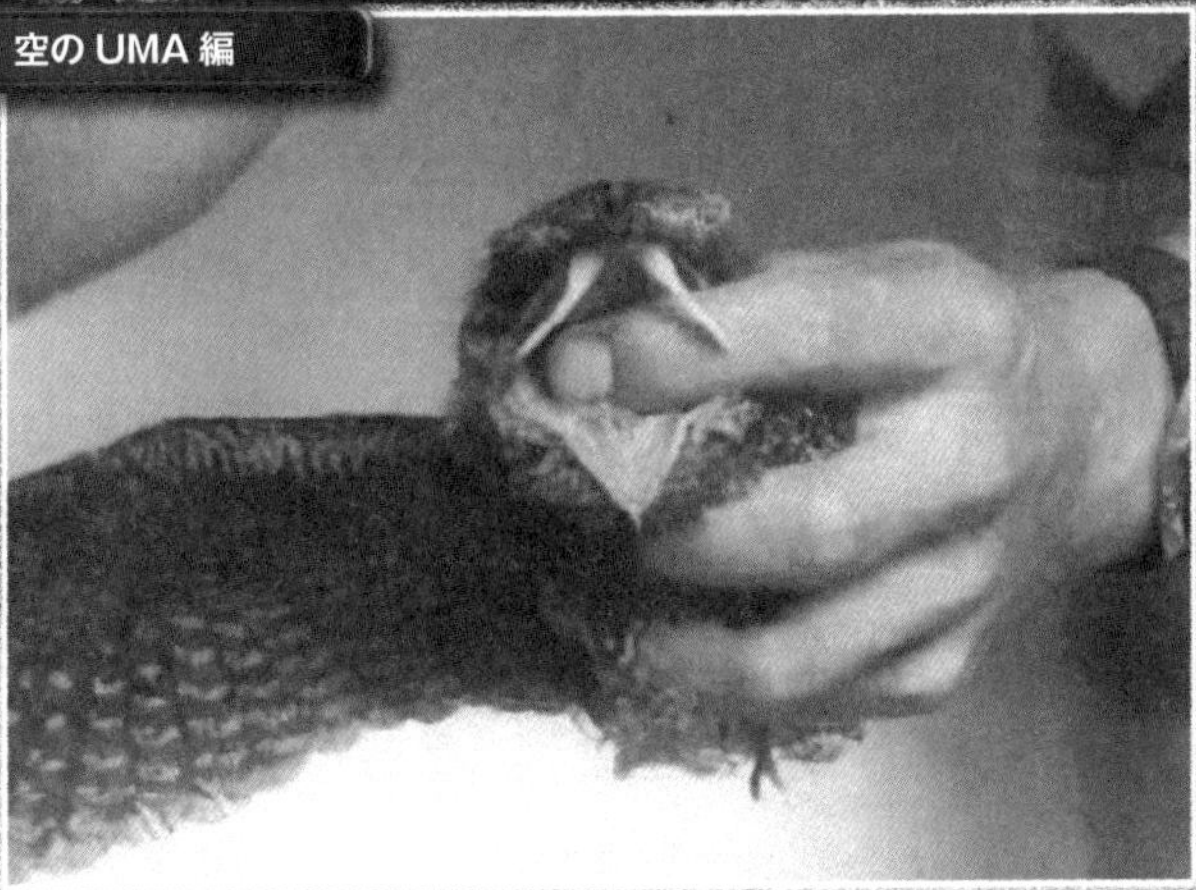

ふつう、鳥類はキバをもたないが、くちばしからはするどいキバが飛びだしている。

くちばしに長くするどいキバをもち、そのキバで獲物の皮ふに穴を開け、生き血を吸うという吸血怪鳥。

この奇妙なUMAが見つかったのは1989年のこと。カノバナスに住む農夫が、飼育していたニワトリの首に食らいつく奇怪な鳥を捕まえたことによる。

その後、この怪鳥を捕まえていた農家に、政府の調査員と名乗る人物が訪れ、怪鳥は持ちさられてしまったという。

プエルトリコの吸血UMAといえば遺伝子実験で生みだされた説もあるチュパカブラ（134ページ）がいる。この鳥もそうした実験で誕生したのだろうか。

DATA

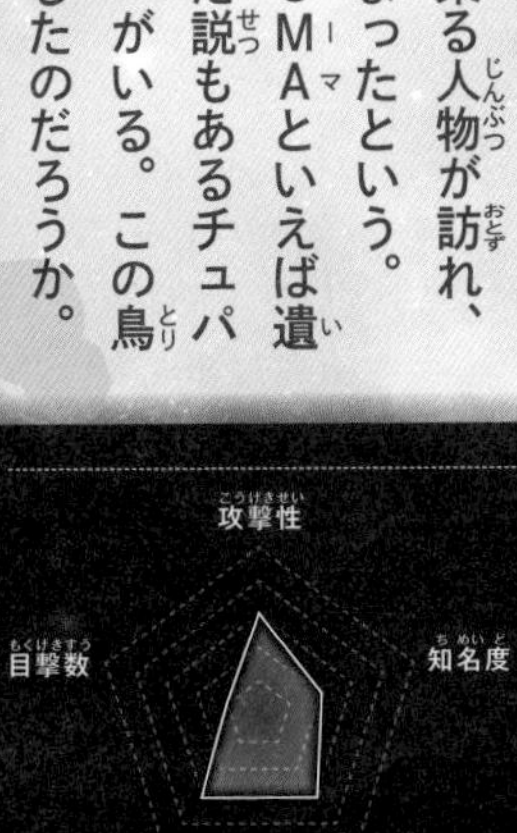

目撃地・生息地	プエルトリコ、カノバナス
属性	怪生物
初目撃	1989年
推定体長	約30センチ
見た目の特徴	くちばしから突きだすほどの大きな2本のキバをもつ。頭部には羽毛はなく、体はヨタカに似る。

翼竜の生き残り？ 突然変異の猛禽類？

UMA FILE 144

ビッグバード

DATA

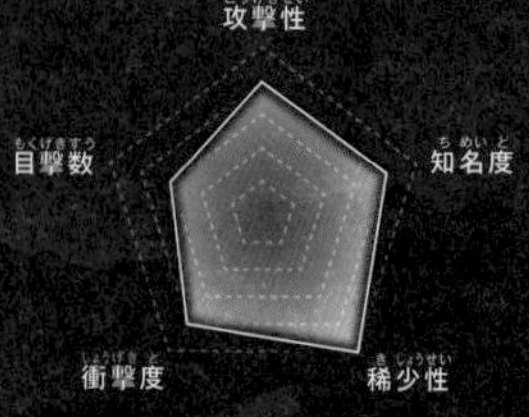

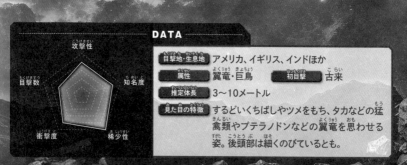

目撃地・生息地　アメリカ、イギリス、インドほか

属性　翼竜・巨鳥　初目撃　古来

推定体長　3〜10メートル

見た目の特徴　するどいくちばしやツメをもち、タカなどの猛禽類やプテラノドンなどの翼竜を思わせる姿。後頭部は細くのびているとも。

昔から、アメリカ各地やイギリス、インドなどで、たびたび目撃され、まれに捕まえられた記録まである巨鳥ビッグバード。サンダーバード（194ページ）もこのビッグバードにふくむとする場合もある。

目撃記録でよく知られるのが、1977年、アメリカ、イリノイ州での事件だ。体長3メートルもあろう2羽の巨鳥が、10歳の少年を捕えて、連れ去ろうとしたのだ。このことで、人をおそうことがわかった。

ビッグバードの目撃は2000年代に入ってからも、あとをたたない。2007年3月にはインドのケララ州でセスナ機の翼と同じくらいの巨鳥が撮影されている。

また、ビッグバードには猛禽類型と翼竜型が存在するようだ。

猛禽類型は翼を広げても2メートルはこえないため、ワシなどの突然変異か、530万年以上前に生きていたアルゲンタヴィスなどの古代鳥の生き残り説がある。

翼竜型は6500万年以上前に生息していたプテラノドンの可能性が高いだろう。

2007年3月、インドのケララで撮影されたビッグバード。大きさはセスナ機ほどだった（←）。
1860年代アメリカでハンターに捕まったとされるビッグバード（→）。

UMA FILE 145

空を飛ぶフクロウ人間

オウルマン

DATA

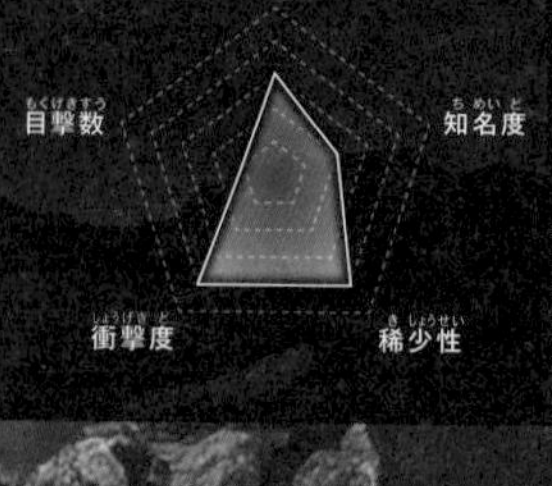

目撃地・生息地	イギリス、コーンウォール州、アメリカほか
属性	都市伝説
初目撃	1976年
推定体長	1.5〜1.7メートル
見た目の特徴	体はフクロウで、茶と銀灰色の羽毛におおわれ、フクロウと人間を合わせたような、とがった耳、赤い目をもつ。

　1976年4月、コーンウォール州モウマン村で最初に目撃された怪人が、フクロウ人間オウルマンだ。同地ではオウルマンの目撃事件が立てつづけに発生。しかもどういうわけか、目撃者のいずれもが、10代の少女にかぎられていたのだ。そのため、少女の前にだけ現れる、もしくは、少女にしか見えないとも言われた。

　このオウルマンだが、イギリスでは、1978年8月以降、姿を現すことがパタリとなくなってしまった。

　その後、オウルマンは2007年に再び目撃されるようになったのだが、場所はアメリカ・イリノイ州のシカゴだ。4月に沿岸部の町デイメンのマーケットの駐車場に現れたのを皮切りに、その年は何度となく目撃報告が続いた。イギリスと同一のオウルマンかは定かではないので、「シカゴ・オウルマン」とも呼ばれている。

　オウルマンの正体だが、大型のワシミミズクの見まちがい説があるが、体長70センチほどしかないため目撃情報より小さい。人間とフクロウの混血生物といううわさもあるが、はっきりしたことはわかっていない。

I saw this monster
and last night. It
stood like a man
then it flew up
through the trees.
It is as big as a man. Its eyes are red and
shine brightly.
Sally Chapman 4/7/76.

1976年にモウマン村で目撃されたオウルマンの絵(→)。2007年、アメリカ、シカゴのオウルマン(丸囲み)とその拡大(←)。

UMA FILE 146

コンガマトー

アフリカの凶悪な翼竜

△コンガマトーがアフリカの先住民をおそう想像図。凶暴な性格だと考えられている。

△コンガマトーは6500万年前の翼竜ランフォリンクスの生き残りという説もある。

アフリカでは、昔から怪鳥コンガマトーが目撃されている。名前の意味は「小舟を壊すもの」。沼地に生息して魚や小動物を捕獲し、ときには人間もおそう。

1932年、カメルーンのアスンボ山の峡谷で、動物学者が空から急降下してくるコンガマトーにおそわれる事件が発生。動物学者はコンガマトーを銃で撃ちおとした。残念ながら存在を証明する怪鳥の死体は川に流されてしまったという。

なお、正体は翼竜ランフォリンクスの生き残りと考えられている。事実、先住民に翼竜の復元図を見せたところ「コンガマトーだ」と叫んだという。

DATA

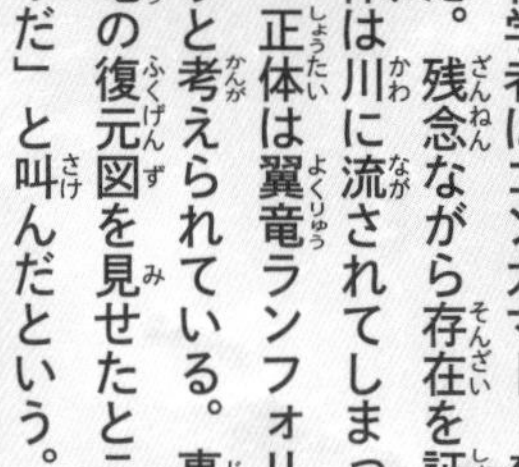

目撃地・生息地	カメルーン、ケニア、コンゴほか
属性	翼竜・巨鳥
初目撃	古来
推定体長	1.5〜2メートル
見た目の特徴	体の色は茶褐色で、くちばしには小さくするどい歯がびっしりと並んでいる。尾は細長く、先端はスペード形。

UMA FILE 147

フライング・ホース

大空を走るウマ型UFC

2005年10月にイタリア・ミラノに現れたフライング・ホース（丸囲み）。あしをばたつかせていたという。

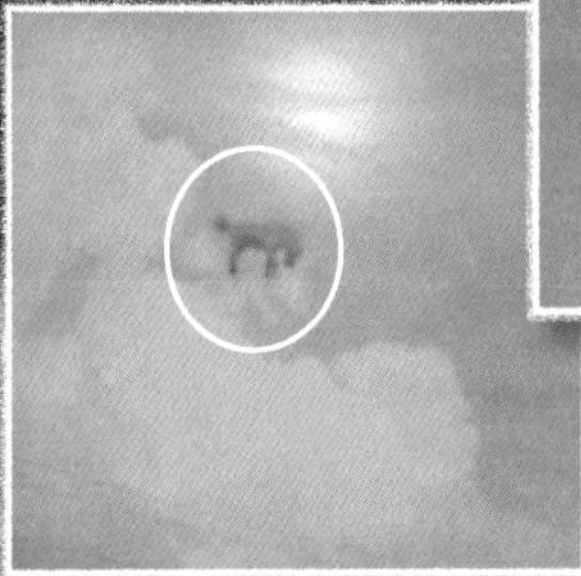

2006年6月、メキシコに現れたフライング・ホースの姿。

2005年6月、アメリカ、テキサス州で空中に浮かぶウマが撮影された。フライング・ホースだ。ウマ型のUFC（220ページ）と考えられている。

大きな話題になったのは同年10月。イタリア、ミラノのマンション6階のバルコニーから、ビデオ撮影された映像だ。馬があしをばたつかせながら、やがて遠くへ消えさったそのようすは、ウマ型の風船や、ドローンなどで吊って飛ばしているものとは思えない。

その後、2006年6月にはメキシコの上空にも現れている。同一のフライング・ホースなのだろうか？

DATA

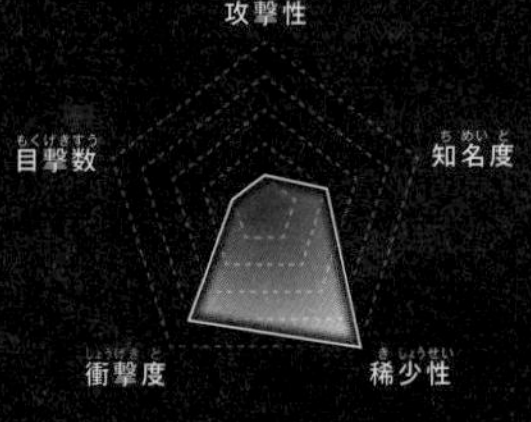

目撃地・生息地	イタリア、アメリカ、メキシコなど
属性	UFC
初目撃	2005年
推定体長	不明
見た目の特徴	ウマのような形をしている。また、飛行中にはあしをばたつかせる。

UMA FILE 148

ガーゴイル

ヨーロッパの幻獣がカリブ海に出現

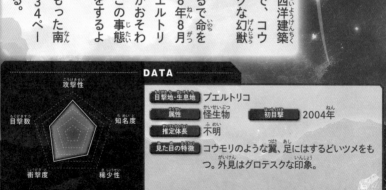

▲プエルトリコで撮影されたという、ガーゴイルの姿を写した1枚。

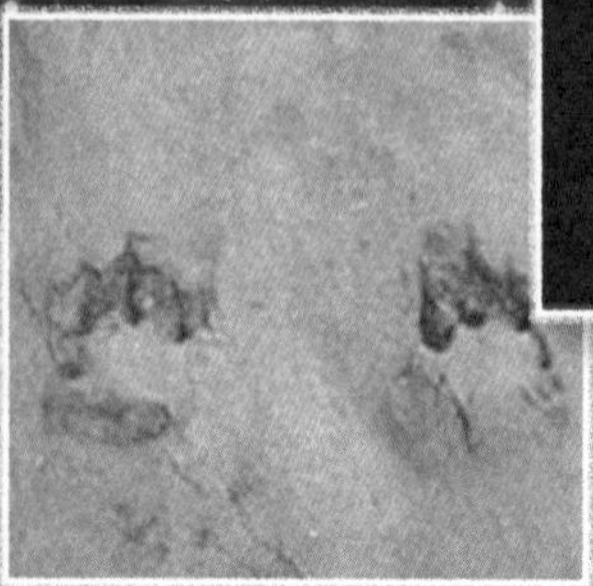

▲2004年、チリでは、ガーゴイルのような野獣が家畜や人間をおそった。画像は野獣の足跡。

ガーゴイルといえば、中世の西洋建築で雨どいに使われる彫刻のことで、コウモリのような翼をもつグロテスクな幻獣としてかたどられることが多い。

このガーゴイルの彫刻が、まるで命を得たかのような怪物が、2008年8月以降、カリブ海に浮かぶ島国プエルトリコに何度も出現している。家畜がおそわれるという被害があいついだ。この事態を重くみた行政関係者が、警戒をするようにと指示を出したという。

正体は不明だが、飛行能力をもった南米の吸血UMAチュパカブラ（134ページ）ではないか、という説もある。

DATA

目撃地・生息地	プエルトリコ
属性	怪生物
初目撃	2004年
推定体長	不明
見た目の特徴	コウモリのような翼、足にはするどいツメをもつ。外見はグロテスクな印象。

UMA FILE 149

マンバット

悪魔のような顔をしたコウモリ人間

マンバットの目撃者による再現イラスト。コウモリと人間の間のような姿だ。

マンバットが目撃された、ウィスコンシン州の道路の景色。

2006年9月、ウィスコンシン州に現れたコウモリ男が、マンバットだ。目撃した親子は、夜、車で走行中だった。そのとき、ヘッドライトが照らす先に、コウモリのような怪物の姿が見えたのだ。怪物は、まるで風にのっているように低空飛行で浮きあがると、車に向かってきた。ぶつかる、と思った瞬間、うなり声をあげて飛びさったという。

しかし、話はこれで終わらなかった。奇妙なことにふたりはマンバットの目撃後に体調をくずし、息子ははき気におそわれたという。

悪魔的な存在だったのかもしれない。

DATA

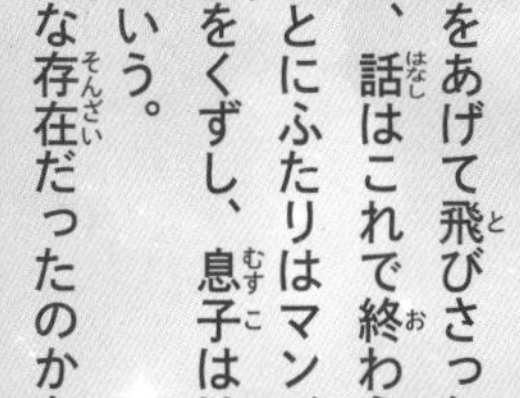

目撃地・生息地	アメリカ、ウィスコンシン州
属性	怪生物
初目撃	2006年
推定体長	1.8～2.1メートル
見た目の特徴	悪魔を思わせる顔。広げると3メートルをこすコウモリのような翼をもち、その先端にはするどいかぎツメがある。

超高速の飛行生命体

UMA FILE 150

スカイフィッシュ

DATA

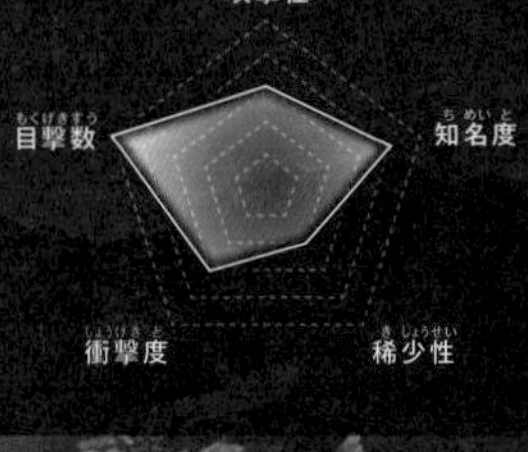

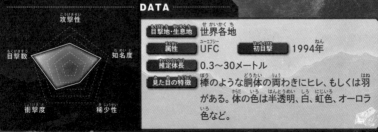

目撃地・生息地	世界各地
属性	UFC
初目撃	1994年
推定体長	0.3〜30メートル
見た目の特徴	棒のような胴体の両わきにヒレ、もしくは羽がある。体の色は半透明、白、虹色、オーロラ色など。

1994年3月、UFO目撃多発で知られるアメリカ、ニューメキシコ州ロズウェルで、UFOビデオ撮影中に映りこんだことで知られるようになったのが、目に見えない速度で飛ぶ生物スカイフィッシュだ。

この発見以後、世界各地から続々とスカイフィッシュの写真や映像が報告されるようになり、その特徴がだんだんわかってきた。

大きさや体の色はさまざまで、飛行速度は時速数十キロから数百キロ。また、どこからともなく、突然出現する。物体をすりぬけるものもいれば、飛行中にガラスにぶつかってしまうものもいる。

その正体は、虫や鳥の見まちがいや、映像の映りこみ現象など、存在自体を疑う意見から、約5億4000万年〜5億年前の海棲生物が進化したもの、地球外生物、など多くの説が出ている。

死骸やこん跡が何ひとつ見つからないことが、真実にせまれない理由でもある。スカイフィッシュはその姿同様、とらえどころがない。

どちらの写真も同じ撮影者によって撮られたスカイフィッシュ。美しくきらめく膜が特徴的だ。

超!衝撃スクープ!!

時と場所を超えて存在するスカイフィッシュ

▶1994年、スカイフィッシュ多発地帯のメキシコ、ゴロンドリナス洞窟で撮影された画像。のちに時速約160キロで飛んでいることがわかった。

▼1997年、やはりゴロンドリナス洞くつで撮られた典型的なスカイフィッシュの写真。

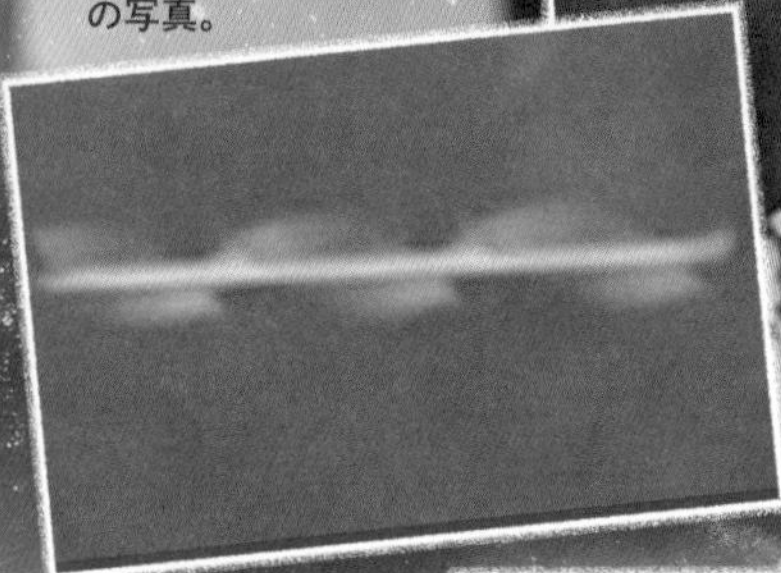

▲2015年10月、UFO出現多発地帯メキシコのポポカテペトルの火口上空に、スカイフィッシュが出現。最初は3体だったが、やがて5体に増えた。

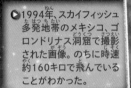

アメリカで撮影されたスカイフィッシュ。よく知られるスカイフィッシュより長い体のものも存在するようだ。

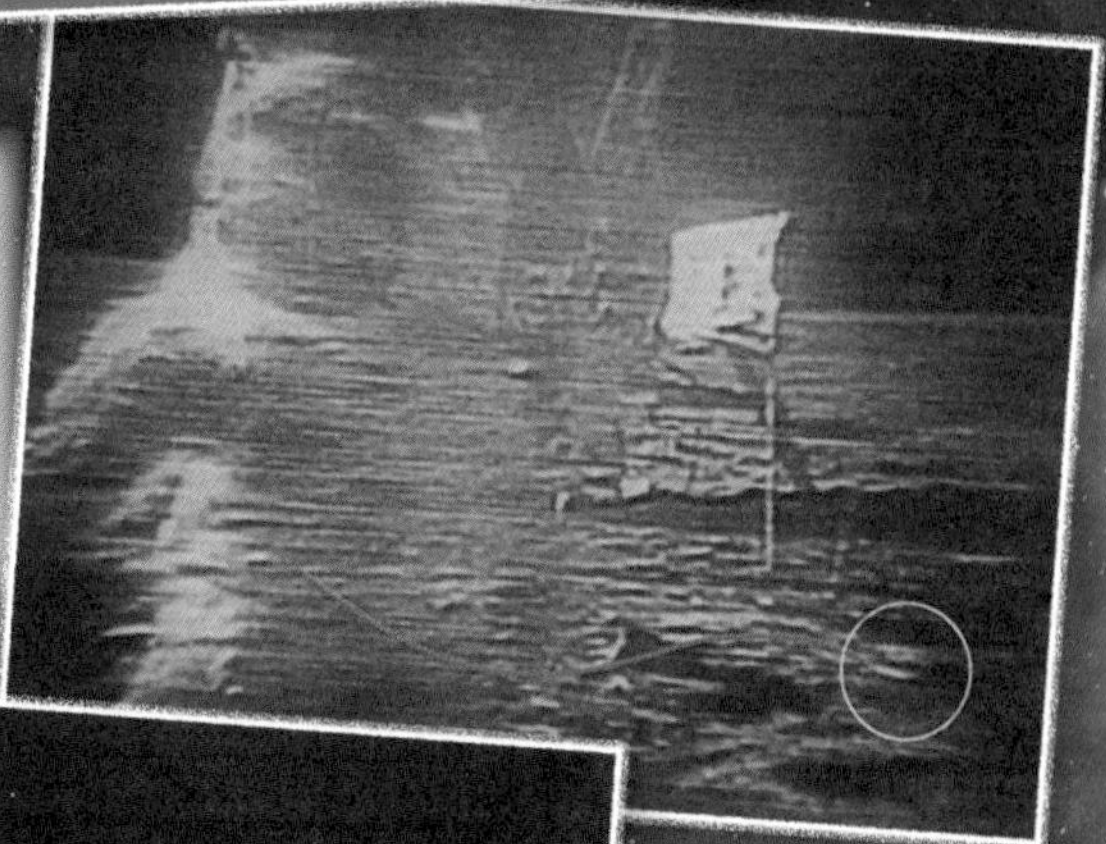

1969年7月、アメリカのアポロ11号が月面着陸した際、その映像の中に、なんとスカイフィッシュが飛翔し、着地する様子（赤線〜丸囲み）が映っていた！

さらにアポロ11号の司令船コロンビアがとらえた月面の映像にも、スカイフィッシュの姿（丸囲み）が映りこんでいた。

南米アルゼンチンのサン・ジョルダンという地域にある遺跡から発見されたスカイフィッシュらしきものを描いた壁画。少なくとも1000年以上前に刻まれたものらしい。

UMA FILE 151

ニューヨーク・プテラノドン

世界屈指の大都会に現れた翼竜

△ニューヨーク州とニュージャージー州を結ぶジョージ・ワシントン橋上空に現れた翼竜（丸囲み）。

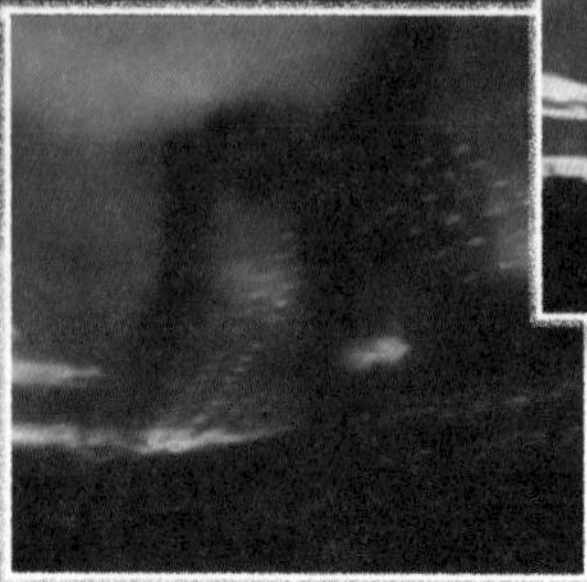

△翼竜は羽ばたきながら、撮影者に接近して去っていった。

2007年4月、世界屈指の大都会ニューヨークで、太古の翼竜プテラノドンによく似たUMAが撮影された。撮影場所は、ハドソン川にかかる観光名所ジョージ・ワシントン橋。撮影者は家族とこの景色を撮影中に、自分たちに接近してくる巨鳥の存在に気づいた。巨鳥は撮影者の前を「ギー」という奇声を発して飛びさっていったのだ。

はたして、これは翼竜の生き残りなのだろうか。なお、アメリカ南部ではビッグバード（202ページ）が目撃されているが、ニューヨークのような大都会での目撃は非常にめずらしいことである。

DATA

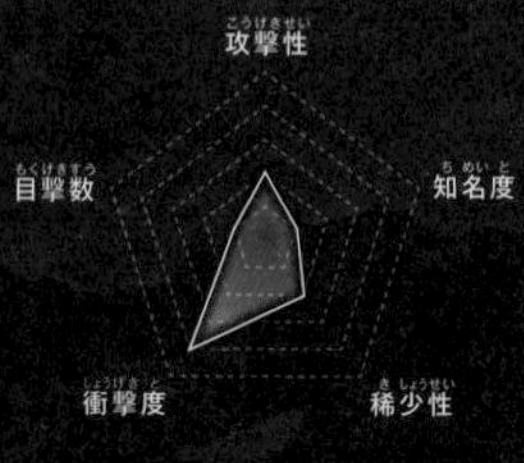

目撃地・生息地	アメリカ、ニューヨーク州
属性	翼竜・巨鳥
初目撃	2007年
推定体長	不明
見た目の特徴	体の色は黒に近く、くちばしは長くコウモリのような翼、かぎツメのついた手足をもつ。

UMA FILE
152

空飛ぶ仏教僧

飛行する超能力を身につけた僧侶？

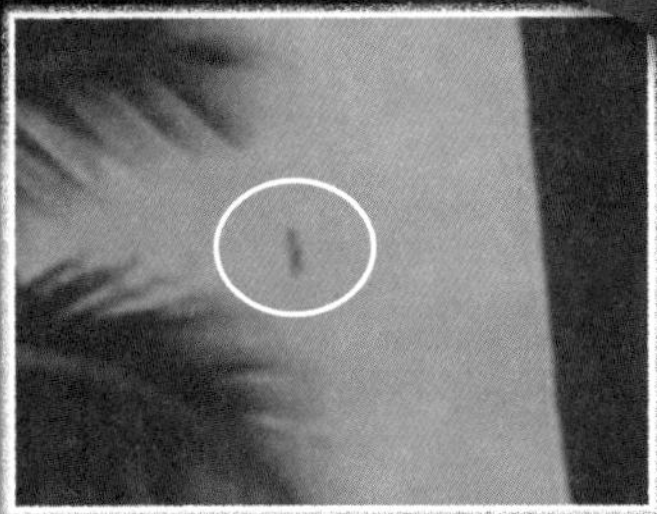

◀ミャンマー上空を直立した姿勢で飛ぶ仏教僧。

2009年1月、ミャンマーの都市上空に現れたのが、空を飛ぶ仏教僧だ。

そのようすは、たまたま現場にいた10代の少女によって撮影された。その映像がインターネット上に公開されたのだ。映像を見るかぎり、不鮮明とはいえ、直立した物体が飛んでいくように見える。修行の結果、飛行能力を身につけた仏教僧なのだろうか。

なお、空を飛ぶヒト型UMAといえばメキシコを中心に世界各地に現れるフライング・ヒューマノイド（196ページ）がいる。これもその一種なのだろうか？

DATA

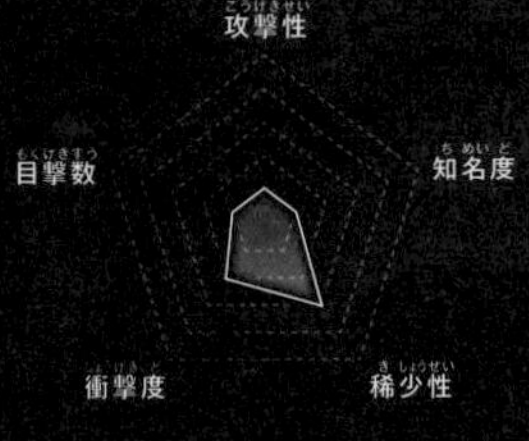

目撃地・生息地	ミャンマー		
属性	UFC	初目撃	2009年
推定体長	不明		
見た目の特徴	仏教の僧侶のような姿をしている。直立した姿勢で空を飛ぶ。		

UMA FILE 153

空飛ぶマンタ

浮遊するカラフルな異次元生物

△テネシー州での夜景撮影の写真に写りこんでいた、カラフルな宙を漂うマンタ。

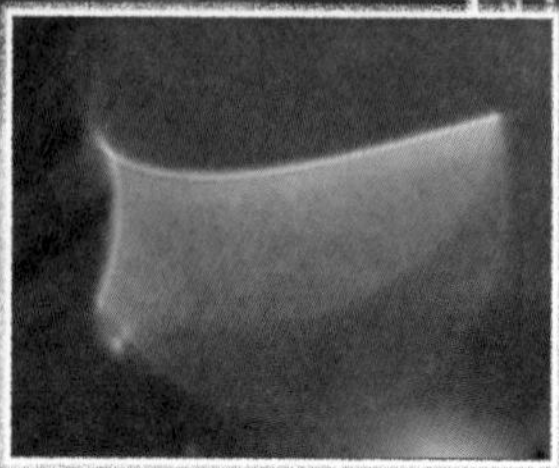

△撮影者は、唯一、この空飛ぶマンタだけは目視できたという。

2011年3月、テネシー州の農村地帯でマンタ（イトマキエイ）のような物体が宙を舞っている写真を、アメリカの民間UFO研究団体が公開した。

夜景の写真に、偶然、エイのような形でオレンジ色の無気味な物体が写りこんだのだという。ただし、ほとんどは肉眼での目撃がなく、カメラのレンズ内の効果による光の現象の可能性もある。

だが、2012年には、バージニア州で、これと似た怪物体が目撃されたとの情報もあり、それを考えると、やはり実体をもった生命体の可能性も否定できないのだ。

DATA

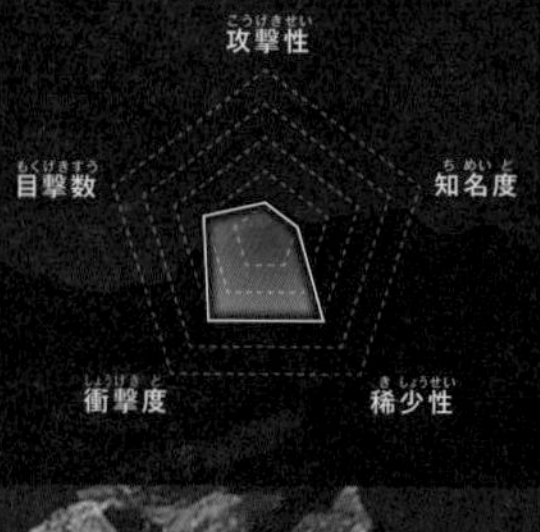

目撃地・生息地	アメリカ、テネシー州、バージニア州		
属性	異次元生物	初目撃	2011年
推定体長	約1.2メートル		
見た目の特徴	体の色は蛍光オレンジや蛍光グリーンなどカラフルでさまざま。マンタに似るが、マンタのような尾はない。		

UMA FILE 154

空飛ぶサソリ

カナリア諸島のサソリ型UFC

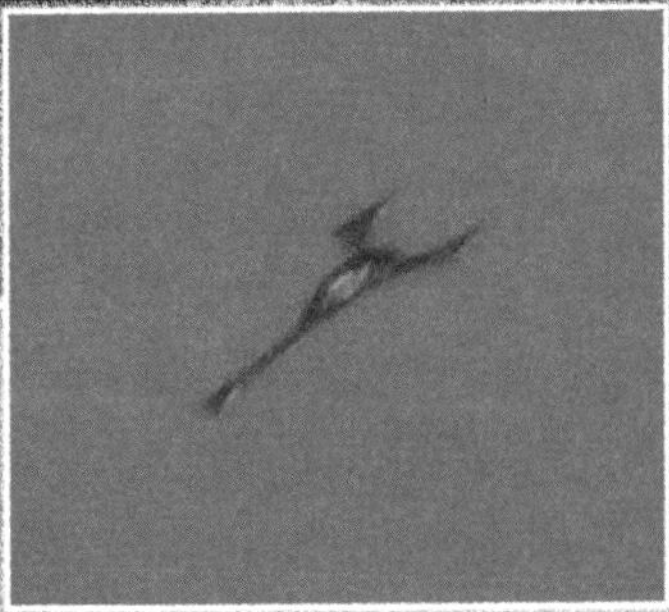

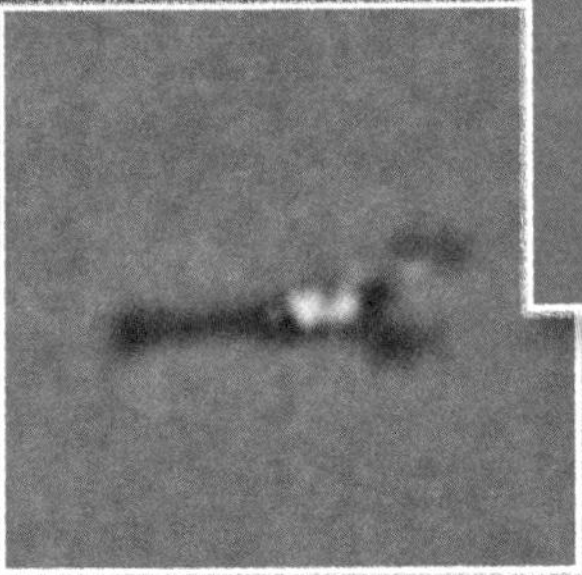

△2011年8月、カナリア諸島で最大の島、テネリフェ島上空で撮影された空飛ぶサソリ。

△空飛ぶサソリの体には、前に突きでた大きなハサミと、長い尾があることがわかる。

2011年8月、スペイン領カナリア諸島テネリフェ島の上空に現れた、謎の飛行生物が空飛ぶサソリだ。

体の前面には、ハサミのようなものが突きでている。体の後ろからは、長い尻尾のようなものが伸びていた。その物体の形状はまさしくサソリそのものだったのである。

おそらくこの飛行生物もまた、2000年前後からメキシコを中心に、ヘビ型やイモムシ型が観測されているUFC（220ページ）の一種と考えられるだろう。アフリカ方面にも、このようなUFCが現れることがわかっている。

DATA

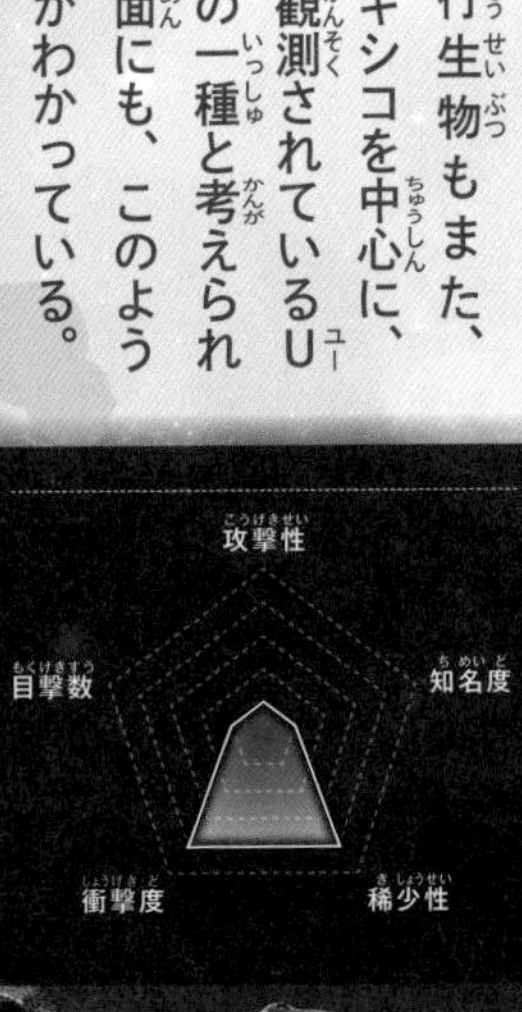

目撃地・生息地	カナリア諸島
属性	UFC
初目撃	2011年
推定体長	不明
見た目の特徴	本体の前に巨大なハサミのようなものがあり、後面から出ている尾の先端は毒針を思わせる形状。胸には白い模様がある。

UMA FILE 155

死肉をあさる悪魔の巨鳥

ローペン

DATA

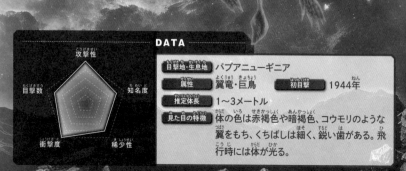

目撃地・生息地	パプアニューギニア
属性	翼竜・巨鳥
初目撃	1944年
推定体長	1～3メートル
見た目の特徴	体の色は赤褐色や暗褐色、コウモリのような翼をもち、くちばしは細く、鋭い歯がある。飛行時には体が光る。

ローペンは、パプアニューギニアのウンボイ島を中心に、たびたび目撃されている翼竜のような生物だ。その名前は、現地の言葉で「空飛ぶ悪魔」を意味し、飛行時には体が光るともいう。

初の目撃記録は、1944年。ローペンが森の中でブタを追って飛ぶ姿を、アメリカ兵が目撃したものだ。ただし、それ以前にも、ローペンのことを記録したと考えられる文献が1500年代から残っている。

また、ローペンは2001年に、亡くなったばかりの島民の死体を墓からほりおこし、食らっている姿が目撃され、人々に恐怖をあたえている。

2004年にはアメリカのジャーナリストが現地調査を行い、島のバリク山方向から飛んでくる、光る物体を目撃したという。

当然、実在する可能性は高いと見られており、ある動物学者によれば「現在も翼竜が生存する可能性は高い」とし、そのひとつがローペンだと、学会で正式に発表している。

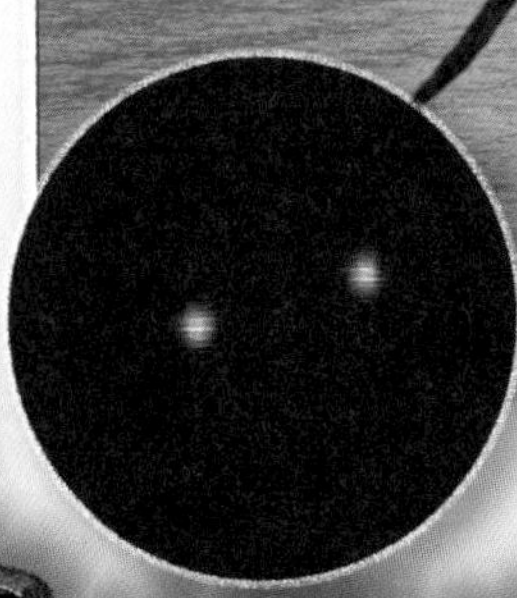

▶パプアニューギニアのローペン。写真の詳細はわかっていない(↑)。ローペンの光。飛行時に光るという(←)。

宇宙から飛来？ 異次元から現れる!?

UMA FILE 156

UFC

DATA

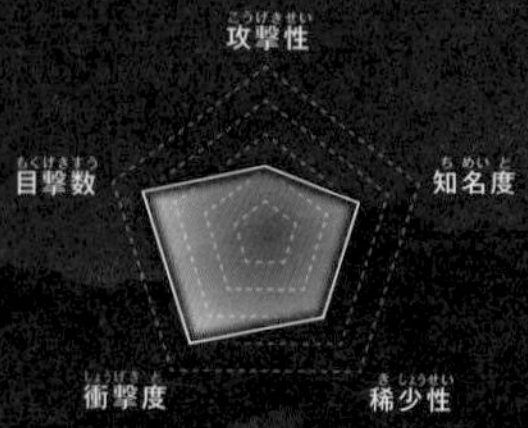

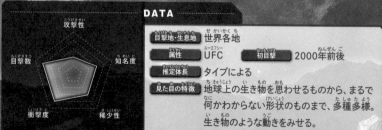

目撃地・生息地	世界各地
属性	UFC
初目撃	2000年前後
推定体長	タイプによる
見た目の特徴	地球上の生き物を思わせるものから、まるで何かわからない形状のものまで、多種多様。生き物のような動きをみせる。

空飛ぶ謎の物体をUFO（Unidentified Flying Object＝未確認飛行物体）と呼ぶが、そのなかには、まるで生きているかのような動きをする物体がある。これを近年では、UFOと区別して、UFC（Unidentified Flying Creatures＝未確認飛行生物）と呼ぶことがある。UFCの出現は2000年前後、メキシコにフライング・ヒューマノイド（196ページ）が現れ、注目を集めたのとほぼ同じ時期だ。以後、現在までにその目撃報告数はふえつづけている。

空中にふわふわと漂いながら、脈打つような動きをみせるものや、ゆっくりとその形を変化させて飛ぶものなどさまざまだ。また、おどろくべきことにその形もバラエティーに富んでいる。「フライング・サーペント」（190ページ）や「オヨ・フリオ」（192ページ）など、本書で先に紹介したものや、下のUFCの写真は、ほんの一例にすぎない。

UFCは宇宙や異次元から来る生命体では、との説もあるがまったく未知。まさに未確認の存在である。

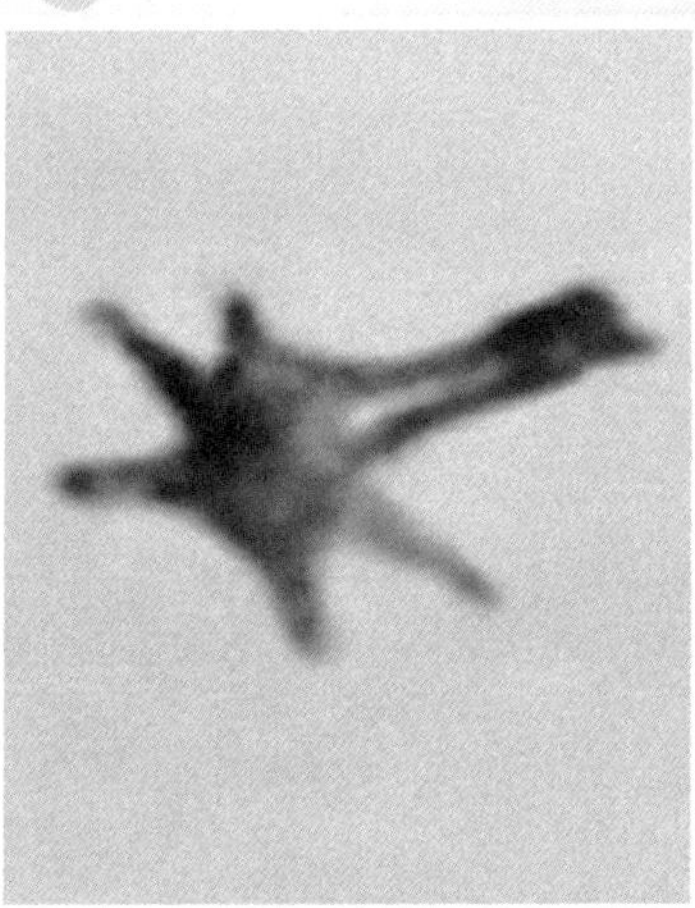

◀2005年、チリに出現したUFC（丸囲み）。脈打つように飛行していた（→）。1997年、イタリアで目撃されたUFC（←）。

UMA FILE 157

機械生命体

浮遊する未知のロボット生物

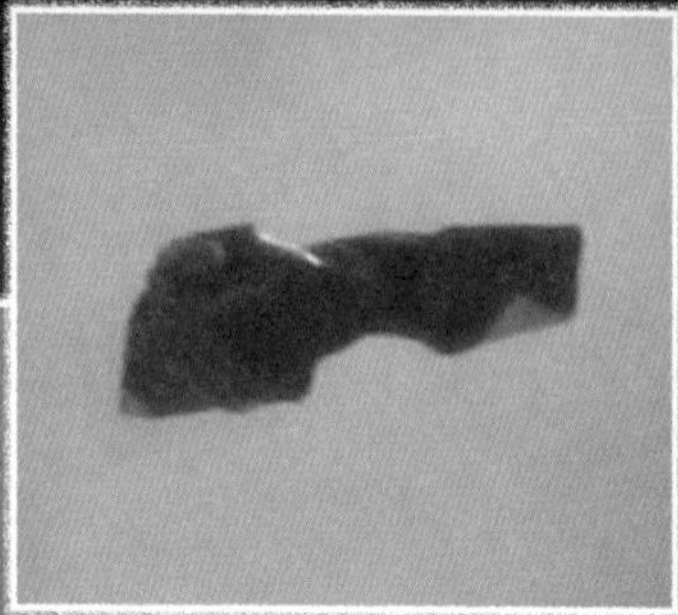

2009年にカナダで撮影された謎の生物。金属でおおわれた機械のようにも見える。

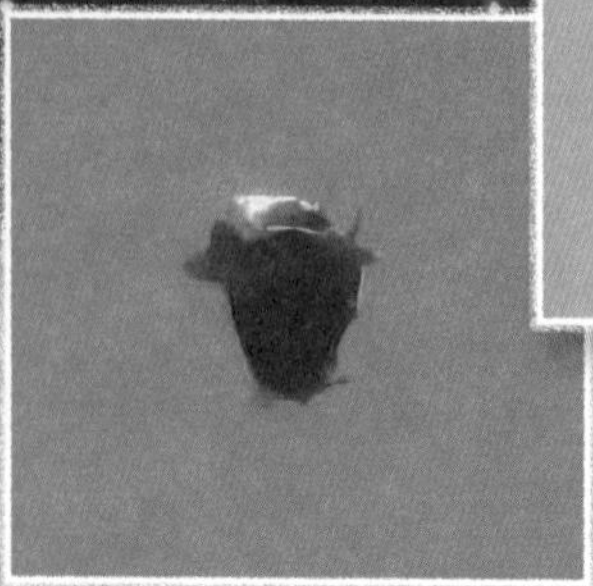

別角度の画像だろうか。顔とヒレがあるように見えるので、魚を思わせる。

UFC（220ページ）のなかでも、異色の存在が、この機械生命体だ。

2009年9月のある昼、カナダのオンタリオ州のオシャワの上空を浮遊しているところを、目撃者の男性によって、偶然、撮影された。この怪物体は、東の空から現れ、それ自身に意思があるかのように空を移動し、そのまま北の方角へ消えていったという。

撮影者の男性は「ロボットを思わせる存在感だった」と語り「UFOのようなものではなかった」と主張している。機械のように見えるのは、金属のような皮におおわれているからかもしれない。

DATA

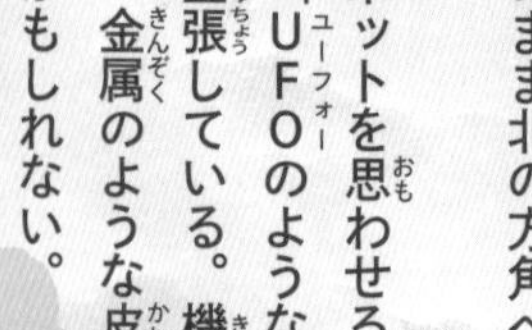

目撃地・生息地	カナダ、オンタリオ州
属性	UFC
初目撃	2009年
推定体長	不明
見た目の特徴	体の色は黒っぽく光沢があり、金属質。魚のような形をしていて、ヒレのようなものも確認できる。

UMA FILE 158

アマゾンの原生林に生きのびていた？

アマゾンの翼竜

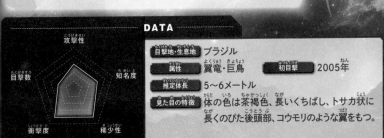

2013年に公開され話題になった、プテラノドン系の生物。撮影されたのは2005年だという。

いまだ未開拓エリアが多いアマゾンの熱帯雨林で、プテラノドンのような翼竜の姿が2005年に撮影され、2013年にネットで公開されて話題を呼んだ。上の写真はブラジルを訪れていたある人物が撮影したものだという。

翼竜は6500万年前に絶滅しているはずだが、じつはアマゾン川流域なら生存している可能性も高い。というのも、この地は未開拓なだけに、生物の生息環境が安定している。古代魚ピラルクーのように、太古の姿をとどめる生物が数多いるのだ。人の目が届かないところで、翼竜が生きていても、不思議はない。

DATA

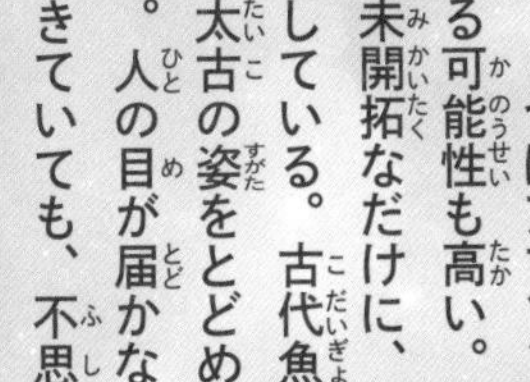

目撃地・生息地	ブラジル
属性	翼竜・巨鳥
初目撃	2005年
推定体長	5〜6メートル
見た目の特徴	体の色は茶褐色、長いくちばし、トサカ状に長くのびた後頭部、コウモリのような翼をもつ。

世界でもっとも有名な幻獣は実在する！

UMA FILE 159

ドラゴン

DATA

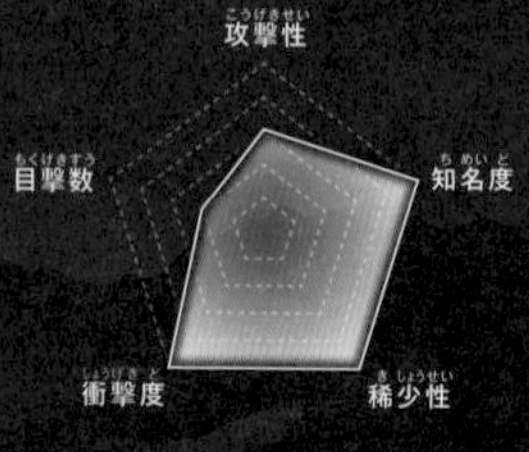

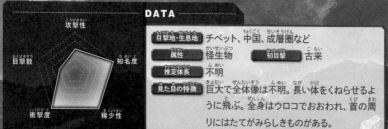

目撃地・生息地 チベット、中国、成層圏など

属性 怪生物　**初目撃** 古来

推定体長 不明

見た目の特徴 巨大で全体像は不明。長い体をくねらせるように飛ぶ。全身はウロコでおおわれ、首の周りにはたてがみらしきものがある。

ドラゴン（竜）といえば、世界各地で古代から伝説が数多く残る幻獣だ。一説には、恐竜は絶滅せず、生き残りが古代の人々に目撃されたものがモデルだともいう。そんな伝説の存在が、近年もあいついで目撃されている。

２００４年６月、旅客機がヒマラヤ上空を飛行中、乗客が写真を撮影し、できあがった写真に驚いた。偶然にも、ドラゴンが写っていたからだ。その後、撮影者はウェブで写真を公開、大きな話題を呼んだ。

また、２０１２年１月には、中国東部の江西省・撫州で雲の中を泳ぐように飛ぶドラゴンが、多数の人によって目撃され、写真も撮られた。このドラゴンは雲の隙間から見えていたが、２頭いたとも、１頭の頭と尾が見えていたともいわれている。いずれにせよ巨大だったことはまちがいない。

ドラゴンは架空の生き物といわれるが、こうした目撃報告から、現実の存在と思えてくる。ドラゴンが人前に姿を現す理由はなんなのか？　不吉なことが起こる前触れでなければいいのだが。

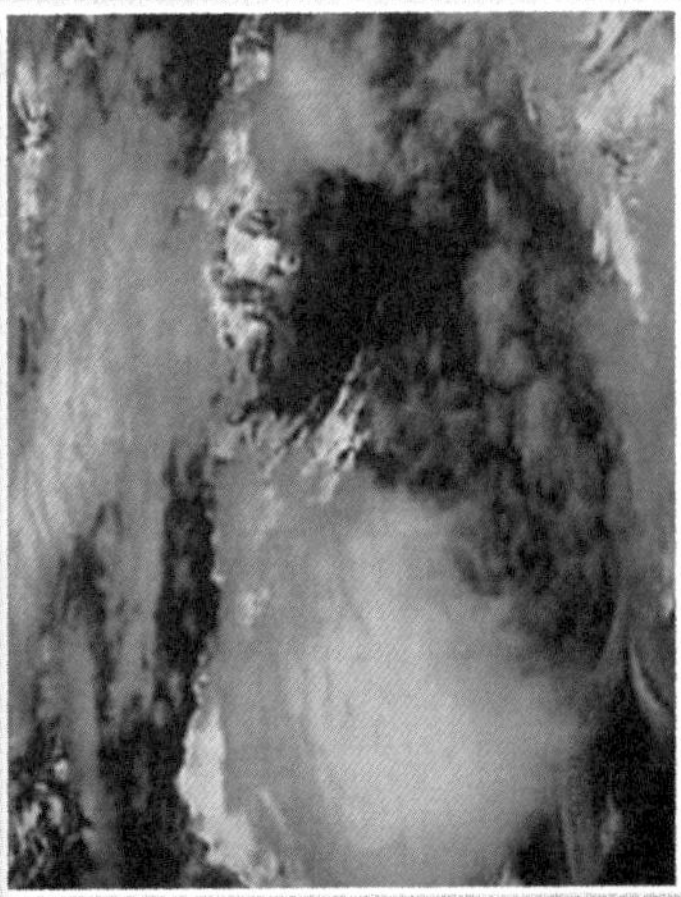

▲2004年6月、旅客機からヒマラヤ上空を撮影した際、右下にドラゴンが写った(→)。2012年1月、中国で撮影された、雲の中を飛ぶドラゴンの姿(←)。

UMA FILE 160

ジーナフォイロ

悪臭を放ちながら飛行する妖獣

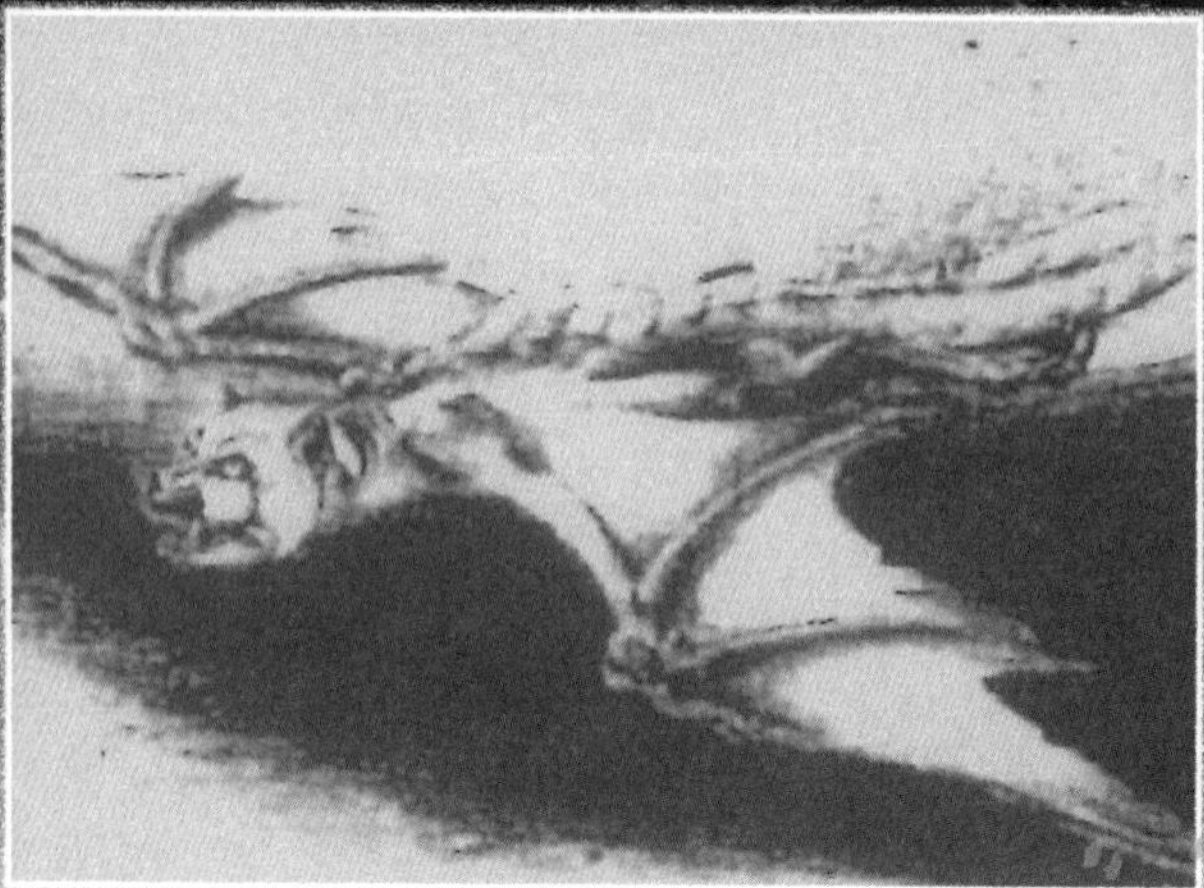

▲目撃情報から再現したジーナフォイロ。その姿を見た者は体調不良をおこすという。

ジーナフォイロは、セネガルの伝説に出てくる妖獣だ。悪臭を放ちながら空を飛び、どんな場所にも自在に出現し、自在に姿を消す。体の大きさも自在に変えるなど超常能力をもっている。また、遭遇すると、頭痛やはき気をもよおし、体力がない者は弱って死ぬという。

この妖獣が1995年10月に出現した。目撃した男性はその場で意識を失った。その後、体調不良が続き病院で検査したところ、なんと体は放射線に被曝したような状態だったという。

正体については、異星人と関係あるエイリアン・アニマルという説がある。

DATA

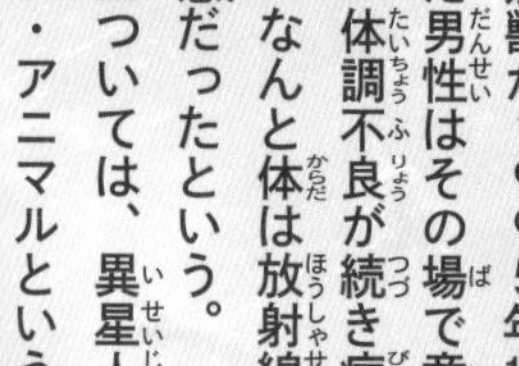

目撃地・生息地	セネガル
属性	怪生物
初目撃	1995年
推定体長	1.2メートル（通常時）～家ほどの大きさ
見た目の特徴	人間と爬虫類を混ぜたような顔、コウモリのような翼、3本指のかぎヅメのついたあしをもつ。

UMA FILE 161

アルプ

オーストリアの大怪鳥

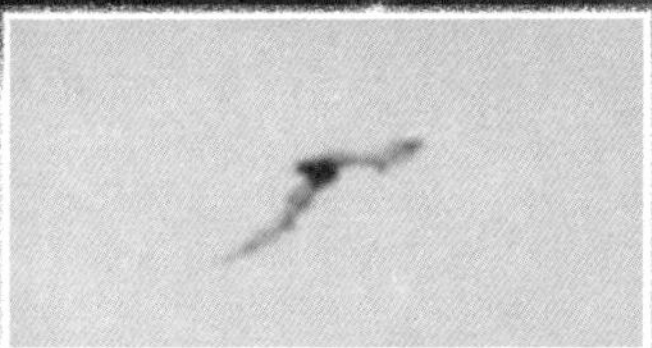

◀2011年7月に撮影されたアルプらしき生物。

アルプはヴァルトフィアテル地方で知られるUMAだ。飛ぶ姿はオオコウモリに似ているが、翼を広げた大きさは5メートルほどで、はるかに大きい。

2011年は、当地でアルプの目撃が続いた。しかも7月には、空高く飛行するアルプが撮影された。

こうした目撃報告を受け、8月下旬、UMA研究家が同地方の山岳地帯や森の奥深くを2週間ほど探索。現地で彼が得た情報では、アルプの寿命は200年で、その正体は、古代の翼竜の亜種と見られるそうだ。

DATA

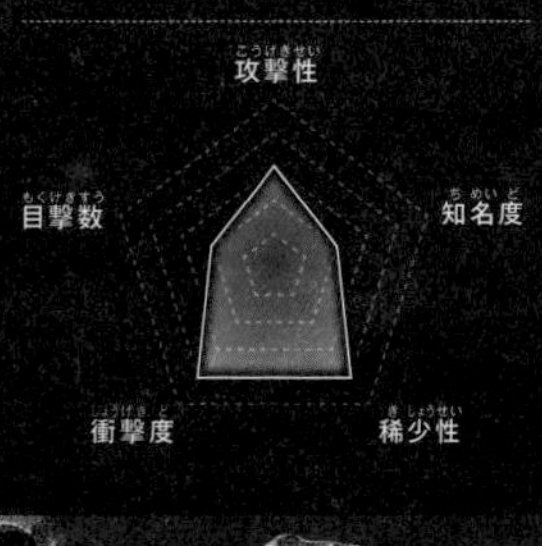

目撃地・生息地	オーストリア、ヴァルトフィアテル地方
属性	翼竜・巨鳥
初目撃	1800年代
推定体長	約1メートル
見た目の特徴	人間のような見た目だが、手足は異様に長く、コウモリのような翼をもつ。

UMA FILE 162

宙に浮かびガスを放つ怪物

フラットウッズ・モンスター

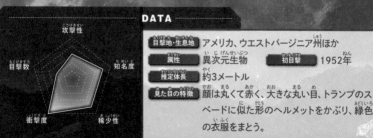

DATA

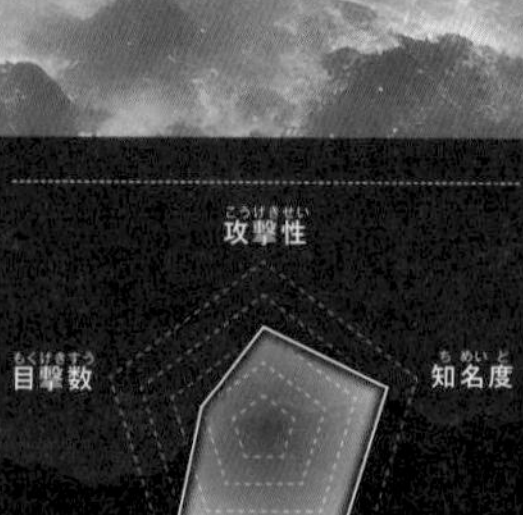

目撃地・生息地	アメリカ、ウエストバージニア州ほか
属性	異次元生物
初目撃	1952年
推定体長	約3メートル
見た目の特徴	顔は丸くて赤く、大きな丸い目、トランプのスペードに似た形のヘルメットをかぶり、緑色の衣服をまとう。

フラットウッズ・モンスターは、1952年、ウエストバージニア州フラットウッズに現れた奇妙な怪物だ。夜、丘の上に、赤く光る飛行物体が降りてきた。このようすを目撃して集まった少年たち10人が降下現場で見たのが、この怪物だったのだ。

怪物が宙に浮かびながら、シューッと音を立てると、あたりには毒ガスの異臭がたちこめた。

恐怖のあまり逃げだした10人が、保安官を連れて現場にもどると、怪物の姿はすでに消えていた。

この出来事は報道され、アメリカ全土に知れわたり大反響を呼んだ。しかし、その後フラットウッズに怪物が現れることはなかった。久々に話題にのぼったのは、2009年6月のこと。メキシコ国際空港近くの上空に、よく似た特徴をもつ光る怪物体が目撃されたのだ。

その正体は、異星人ともUFC（220ページ）ともいわれるが、未知のままだ。

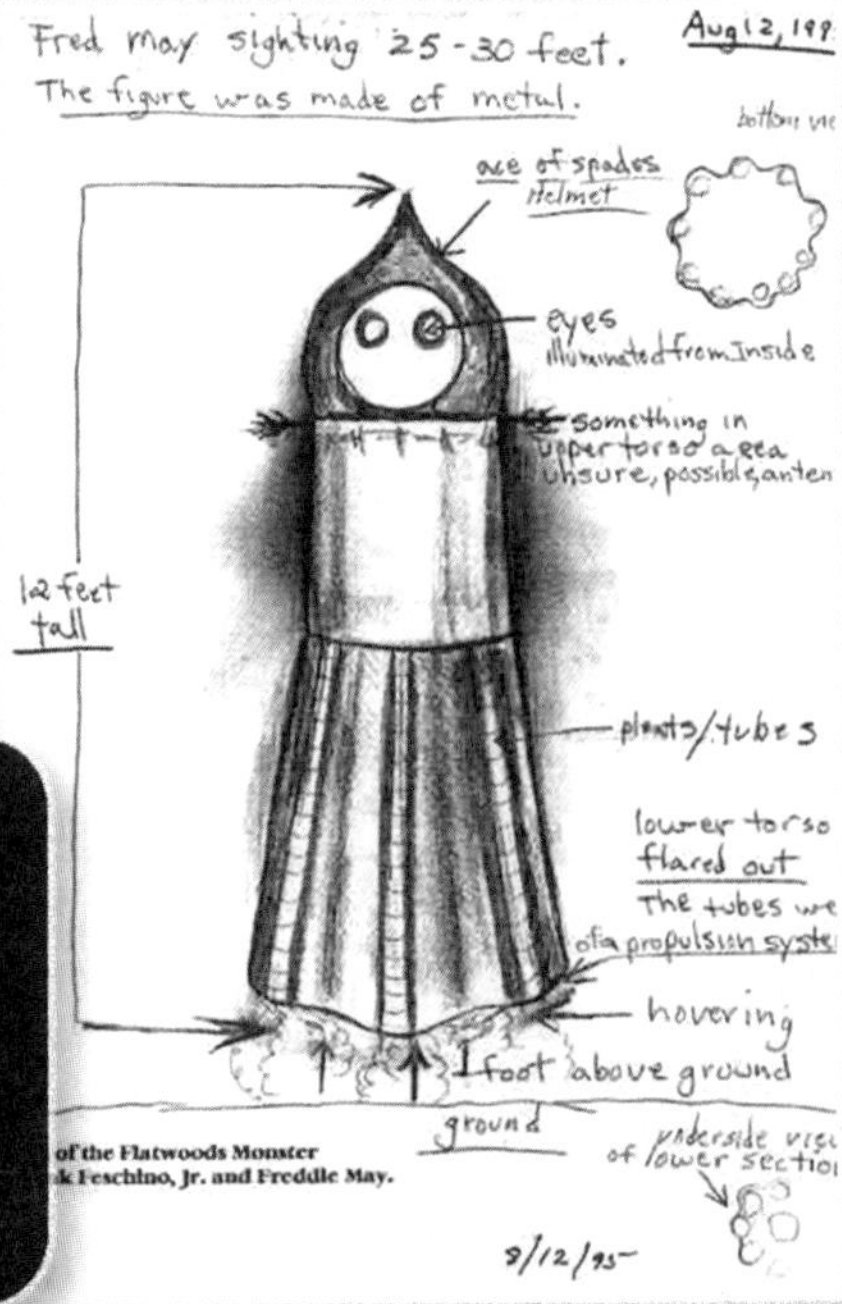

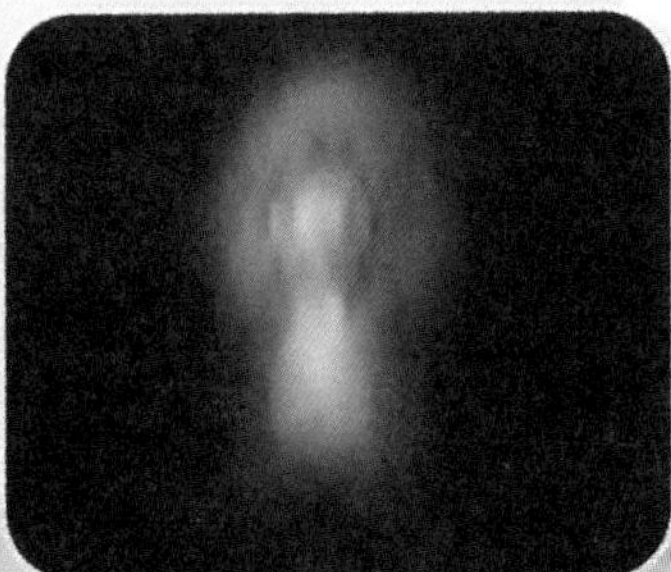

フラットウッズ・モンスターの目撃者のひとりが描いた、スケッチ（→）。2009年にメキシコ上空に出現した謎の怪物体。フラットウッズ・モンスターを思わせる（←）。

UMA FILE 163

ただ空に浮かんでいる棒状UFC

フライング・ステッキ

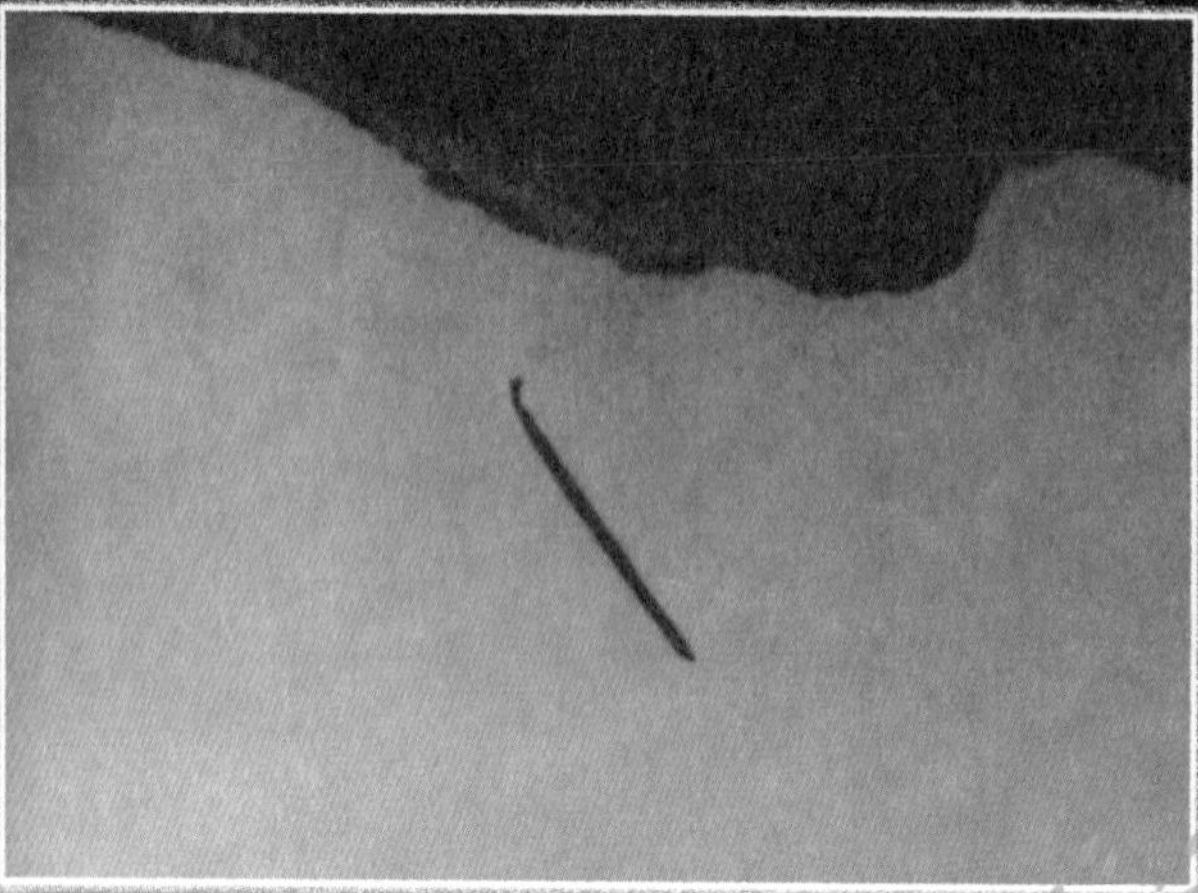

△2003年9月、カリフォルニア州の洞窟の内側から上空を撮影した写真に写ったフライング・ステッキ。

北アメリカで目撃があいついでいるフライング・ステッキ。文字どおり、空飛ぶ棒状の物体で、UFC（220ページ）の一種と思われる。

この怪物体は、滞空していることから、写真に撮られることも多いようだ。たとえば2003年9月には、カリフォルニア州サフレット洞くつで撮った写真にしっかりと写っていた。また、同年7月にはカナダのオンタリオ州で、2004年3月にはアメリカのミシガン州でそれぞれ非常によく似た物体が撮られている。

この物体に意思はあるのか？　何が目的で浮遊しているのだろうか？

DATA

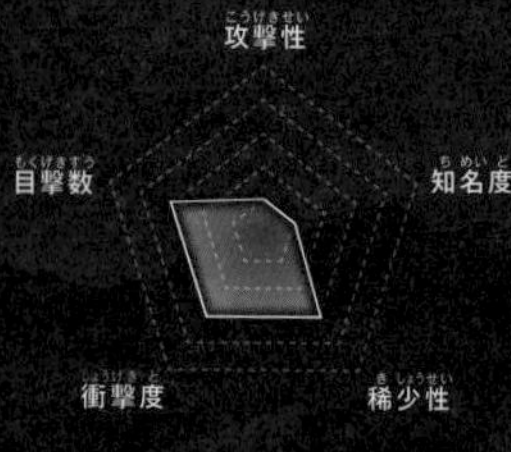

目撃地・生息地	アメリカ、カリフォルニア州、カナダほか
属性	UFC
初目撃	2003年
推定体長	不明
見た目の特徴	ステッキのように細長い形状。端は少し曲がっている。ほとんど動かず、空中に浮かびつづけている。

UMA FILE 164

スペース・クリッター

成層圏に生息する未知の生命体

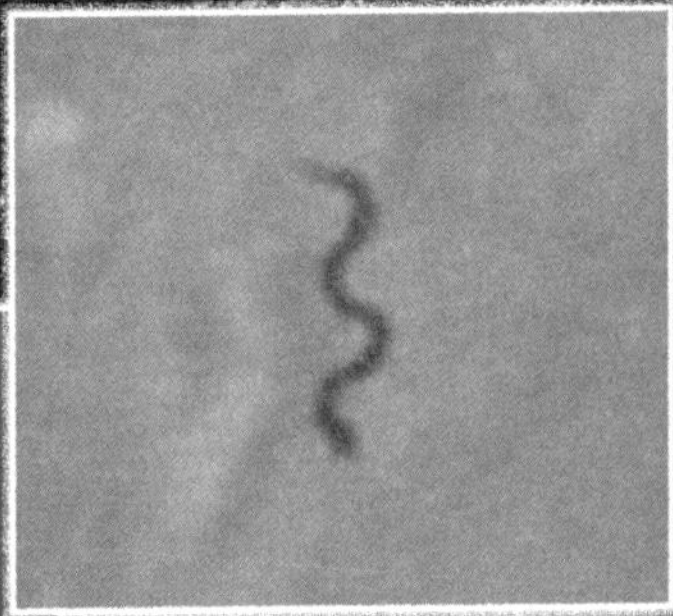

△2001年8月、スペースシャトルが成層圏を漂う謎の物体を撮影した。

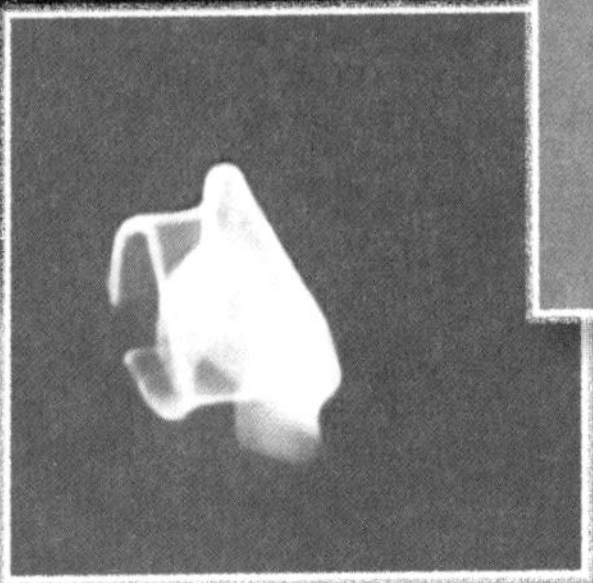

△2006年9月、スペースシャトルが地球周回軌道上で撮影したスペース・クリッター。

スペース・クリッターは、アメリカのUFO現象研究家が名づけた生命体だ。生息する場所は成層圏より上、宇宙空間にまでおよび、たまに低空に降りてきたときに目撃されるという。

初目撃は1962年。アメリカの宇宙飛行士が宇宙空間を飛びかうホタルのような物体に遭遇した。これが、今ではスペース・クリッターと呼ばれているのだ。

その後も、地球からの宇宙船が成層圏で何度となく、さまざまな形状のスペース・クリッターを撮影している。

その正体はプラズマ生命体と呼ばれるものだと考えられている。

DATA

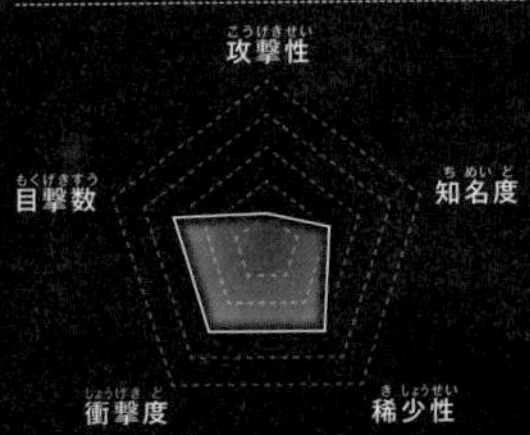

目撃地・生息地	成層圏以上
属性	UFC
初目撃	1962年
推定体長	コインのサイズ～30メートル
見た目の特徴	長い円や円盤状、形が一定でないアメーバ状などさまざま。

UMA FILE 165

宇宙のUFC

国際宇宙ステーション付近に出現

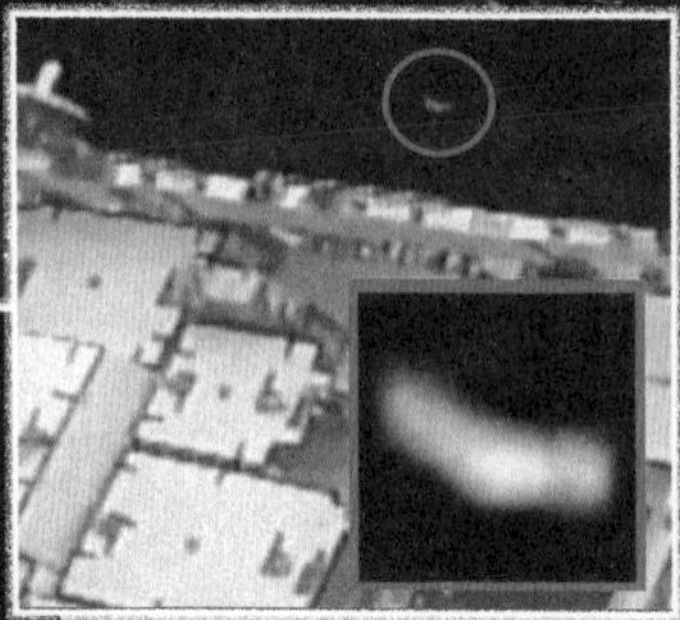

▲2019年3月、国際宇宙ステーションから発見されたUFC（丸囲み）と、その拡大。

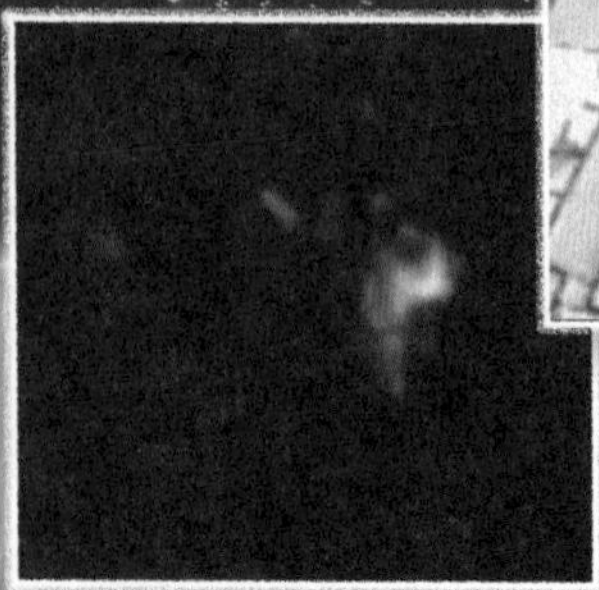

▲同年11月、国際宇宙ステーションのライブカメラに映ったUFC。

高度400キロ上空にある国際宇宙ステーション（ISS）からも、UFC（220ページ）が目撃されている。

2019年3月にはISSの宇宙飛行士が船外活動するライブ映像に、浮遊する謎の物体が写りこんだのだ。

また、同年11月、ISSのロシア人宇宙飛行士が、ISSに接近してくる怪物体が映ったライブ映像を公表した。そのUFCはイヌ系の動物の頭部を象ったように見える物体だったのだ。

なお、色とりどりに輝くのもUFCの特徴で、ISSから発見されるものの多くも例外ではない。

DATA

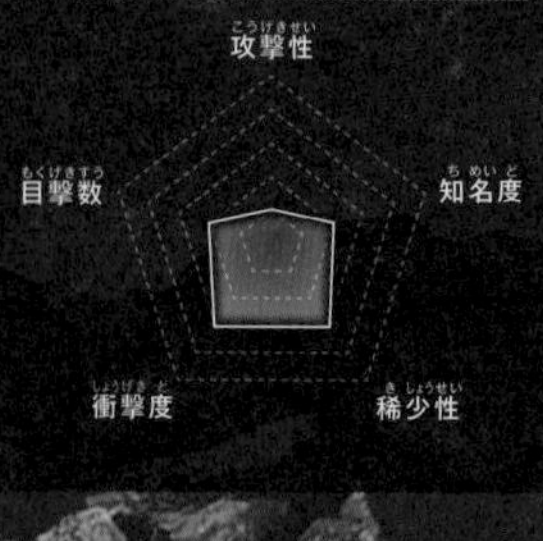

目撃地・生息地	高度400キロ上空		
属性	UFC	初目撃	2019年
推定体長	不明		
見た目の特徴	青白くユラユラゆれるような不確かな姿や、イヌのような動物の頭部を思わせる形で耳や目、口があるなど、さまざま。		

UMA FILE 166

墓地上空で発光する蛾人間
光るモスマン

南アメリカのベネズエラの上空で目撃多発中の、蛾のような羽をもつ光るUMA。

モスマン（186ページ）といえば、アメリカ、ウエストバージニア州に出現するUMAだが、2022年前後から、似たような姿の怪物が、南アメリカのベネズエラで目撃されている。

とくに首都カラカスのダウンタウンにある国立墓地周辺で出現が多発中だ。その姿は、まるでモスマンだが、強い光を放つのか、細部がよく見えず不明だ。墓地の上空を飛翔し、木から木へと飛びうつるなど徘徊しているという。

モスマンといえば、出現後には災いがもたらされるというが、光るモスマンでは、そのような話はまだないようだ。

DATA

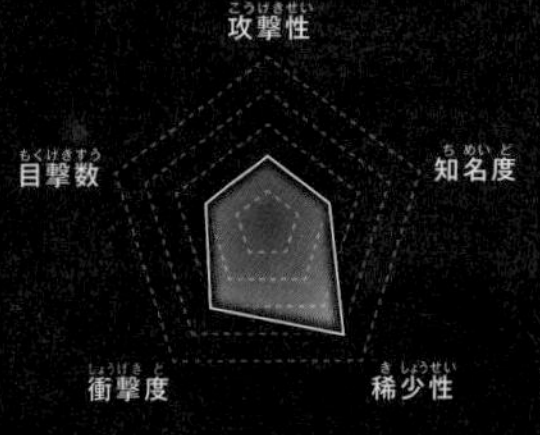

目撃地・生息地	ベネズエラ、カラカス
属性	怪生物
初目撃	2022年
推定体長	約2メートル
見た目の特徴	強い光を放っているため、輪郭しかさだかではないが、大きな翼をもつ、蛾のような姿をしている。

UMA FILE 167

姿を変える怪鳥

チリの飛行変形クリーチャー

△大きな翼をいっぱいに広げて空中を飛翔する、謎のクリーチャー。

△謎のクリーチャーの姿はどんどん変わっていく。別のものが近くで飛んでいたわけではないようだ。

チリのサンチアゴに、翼を羽ばたかせながら姿を変える謎の怪鳥が出現した。

2013年9月、サンチアゴのダウンタウン、ロ・バレンシア地区にあるブスタマンテ公園内で、この怪鳥は目撃され、その異様な姿が動画で撮影された。

園内にいた人々は、木々の間を飛びまわり変形する異様さに驚愕するばかりだった。

目撃証言によれば、怪物は口に犬のような動物をくわえ、食べていたという。

なお、当地では約2年前から、これとよく似たクリーチャーが出現しているが同じ生物なのか？ 正体は不明だ。

DATA

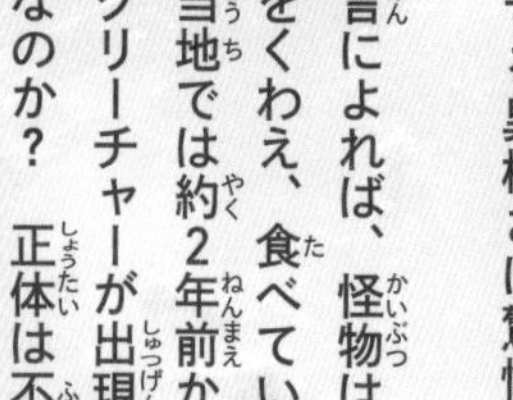

目撃地・生息地	チリ、サンチアゴ		
属性	翼竜・巨鳥	初目撃	2013年
推定体長	約2メートル		
見た目の特徴	イトマキエイや巨鳥の姿や、頭と2本の足、広げた両腕に膜のように張った翼をもつヒトのような姿に変化する。		

UMA FILE 168

バットマン

シカゴ上空を舞うコウモリ人間

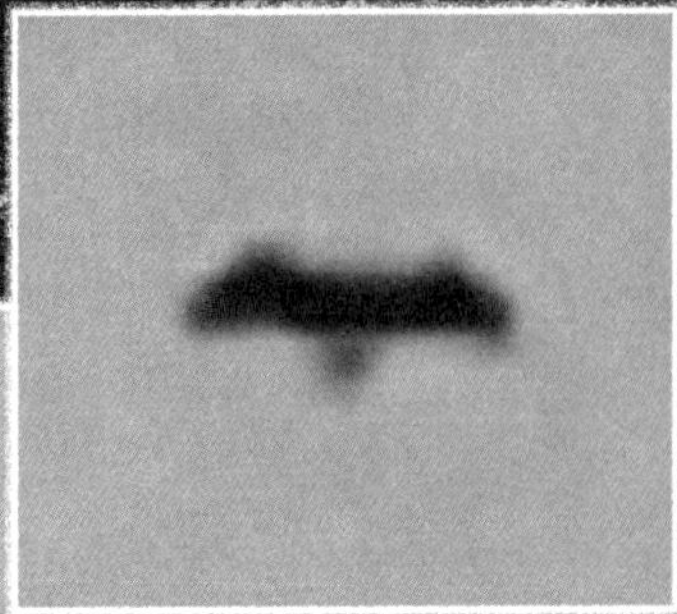

コウモリのようであり、人間のようでもある怪物の目撃情報が多発するなかで撮影された！

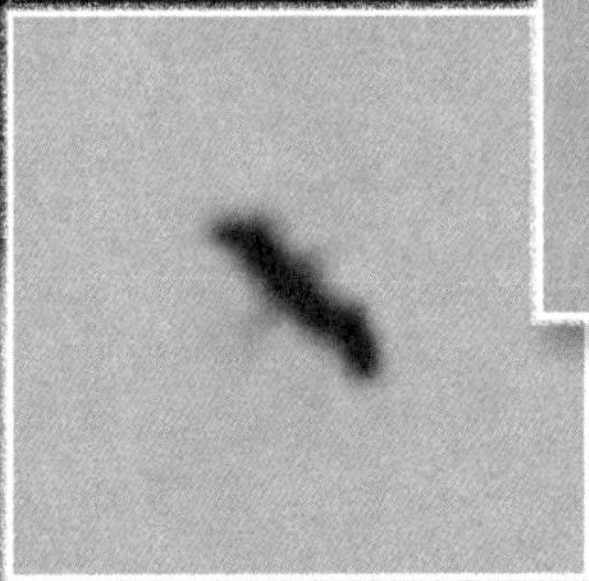

宙を自在に飛びまわる姿。はたして、その正体は何なのだろうか？

2018年5月、アメリカのイリノイ州シカゴのピルセン周辺に、人間のようでありコウモリのようでもある、バットマンと呼ばれる怪生物が出現した。

目撃者の証言では、ここ数年来、この飛行性コウモリ型UMAは、シカゴ周辺にたびたび姿を現しているという。コウモリそっくりの翼を有し、昼夜を問わず自在に飛びまわる姿がしばしば目撃されて話題となっている。

今回は目撃だけでなく、ついにその姿が撮影された。これはたいへんまれなことだという。正体や生態の謎の解明に一歩近づいたといえるかもしれない。

DATA

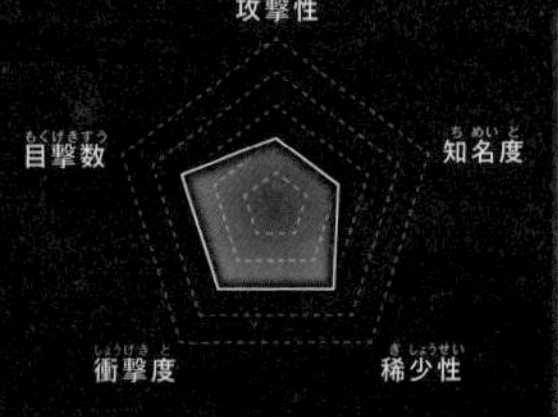

目撃地・生息地	アメリカ、イリノイ州
属性	怪生物
初目撃	2018年
推定体長	約1.8メートル
見た目の特徴	体の色は黒く、翼長3メートルのコウモリのような翼をもつ。見え方によっては人間のようだという。

UMA FILE 169

イギリス伝説上の怪竜が出現！
コーンウォールのドラゴン

◀2012年10月、イギリスに現れたドラゴン。

伝説の怪獣ドラゴンが、2012年10月、コーンウォール地方の都市トゥルローの上空に現れた。目撃者は、このドラゴンが低空を飛翔する様子を動画で撮影し、ネットで公開した。あまりにリアルなため、視聴者の間で、映像の真贋について論争となった。

じつはイギリスには数多の「ドラゴン伝説」があり、なかには本当にドラゴンがいたのでは？　と思わせる話も多い。もしかすると、このドラゴンこそが、そうした伝説に語られた存在、もしくはその子孫なのかもしれない。

DATA

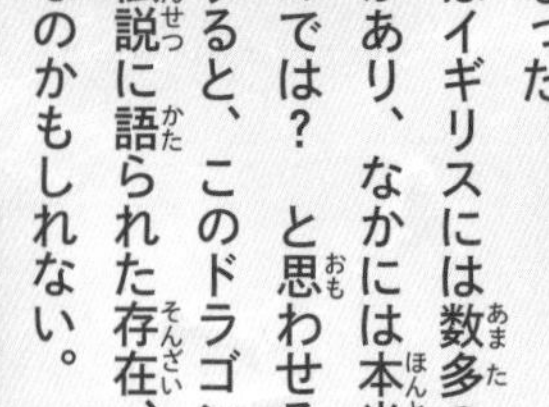

目撃地・生息地	イギリス、コーンウォール地方
属性	怪生物
初目撃	2012年
推定体長	約10メートル
見た目の特徴	体の色は黒く、翼のあるトカゲのような姿、頭部には角がある。翼の先にはカギのようなツメ、長い尾をもつ。

UMA FILE 170

シカゴ・マンバット

都市伝説のコウモリ男

イリノイ州で目撃者を威嚇したコウモリ人間のスケッチ。真っ赤に光る目をもつ。

イリノイ州シカゴには、バットマン（235ページ）以外にもコウモリ型のUMAがいるようだ。オヘア国際空港近辺の市街地一帯で、半ば都市伝説化している存在、シカゴ・マンバットだ。

2022年4月、そのシカゴ・マンバットが同州ベンセンビルに出現。目撃者を真っ赤に光る目で威嚇した。目撃者は恐怖のあまり、悲鳴をあげ、その場から逃げた。怪物はこれを見て、飛びあがり、北に向かって飛びさっていったという。

上のイラストは、目撃者の証言を元に描かれたスケッチだが、まさしく「マンバット＝コウモリ男」そのものだ。

DATA

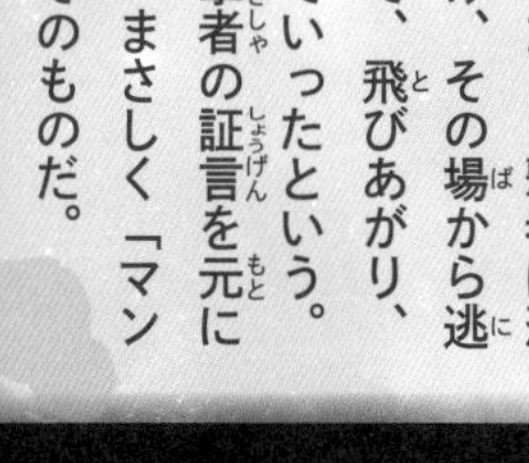

目撃地・生息地	アメリカ、イリノイ州
属性	都市伝説
初目撃	2022年
推定体長	約2メートル
見た目の特徴	体の色は黒く、背にはコウモリのような翼が生えているが、翼とは別に腕もある。コウモリのような顔で、赤く光る目をもつ。

UMA FILE
171

レチューザ

赤い目の飛行性ヒト型UMA

△イリノイ州の民家のガレージ上に出現した怪物の目撃スケッチ。

△メキシコ北部とテキサス州の伝説のUMAレチューザのイメージ図。

アメリカ、イリノイ州北東部エルクグローブビレッジに赤い目のヒト型UMAが出現し、話題になっている。

2022年4月、民家のガレージの上に飛来し、飛びさる姿が一家7人によって目撃された。一家の祖母が「レチューザかもしれない」と語ったという。

レチューザとは、主にメキシコ北部とアメリカ、テキサス州のリオグランデ渓谷周辺で目撃されるという伝説のUMAだ。ただし、フクロウとカラスに似ているといわれており、今回出現した怪物とは姿は少しちがっている。はたして、本当にレチューザだったのだろうか？

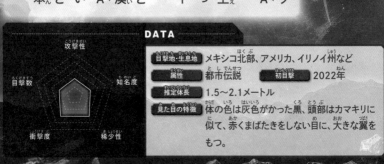

DATA

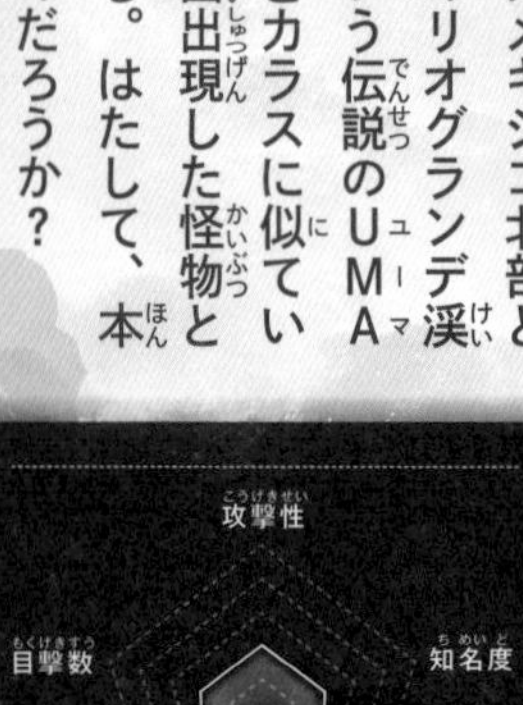

目撃地・生息地	メキシコ北部、アメリカ、イリノイ州など
属性	都市伝説
初目撃	2022年
推定体長	1.5～2.1メートル
見た目の特徴	体の色は灰色がかった黒、頭部はカマキリに似て、赤くまばたきをしない目に、大きな翼をもつ。

UMA FILE 172

火の鳥

燃えているように見えるカラフルな鳥

△まるで燃えているかのような奇妙な鳥が、グランドテトン国立公園のライブカメラに映っていた！

火の鳥――別名フェニックスとも呼ばれ、世界各地の神話に登場する、燃えるような鳥型の幻獣だ。

この伝説上の存在を思わせるUMAが、2018年7月、ワイオミング州グランドテトン国立公園のライブカメラに映りこみ、話題となった。

そのUMAは、まさに全身が炎に包まれ、燃えているような色合いをしていた。はたして、本当に火の鳥だったのだろうか？

なお、各地の伝説では、火の鳥は祝福される地に現れるという。グランドテトン国立公園には何かあるのだろうか？

DATA

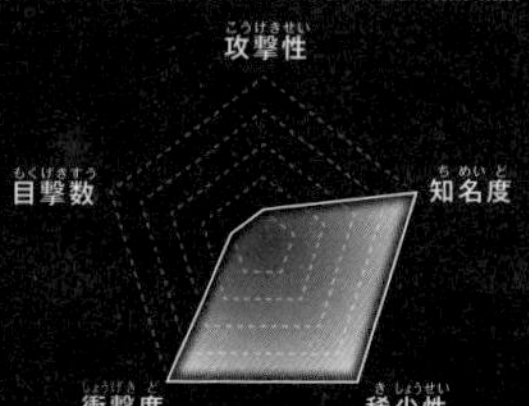

目撃地・生息地	アメリカ、ワイオミング州
属性	翼竜・巨鳥
初目撃	2018年
推定体長	不明
見た目の特徴	体の色は赤やオレンジ、黄色の濃淡からなり、炎に包まれているように見える。

未知の巨大UMAのような既知の生物たち①

仰天! 巨大化する生き物～陸編～

COLUMN

未知の巨大UMA発見か!?　そう思わせるほど、異常に巨大化した生物が、ときおり発見されているのを知っているだろうか。ここで紹介するのは、実在が確認されている、巨大生物である。まずは陸上から紹介していこう!

驚愕の巨大ウサギ

人が飼育していた動物で巨大化したものでは、ドイツのベルリンに住むハンス・ワーグナーが飼っていた、ジャーマン・ジャイアント・グレイという品種のウサギが衝撃的だ。

体長1メートル、耳の長さだけでも21センチ。体重は8キロで、1日に食べるエサの量は2キロにものぼったとか（健康のために主食のレタスほか、ビタミン剤や干し草をあたえていたという）。

▶ワーグナーがハーマンと名づけて飼育している巨大ウサギ。この品種は、もともと体長70センチ以上、体重7キロほどにもなるが、ハーマンはそれよりも大きい。

野生化した巨大ブタ ホグジラ

2007年5月、アメリカ、アラバマ州で11歳の少年が銃でしとめたブタの写真が公開された。

その大きさ、なんと全長2.8メートル、体重約470キロ。少年と父親らが、同州の狩猟地区を歩いていたとき偶然発見し、射殺したという。

この常識外れの巨大野生ブタはホグジラと呼ばれ、世界各地でときどき捕獲されている。なお、野生のブタは南北アメリカ大陸をはじめ、ヨーロッパ、オーストラリアなど森林部を中心に生息している。その数は推定100万頭ともいわれる。つまり、このホグジラを超えるサイズのものが存在していても、なんらおかしなことではないのだ。

ちなみに、家畜として飼われたブタの最高記録は、1158キロだ。

◀ホグジラを射殺した11歳のジェイミソン。しとめるまで3時間かかったという。

人を飲みこむ巨大アナコンダ

1990年9月、ブラジル、アマゾン川の支流に現れた大蛇アナコンダは、漁をしていた村人を水中に引きずりこみ、飲みこんだ。ほかの村人たちによって大蛇は射殺されたが、飲みこまれた村人はすでに息絶えていた。

この事件を聞いた動物学者は耳をうたがった。アナコンダは9メートルを超えないはずだが、この大蛇は10メートルもあったからだ。

▶村人を飲み込んだ全長10メートルにもなるアナコンダ。

COLUMN

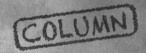

巨大グモ　キャメルスパイダー

巨大生物は、ウサギやブタなどの哺乳類や、アナコンダのような爬虫類だけではない。イラクのバクダッドでは、全長40〜50センチはあろうかという巨大なクモが発見されている。イラクに駐留していたアメリカ軍兵士の寝袋の中に忍びこんできたのだという。このクモはキャメルスパイダーという種とそっくりだが、ふつう、大きくても15センチほどにしかならない。やはり突然変異なのだろうか。

UMAとして報告のあるもののなかには、こうした異常巨大化したものがまざっている可能性があるのかもしれない。

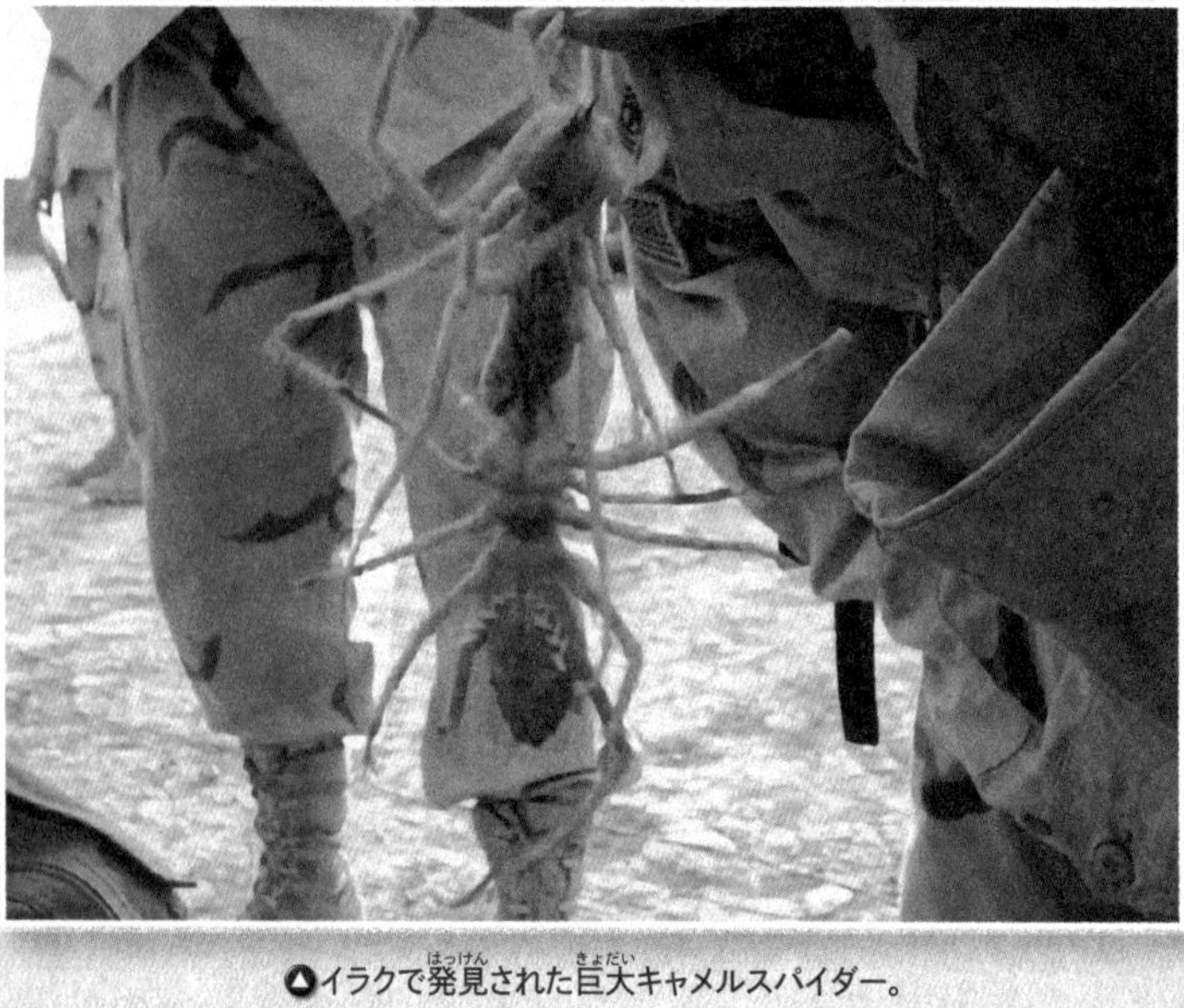

△イラクで発見された巨大キャメルスパイダー。

5章
海のUMA編

世界の海洋に出現する大怪蛇

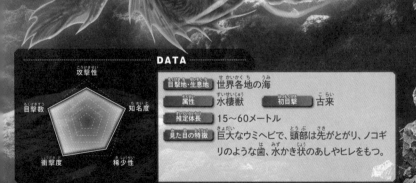

UMA FILE 173

シーサーペント

DATA

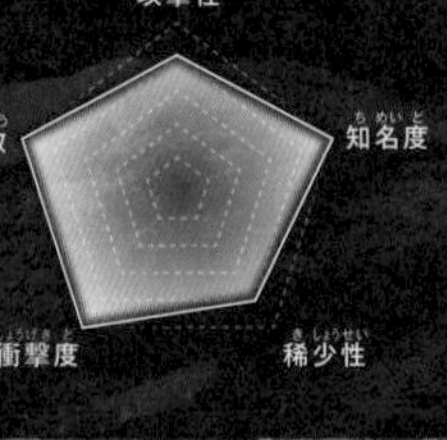

目撃地・生息地 世界各地の海

属性 水棲獣　初目撃 古来

推定体長 15〜60メートル

見た目の特徴 巨大なウミヘビで、頭部は先がとがり、ノコギリのような歯、水かき状のあしやヒレをもつ。

シーサーペントは世界中の海で目撃される、大怪蛇UMAをまとめて呼ぶ名前だ。その遭遇記録は古くからあり、伝説を含めれば紀元前までさかのぼる。目撃記録が急増するのは16世紀からで、これはヨーロッパが大航海時代をむかえたことによる。つまり、海に出る人が多くなったぶんだけ、シーサーペントとの遭遇の確率も増えたわけだ。

さらに近代になると、証言だけでなく写真やビデオによる実在の証拠が増えはじめる。なかでも世界に衝撃を与えたのが、1964年12月に撮影された、オーストラリアの海での写真だ。写されたのは巨大なオタマジャクシに似た怪物で、世界初のシーサーペントのカラー写真として知られることになった。

シーサーペントの正体は、いくつかあるようだ。古代の海棲の爬虫類や哺乳類の生き残り、もしくは巨大ウナギなどが考えられる。

この広大で深い海には、きみが思いもよらない巨大生物が潜んでいることはまちがいない。

△1964年にオーストラリアの海で撮影され、世界に衝撃を与えた、推定20メートルのシーサーペント。

超!衝撃スクープ!!

太古から語り継がれる海の怪物!!

▶『旧約聖書』「ヨブ記」に登場する大海蛇リヴァイアサンは、まさにシーサーペントと考えられるだろう。神話の時代から目撃が続いているのだ。

▲1555年に出版された『北方民族文化誌』に描かれたシーサーペントの姿。

◀1734年、世界の怪獣目撃談を集めたハンス・エゲデの本に登場した、船のように巨大なシーサーペント。

▲1848年、ディーダラス号が出会ったという巨大なウミヘビの描写。ギザギザの歯をもっていたという。

1925年にアメリカ、サンタクルーズ海岸に漂着したシーサーペントの死骸。全身は傷だらけだった。

2012年にアルゼンチンで撮影された、上下に体をくねらすシーサーペント。アナコンダが水辺で暴れている画像との説もあったが、アナコンダは体を左右にくねらせるので、当てはまらない。

2009年7月、アラスカの海で漁師が撮影したとされる、シーサーペントの姿。

2023年1月、アメリカ、ノースカロライナ州のアトランティックビーチで、体を上下にくねらせる姿が目撃された。典型的なシーサーペントだ。

海坊主の正体と目される謎のUMA

UMA FILE 174

ニンゲン

DATA

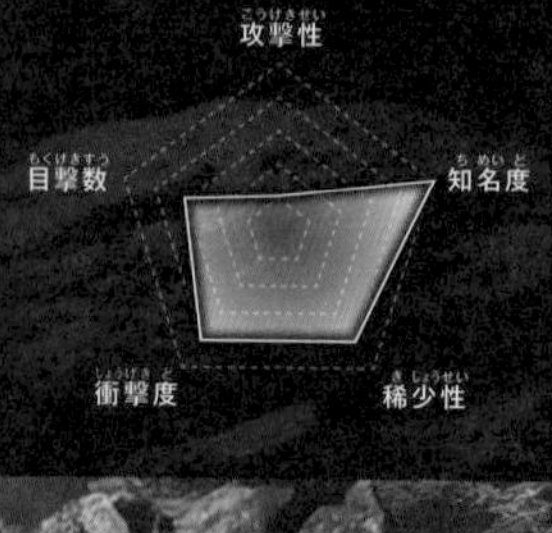

目撃地・生息地 南極・北極の海とその周辺海域ほか

属性 都市伝説 **初目撃** 1950年代

推定体長 10〜20メートル

見た目の特徴 体の色は白く、巨大で人間のような形をしている謎の生物。ヒレや尾ビレがある。目や鼻などがあるのか不明。

　ニンゲンは、2000年代ごろからネットにその姿の写真や動画が公開され、知られるようになったUMAだ。ただし、写真の出所は不明という奇妙さがある。

　だが、じつは、ニンゲンらしき未確認生物の目撃は、今から60年以上前からたびたび報告されているのだ。

　なかでも有名なのが1971年4月、日本の遠洋漁業船・金毘羅丸がニュージーランドのサウスアイランド沖で遭遇した怪物だ。船から30メートルの距離で、海面から2メートルもの頭部を突きだしていたのを、船長以下、26名が同時に目撃したのだ。

　その怪物は直径約15センチの巨大な目をしていたともいい、近年、ネットで報告されるニンゲンとは少しちがう。しかし、南極付近という場所や、大きさなどから考えるとニンゲンかその仲間かもしれない。

　また、昔から南極海には未知の生物のうわさは多い。事実、2008年の日本ほか2か国の合同調査で、巨大なウミグモなど未知の動植物が多数、発見された。ニンゲンが存在していても、なんらおかしくはないのだ。

▶インターネット上に出まわるニンゲン（↑）。グーグルアースに写った、ナミビア海岸沖のニンゲンらしき生物（←）。

UMA FILE
175

ガクラト

長い鼻の海獣の死骸

2008年7月に岸辺に打ちあがっていた生物の死骸。顔の先にゾウのような鼻があることが確認できる。

2008年7月、アラスカ州のヌニバク島の岸辺に怪生物の死骸が打ちあげられた。それが上の写真だ。

これを見た未知動物研究家たちは、死骸をゾウアザラシかイルカではないか、と決めつけた。しかし、それでは顔の先にあるゾウの鼻のような突きだした部分が何なのか説明がつかない。

一方、地元の人々が昔から島周辺で語りついできた伝説の海獣、ガクラトではないか、という意見も根強い。

調べれば何らかの手がかりはつかめるはずだが、不思議なことに死骸は消失し、その行方は今もわかっていない。

DATA

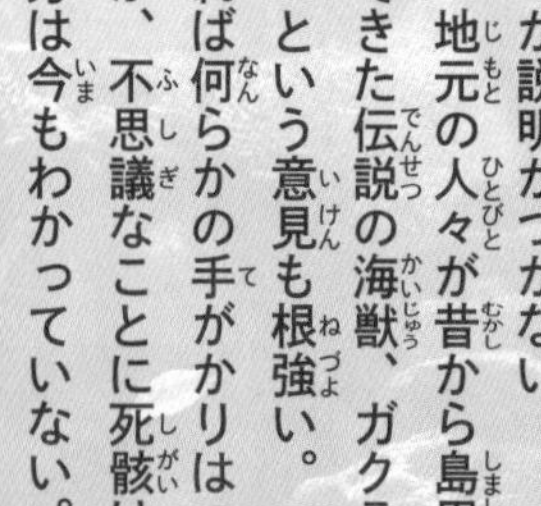

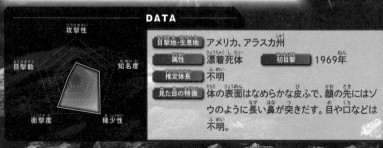

目撃地・生息地	アメリカ、アラスカ州
属性	漂着死体
初目撃	1969年
推定体長	不明
見た目の特徴	体の表面はなめらかな皮ふで、顔の先にはゾウのように長い鼻が突きだす。目や口などは不明。

UMA FILE 176

コーンウォールの海棲首長竜
モーゴウル

△ファルマス湾の怪獣として知られる、首長竜のようなモーゴウルを1976年2月にとらえた写真。

コーンウォール地方のファルマス湾近くに出現する、海棲獣モーゴウル。19世紀からその存在はうわさされているが、記録された初の目撃は1975年9月のことだ。さらに、1976年2月には、ある女性が湾内のロゼミュリオン岬で目撃し、撮影に成功した。それが上の写真だ。

以後、1977年までに数多くの報告や、写真が集まったが、残念ながらそれ以降はあまり見られなくなったという。

なお、その正体は、ネッシー（12ページ）と同じ首長竜のプレシオサウルスといわれている。

DATA

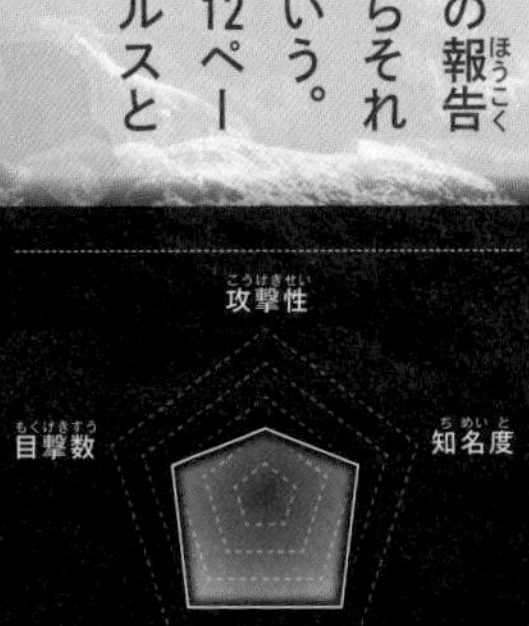

目撃地・生息地	イギリス、コーンウォール地方
属性	海棲獣
初目撃	1975年
推定体長	4〜18メートル
見た目の特徴	体の色は黒または暗灰色、頭部はヤシの実ほどの大きさで、太く長い首、首から背にかけて剛毛が生えている。

UMA FILE 177

ブロック・ネス・モンスター

突然消えた怪生物の骨

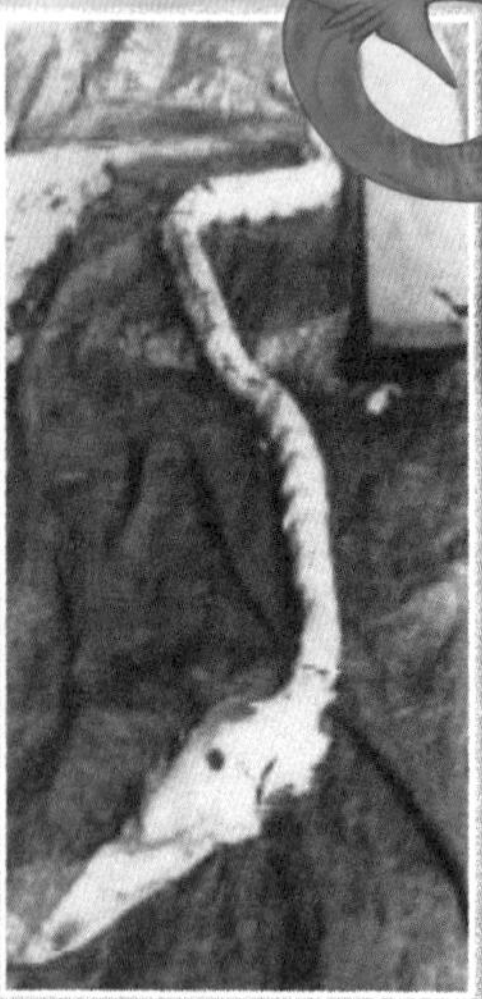

◀4メートル以上の長い背骨と触覚のある頭は未知の生物のものだった。

1996年6月、ロードアイランド州ブロック島の漁船の網に引っかかった骨がブロック・ネス・モンスターだ。

海洋生物学者が調査をするため、ブロック島の別荘に一時保管したが、翌日、骨はこつ然と消えてしまった。

この骨の写真を見たサメの研究者は、ウバザメと判断した。ただし、頭骨の長さがウバザメの2倍あり、断定はできないという研究者や専門家も多いため、正体は謎のままだ。

DATA

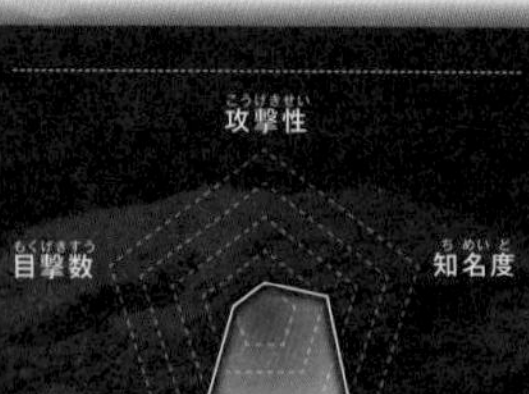

目撃地・生息地	アメリカ、ロードアイランド州
属性	水棲獣
初目撃	1996年
推定体長	約4.2メートル
見た目の特徴	頭骨の先端はトリのくちばしのようにとがっている。左右には触覚のようなものがある。

UMA FILE 178

キャディ

ウマのような頭をした巨大海竜

1937年7月に発見されたキャディの骨とみられるもの。輸送中に行方不明となった。

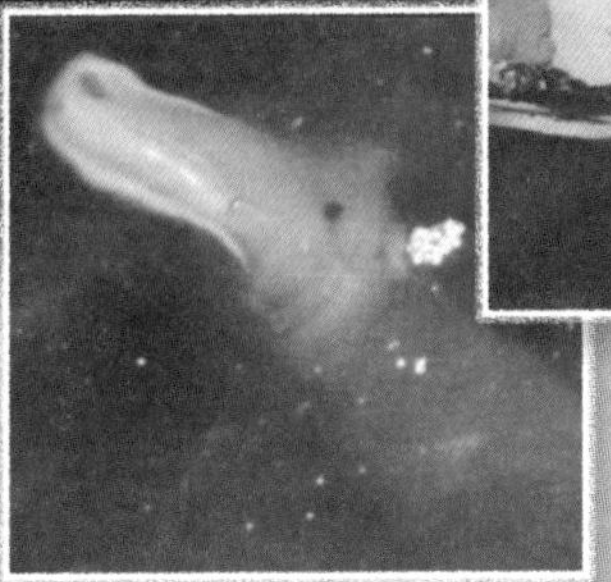

2015年、地中海東部のケルキラ島で撮影されたキャディらしき生物。

キャディは、バンクーバー島沖合を中心に、1905年から目撃され、動物学者もその存在を認めたUMAだ。ヘビのような長い体に、ウマのような頭部をもつことから、爬虫類から哺乳類への進化を証明する生物とも考えられている。

また、生きた姿を撮影した写真のほか、死体の写真も残っている。右上の写真に写る骨は1937年7月、捕まえたクジラの解体中に、腹から出てきたものだという。ただし、このとき見つかった死骸は、その後、博物館に輸送されたという記録があるにもかかわらず、現在まで行方不明になっている。

DATA

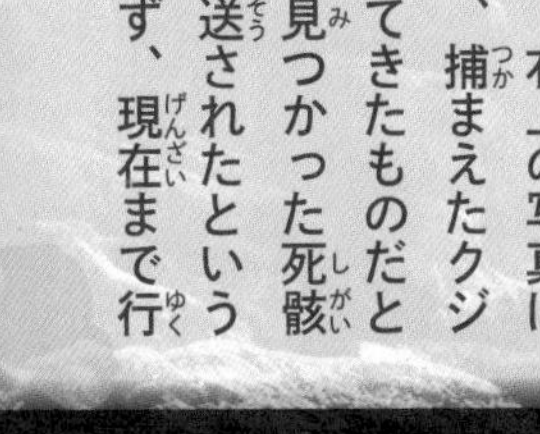

目撃地・生息地	カナダ、バンクーバー島沖合
属性	水棲獣
初目撃	1905年
推定体長	9〜15メートル
見た目の特徴	ウマやラクダなど哺乳類に似た頭部、背には長いたてがみ、尾の先端はふたつに割れたような扇形をしている。

太古の海竜の腐乱死体!?

ニューネッシー

DATA

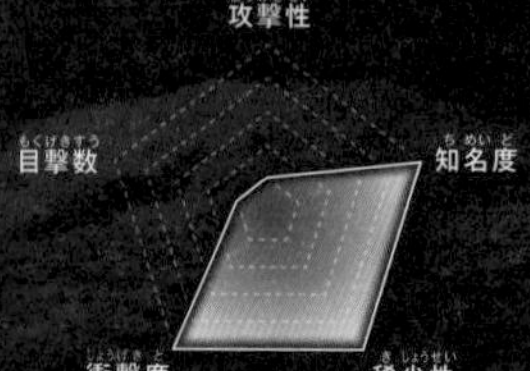

目撃地・生息地	ニュージーランド沖
属性	水棲獣
初目撃	1977年
推定体長	約10メートル
見た目の特徴	体の色は腐敗しているので不明。1.5メートルある長い首、胴体から前後に伸びた大きな4本のヒレ、ヒゲのような繊維質がある。

1977年4月、ニュージーランド沖で漁を行っていた日本の遠洋漁船、瑞洋丸が怪生物の腐乱死体を引きあげた。腐敗臭がすさまじかったため、数枚の写真を撮影し、体の一部組織を採取したあと、海に捨てられた。死骸の姿は、まるでイギリスの首長竜UMAネッシー（12ページ）を思わせたので、ニューネッシーと呼ばれ、世界中で話題となった。

そして多くの生物学者が調査に乗りだした結果、全長約9メートルまで成長する、ウバザメというサメの死骸ではないか、とされた。ウバザメのエラと下あごが、腐り落ちたため、首長竜のような姿に見えただけと考えられたのだ。

一方で、死骸から採取された組織を分析すると、ウバザメには見られないヒゲ状の角質繊維組織が認められた。さらにこの角質繊維は、クジラやマナティなどの海棲哺乳類にも見られないことがわかっている。ならばなんなのか？　残念なことに、死骸が残っていない今、正体は永遠の謎だ。

◀首長竜を思わせる腐乱死体は、ニューネッシーと呼ばれた（↑）。船の甲板に引きあげた直後のようす（→）。

UMA FILE 180

トランコ

漂着した毛だらけの怪物

△1924年10月に南アフリカの海岸に打ちあげられていたトランコの死骸。

△2018年2月、フィリピンの海岸に漂着したトランコと思われる生物の死骸。

1924年10月マーゲート海岸にホッキョクグマのような生物の死骸が流れついた。長い鼻が確認され「ゾウの鼻」という意味でトランコと呼ばれた。

じつは地元住民は、沖合でこの奇怪な巨大生物が、2頭のシャチと戦うようすを目撃。シャチとの戦いに敗れたのだろうか、その死骸が海岸に流れついたのだ。死骸はなぜか調査されることもなく放置された。やがて波にさらわれ消えてしまったが、近年、この死骸の写真が見つかり、地元住民の目撃どおりの姿と判明した。写真を見ても、正体はまったくわからない。謎は深まるばかりだ。

DATA

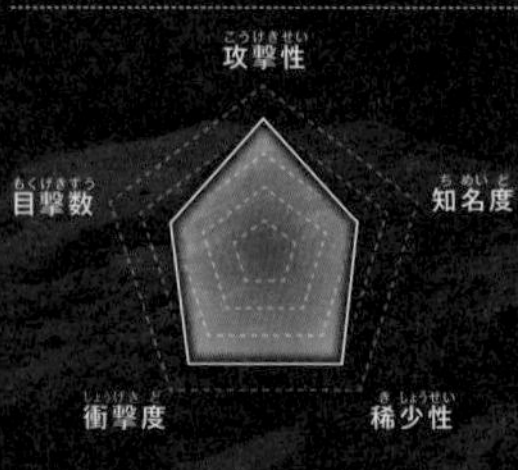

目撃地・生息地	南アフリカ、マーゲート海岸		
属性	漂着死体	初目撃	1924年
推定体長	約15メートル		
見た目の特徴	体は長さ20センチの白い毛におおわれ、1.5メートルのゾウのような長い鼻、3メートルのエビのような尾をもつ。		

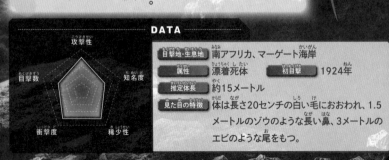

UMA FILE 181

アルタマハ・ハ

打ちあげられた伝説の幼獣か？

△2018年3月に公開されたアルタマハ・ハの画像。これはのちにフェイク画像と判明した。

△地元ダリエンで目撃されたUMAアルタマハ・ハのスケッチ。

2018年3月、ジョージア州セントシモンズ島の海岸で、首長竜を思わせる死骸が発見された。この死骸は、地元の伝説に語られる水棲UMA、アルタマハ・ハではないか？　と話題になった。

アルタマハ・ハは1800年代から多数の目撃報告があり、同州アルタマハ・ハ川河口周辺や海に棲息しているという。

アルタマハ・ハの推定体長は6〜9メートル。この死骸がアルタマハ・ハなら、大きさからして子どもだったことが考えられる。しかし、これが成獣で、いまだ知られていない、新種の小型UMAの可能性も否定できない。

DATA

攻撃性

目撃数　知名度

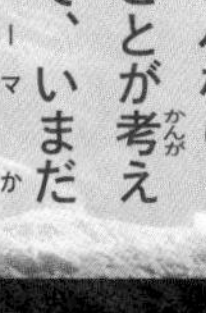

衝撃度　稀少性

目撃地・生息地	アメリカ、ジョージア州
属性	漂着死体
初目撃	1800年代
推定体長	6〜9メートル
見た目の特徴	長い首に爬虫類のような頭部、大きな目、するどいキバをもつ。胴体から一対の大きなヒレが突きでている。

UMA FILE 182

サハリンの野獣

ロシアに漂着した腐乱死体

▲2006年8月、ロシアのサハリン海岸に漂着した謎の生物の死骸。

▲毛のようなものが残されており、頭部には大きなあごと歯があることがわかっている。

2006年8月、サハリン海岸に、得体の知れない生物の死骸が流れついた。体は腐りきっていて、ほとんど白骨化した状態だった。そのため、生きていたときの姿を想像するのは難しい。ヒレや尾ビレがあったのか、体中に生えているものは何なのかも不明だ。

謎の漂着死体の多くは、ウバザメやジンベエザメであることが多いが、それらにはない大きな歯がある。また、イルカにも似ているが、骨格がちがうという。

これと似た生物の死骸が1744年、オランダで展示された記録もあるが、今のところ何なのかわかっていない。

DATA

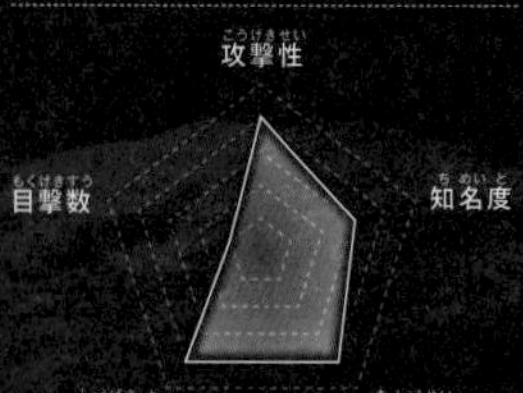

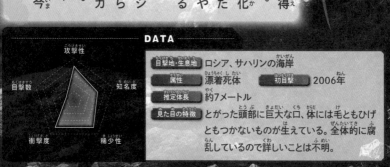

目撃地・生息地	ロシア、サハリンの海岸
属性	漂着死体
初目撃	2006年
推定体長	約7メートル
見た目の特徴	とがった頭部に巨大な口、体には毛ともひげともつかないものが生えている。全体的に腐乱しているので詳しいことは不明。

UMA FILE
183

ブルーホールにひそむ巨大ダコ
オクトパス・ギガンテウス

▲1896年11月、フロリダ州の海岸に漂着した、全長約30メートルの巨大なタコの死骸。

北大西洋のバハマ諸島、バミューダ諸島沖にはブルーホールという海底洞くつがあり、超巨大ダコが生息するという。その死骸が1896年、フロリダ州サン・アウグスティンの海岸に漂着した。

死骸そばの砂からは、数本の触手も発見された。イエール大学の博士が調査し、オクトパス・ギガンテウスという学名がつけられた。さらに1971年、この死体標本をフロリダ大学の学者が検査し、タコであると確認した。

現在もブルーホール周辺海域では、漁師たちがおそれている、謎の巨大なタコのような生物が目撃されている。

DATA

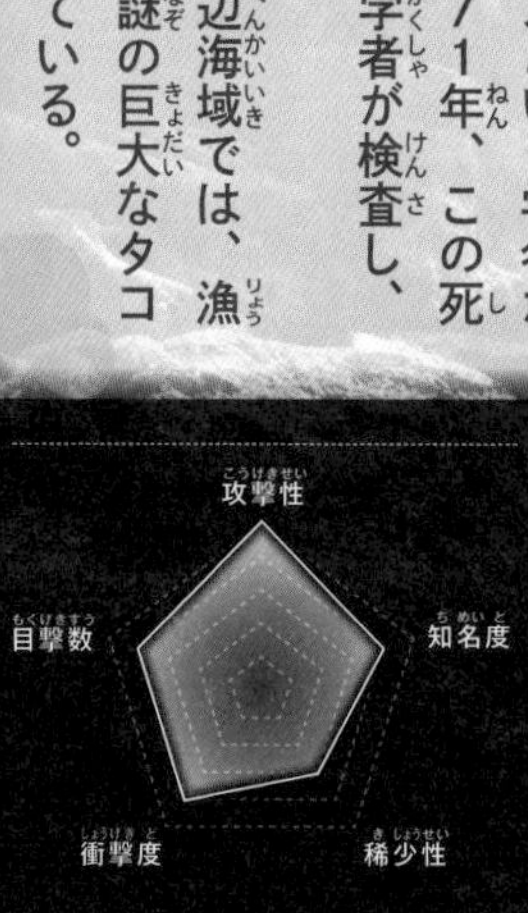

目撃地・生息地	アメリカ、フロリダ州
属性	漂着死体
初目撃	1896年
推定体長	約30メートル
見た目の特徴	体の色は白く、触手は数本あり、8メートルをこすものも。砂にまみれていたが、砂から出ているところは幅6メートル、高さ1.2メートル。

UMA FILE 184

グロテスクな漂着怪物の死骸

グロブスター

DATA

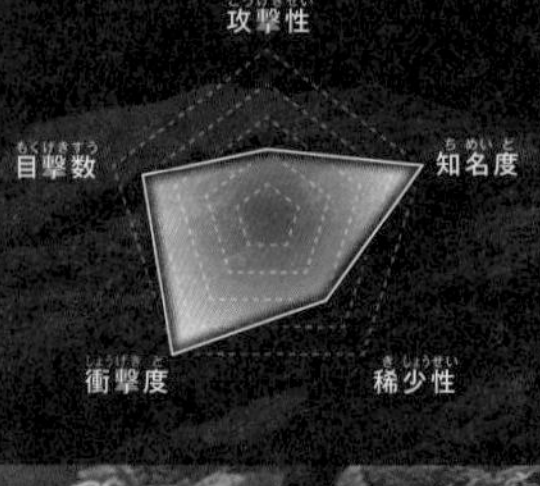

目撃地・生息地	世界各地の沿岸
属性	漂着死体
初目撃	1960年
推定体長	6～24メートル（確認されているもの）
見た目の特徴	体の色は白っぽい。体の表面は短い毛のような繊維質でおおわれ、多くは骨がない。また、コラーゲンのような脂肪でできている。

海岸にはときおり、生物の形をとらない肉のかたまりが漂着する。そんな謎の死骸の総称がグロブスター。「グロテスク（奇怪）・ブロブ（死体）・モンスター（怪物）」の意味で動物学者が名づけたものだ。

最初の発見は、1960年8月。オーストラリア、タスマニア島の西海岸に怪物体が漂着した。それは巨大な肉塊で、全体が短い毛でおおわれ、魚のエラのようなものがあったので生物と考えられた。

以後、多くのグロブスターが、世界各地の海岸で発見されることになる。おもな例をあげれば、

- 1968年、ニュージーランドのムリワイビーチに、全長24メートルのブヨブヨとした肉のかたまりが漂着。
- 2003年6月、チリのロスミエルモス海岸では、灰色で12メートルのゼラチン状のグロブスターが漂着。

また、南太平洋では、ダイバーが海底近くの岩のさけ目から、黒褐色のブヨブヨした生物を目撃したという。これは名前に矛盾が出るが、死んで漂着する前の「生きたグロブスター」なのかもしれない。

2003年6月にチリの海岸に漂着した肉のかたまり（↑）。1968年にニュージーランドに漂着したグロブスター（→）。

UMA FILE 185

クラーケン

深海からやってくる怪物イカ

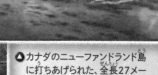

カナダのニューファンドランド島に打ちあげられた、全長27メートルの巨大イカ。

昔から船乗りにとってクラーケンは、マストに触手をからませ、船を転覆させる恐ろしい存在だった！

1752年、デンマークの聖職者が書いた『ノルウェー博物誌』をはじめ、昔から世界各地でおそれられてきた海の魔物クラーケン。何本もの触手をのばし、船や人間を海に引きずりこむ。その姿はイカやタコとして描かれてきた。いったい正体は何なのだろう。

現在、考えられているのはダイオウイカ説。深海にすむ全長20メートル近くになるイカだ。ただしダイオウイカは、クラーケンのような暴れ方はしない。

深海には、私たちがまだ知らない、どう猛な超巨大イカが存在するのかもしれない。

DATA

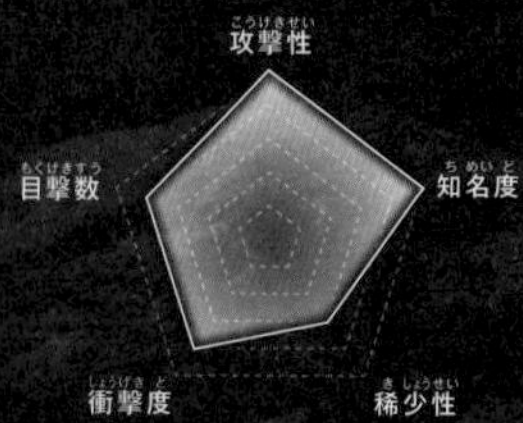

目撃地・生息地	世界各地の海
属性	怪生物
初目撃	古来
推定体長	20～60メートル
見た目の特徴	体の色は茶褐色。長さ15～20メートルの複数の触手（あし）をもち、ひとつ30センチにもなる吸盤がある。頭部の長さは10～15メートル。

UMA FILE 186

ブラッキー

黒海沿岸で目撃される謎の水棲獣

ブラッキーは、1700年代から伝説的に語りつがれ、黒海のバラクラバ湾を中心に目撃されている水棲獣だ。

2007年夏ごろから、ブラッキーは突然、目撃が多発するようになった。

そして、2012年9月には、ブラッキーが水面に突きだした体をくねらせて泳ぐ姿を写した写真が、初めて公開されたのだ。

ブラッキーの正体については、シーサーペント（244ページ）のようなUMAではないかと考えられている。

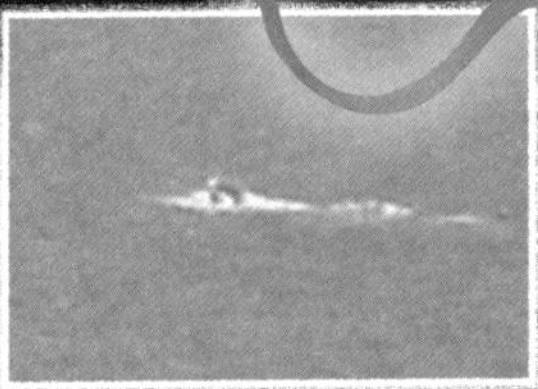

△2012年、海面から顔を出す姿が目撃された。

DATA

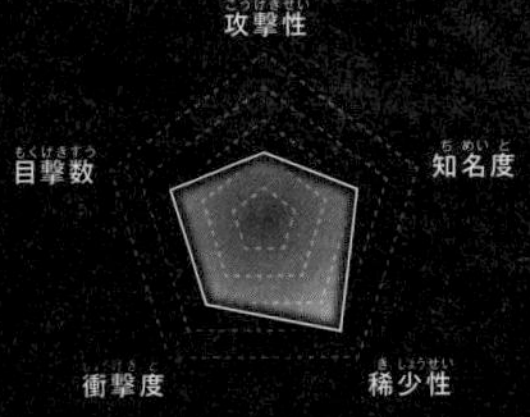

目撃地・生息地	黒海沿岸のバラクラバ湾
属性	水棲獣
初目撃	1700年代
推定体長	10～40メートル
見た目の特徴	体の色は白や銀色、暗い緑色など。ヘビのようとも、イルカのようなくちばしと歯があるともいう。

UMA FILE 187

グロテスクなロシアの人魚たち

アゾフ海のマーメイド

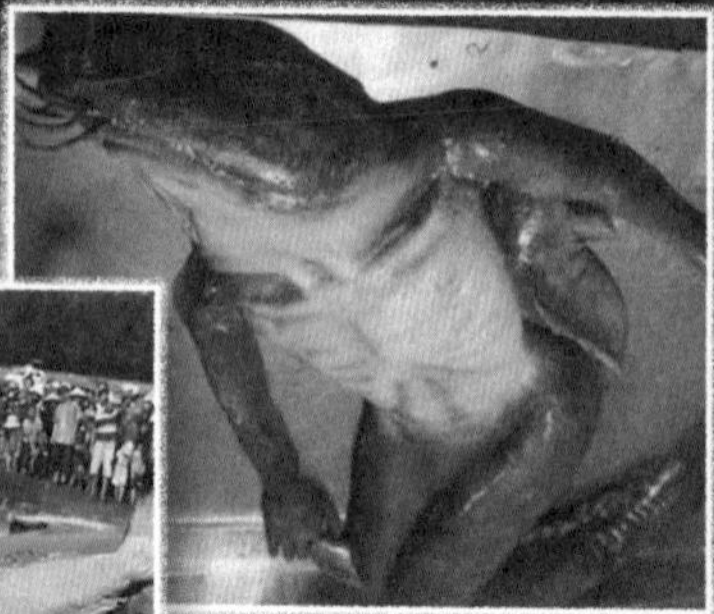

△2019年8月に捕獲されたマーメイド。顔はナマズのようで人間のような腕があった。

△詳細不明だが、アゾフ海で捕まえられたという大型のマーメイド。

2019年8月、ロストフ州タガンログの漁師が捕獲した怪生物の画像が2021年6月にネットにアップされた。それがアゾフ海のマーメイドだ。漁師は「人魚のようなものが釣れた」と大騒ぎしたが、陸あげされたとき、すでに息絶えていたという。

また、時期は不明だが、やはりアゾフ海で捕まえたという、別の大型のマーメイドUMAの画像もある。捕獲のとき、うめき声をあげ、眼球をぐるぐると回転させたという。なお、このマーメイドは漁師たちが食べたという。かなり美味だったそうだ。

DATA

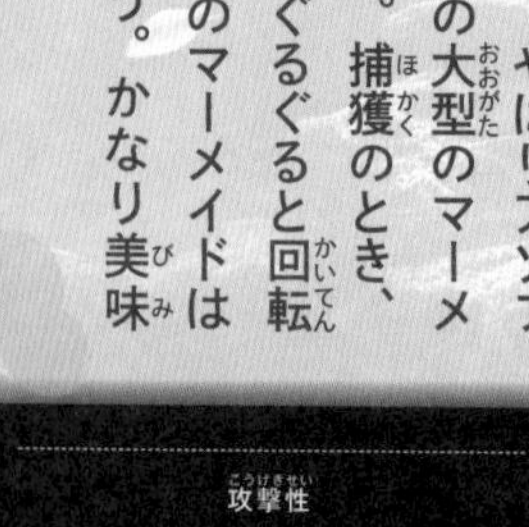

目撃地・生息地	ロシア、ロストフ州
属性	半魚人
初目撃	2019年
推定体長	約2メートル
見た目の特徴	頭部はナマズもどき。あごにはエラがあり、腹にはヘソがあるが雌雄は不明。長い腕には5本の指がある。尾は魚そのもの。

UMA FILE 188

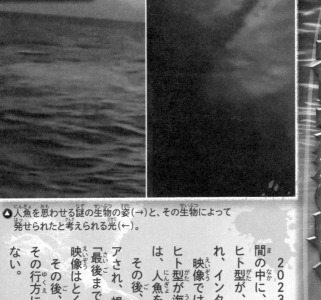

暗い海に光を放って泳ぐマーメイド

カリブ海の光る人魚

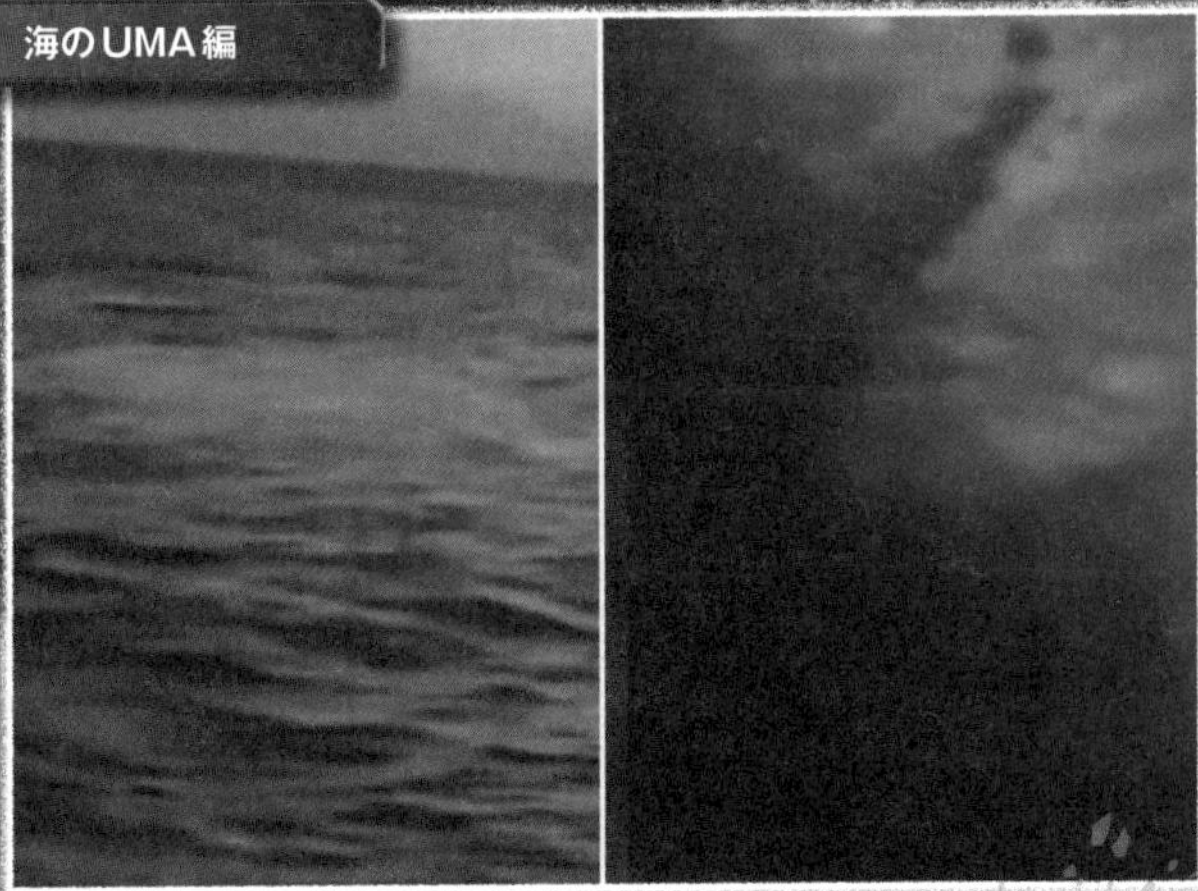

▲人魚を思わせる謎の生物の姿（→）と、その生物によって発せられたと考えられる光（←）。

2023年6月、アクアディア湾の波間の中に、光を放つようにうごめく黒いヒト型が、船上の漁師たちに動画撮影され、インターネット上に公開された。

映像では、上下にゆれながら泳ぐ黒いヒト型が海の中を移動していた。その姿は、人魚を思わせるものであった。

その後、この映像はTikTokで広くシェアされ、視聴者はこの3分間の映像を「最後まで見る」よううながされるが、映像はとくに何もなく終わっている。

その後、このヒト型がどうなったのか、その行方についての情報は伝えられていない。

DATA

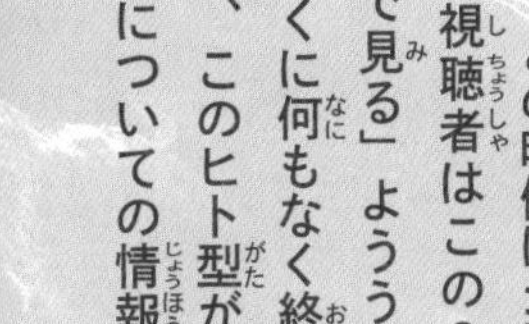

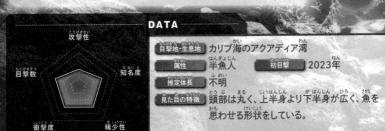

目撃地・生息地	カリブ海のアクアディア湾		
属性	半魚人	初目撃	2023年
推定体長	不明		
見た目の特徴	頭部は丸く、上半身より下半身が広く、魚を思わせる形状をしている。		

UMA FILE 189

エクスムーアの野獣

砂浜に打ちあがった猛獣の死骸

2009年1月、イギリスのエクスムーアの海岸に流れついた肉食獣のような生物の死骸。

2009年1月、イギリスのデボン州、エクスムーアのクロイデの砂浜に、体長1・5メートルほどの奇妙な生物の死骸が漂着した。

専門家によれば、シャチやアザラシのなかまの可能性が高いというが、手足、尾がついており、明らかにシャチやアザラシではない。一部の専門家によれば、イギリスでも目撃される、エイリアン・ビッグ・キャット（138ページ）ではないかという説もある。

しかし、残念なことに、この死骸の頭蓋骨が、何者かによってぬすまれてしまったので、正体は不明のままだ。

DATA

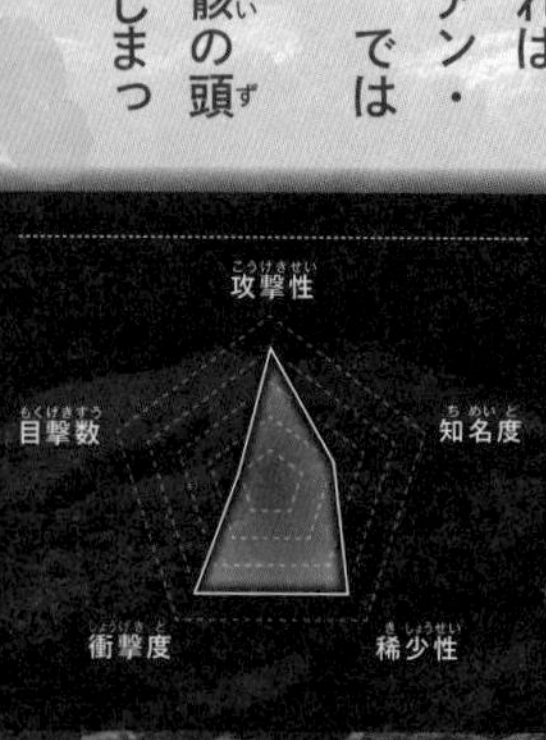

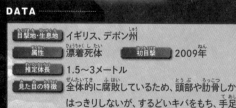

目撃地・生息地	イギリス、デボン州
属性	漂着死体
初目撃	2009年
推定体長	1.5〜3メートル
見た目の特徴	全体的に腐敗しているため、頭部や肋骨しかはっきりしないが、するどいキバをもち、手足のようなもの、尾も確認できる。

UMA FILE 190

毛無しグロブスター

アカプルコの漂着UMA

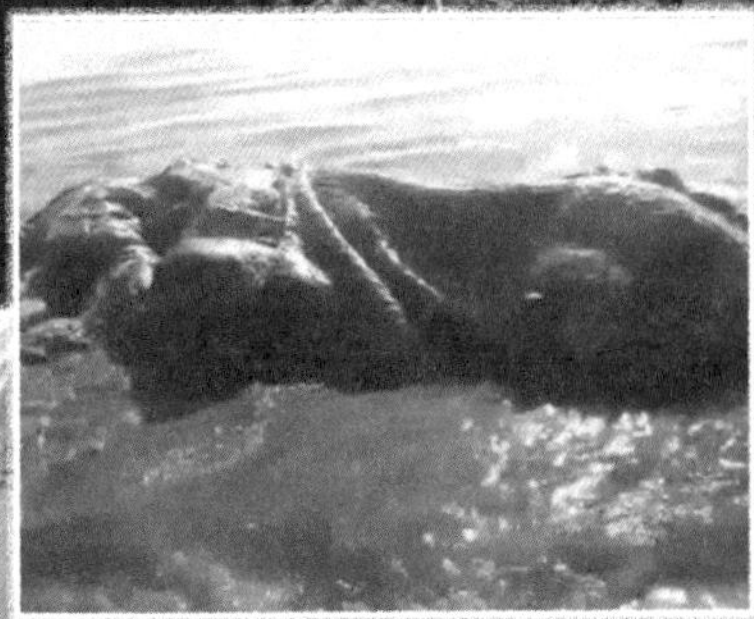

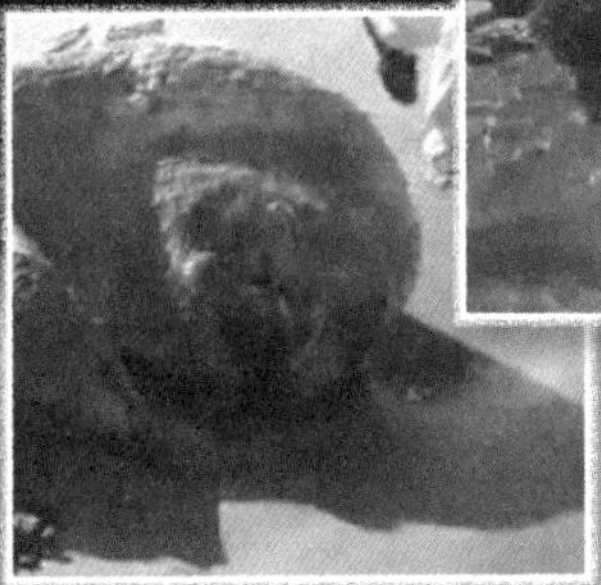

△2016年3月にメキシコの海岸に打ち上げられた、正体不明の深海生物らしき死骸。

△よく見ると、目、鼻、口のようなものがあることがわかる。

2016年3月、ゲレーロ州アカプルコのボンフィル海岸に、UMAの漂着死体が打ちあげられ、話題になった。

死骸を調査した生物学者によれば、発見当初は腐敗臭もほとんどなく、死後それほど時間がたっていないと見られたが、その後急速に腐敗しだした。

結局、正体についてははっきりせず、写真がネット上に公開されると、クジラ説やイルカ説、はたまた巨大なイカではないか、という人まで現れた。

全身をおおう毛などの特徴はないが、これもグロブスター（260ページ）の一種といっていいだろう。

DATA

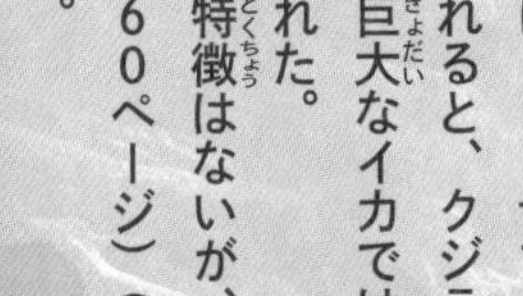

目撃地・生息地	メキシコ、ゲレーロ州
属性	漂着死体
初目撃	2016年
推定体長	約4メートル
見た目の特徴	体の色は青味がかった黒で、表面はクジラやイルカのようにツルツルしている。頭部は大きく丸みがあり、目、鼻、口がある。

UMA FILE 191

ビーチに漂着した古代海竜!?
ニュージーランドの漂着UMA

2013年に漂着した、海竜を思わせる謎の生物。

2013年4月、オークランド市南東部ケヘナビーチで、漂着した怪生物の死骸を散歩中の女性が発見、動画撮影した。

この動画が投稿サイトにアップされるや、たちまち世界中から「この怪物は何なんだ!?」と話題となった。

正体をめぐっては、ネット上では古代の海竜モササウルスではないかという意見があがった。また、当地の自然保護局では、歯の形状からシャチ説を否定している。

なお、海洋哺乳類専門家が分析およびDNA鑑定を行うと伝えられたが、その後の情報はない。

DATA

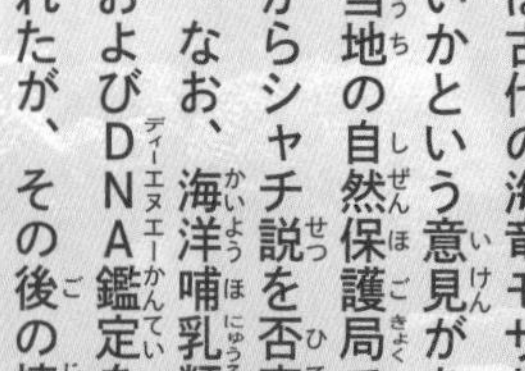

目撃地・生息地	ニュージーランド、オークランド市		
属性	漂着死体	初目撃	2013年
推定体長	約9メートル		
見た目の特徴	体の色は銀や灰色、大きな口にはするどい歯がある。ヒレのようなものもある。背にはトゲ状のたてがみのようなものがあるとも。		

UMA FILE 192

マービン

水中テレビカメラがとらえた怪物

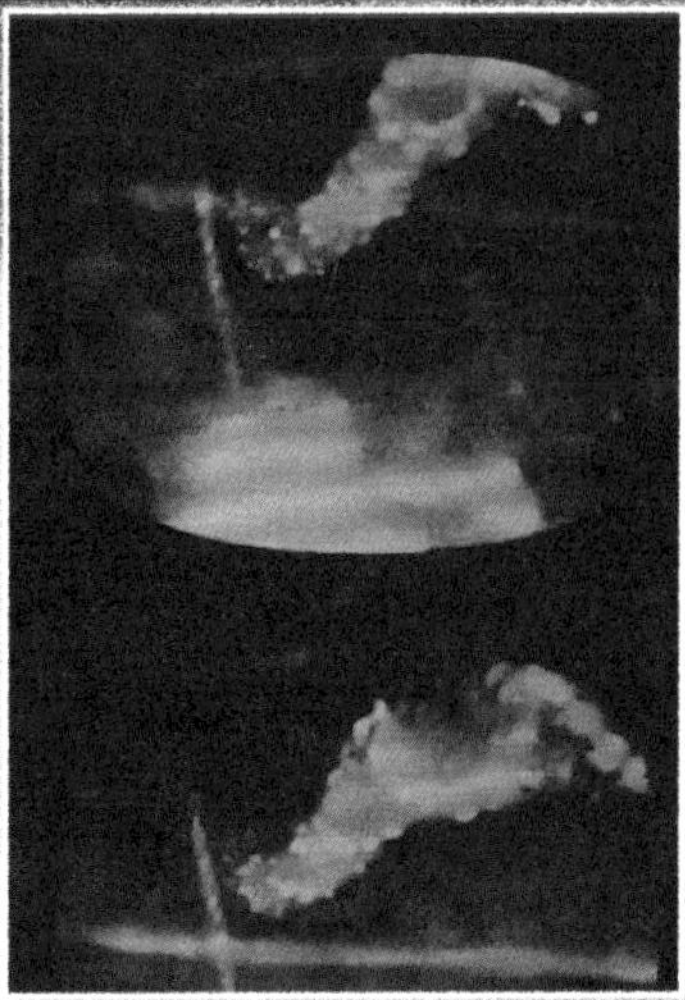

▶1967年10月に、カリフォルニア州のサンタバーバラ沖の海底の水中カメラがとらえた海獣。語りつがれるマービンではないかといわれている。

1967年10月、カリフォルニア州サンタバーバラで語りつがれる、大ウミヘビ型の怪獣マービンが映像に映った。油田開発会社が、海底掘削作業を水中テレビカメラで映しだしていた。そのモニター画面に、身をくねらせて泳ぐ、未知の生物が見えた。怪物は渦まくように身をくねらせ、沖の方へと姿を消した。

この映像が公開されると、その正体について地元のベテラン漁師はマービンではないか、と指摘した。ただし、マービンについて詳しい情報はなく、その姿が撮影されたのもこの1度だけ。その正体はおろか生態さえ、未知のままだ。

DATA

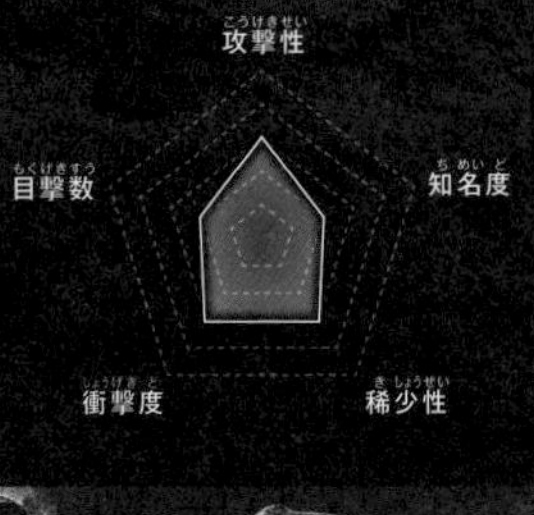

目撃地・生息地	アメリカ、カリフォルニア州
属性	水棲獣
初目撃	1967年
推定体長	約7メートル
見た目の特徴	体の色は半透明に見え、イボのついた筋が何重にも巻いてつながったような形状。頭部には目と口らしきものがある。

UMA FILE 193

2本の角をもつ神獣ドラゴンか？
スペインの漂着ドラゴン

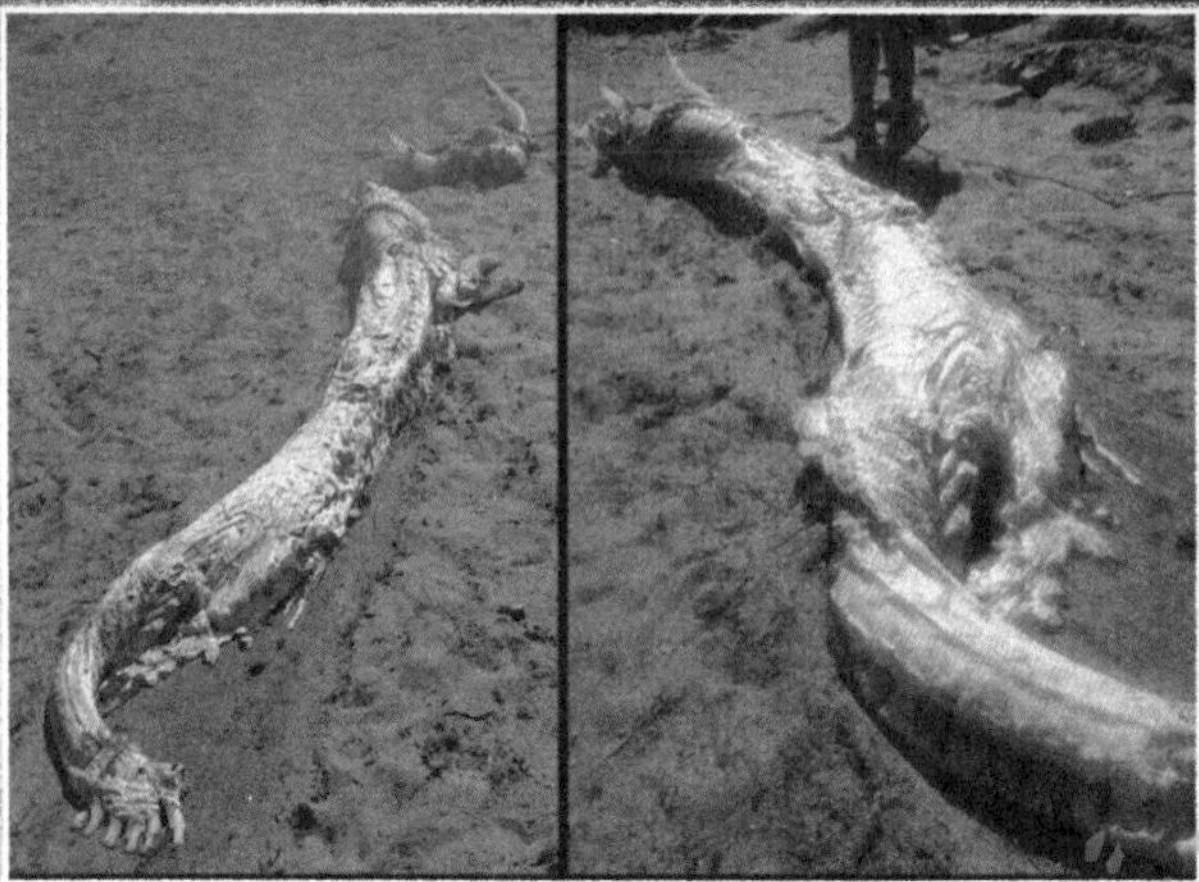

2013年8月にスペインのルイ・マレー海岸に打ちあげられた、ドラゴンを思わせる生物の死骸。

2013年8月、アンダルシア州ビジャリスコのルイ・マレー海岸に、巨大生物の死骸が漂着した。その姿は、まるで神獣ドラゴンを思わせるものだった。

これは、海岸を散歩中の女性が発見したもの。死骸はかなり腐敗していたものの、形状ははっきりしていた。とくに特徴的な頭部の2本の角は分析され、骨だと判明している。

正体については、深海魚やサメの突然変異説や、リュウグウノツカイ説も出たが、角が骨であることから当てはまらない。やはりドラゴンや、そのモデルとなった生物だったのだろうか？

DATA

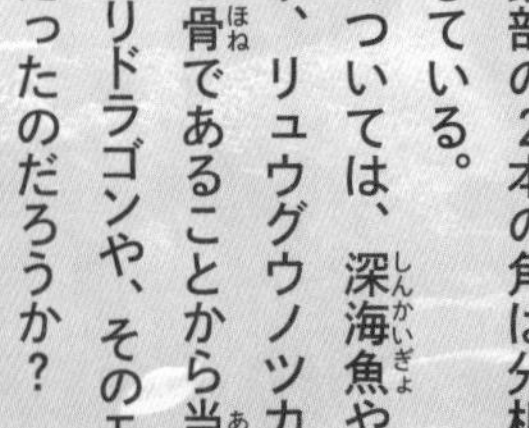

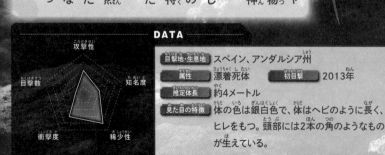

目撃地・生息地	スペイン、アンダルシア州
属性	漂着死体
初目撃	2013年
推定体長	約4メートル
見た目の特徴	体の色は銀白色で、体はヘビのように長く、ヒレをもつ。頭部には2本の角のようなものが生えている。

UMA FILE 194

オラン・イカン

オーストラリア近海の海棲人類

オラン・イカンは、マレーシア語でオラン（人間）、イカン（魚）、つまり人魚、半魚人を意味する。オーストラリアやインドネシアで目撃されるUMAだ。

1943年3月、マルク州ケイ諸島の島でオラン・イカンを、日本人兵士が見たという話がある。それは、オラン・イカンの親子がじゃれあう姿や、海面で泳ぐ姿だったという。

また、オーストラリアの海岸で撮られたというこの人魚の死体画像もネットにアップされている。

その正体は、海で進化した猿のような海棲人類説がある。

▲オラン・イカンの死骸といわれている画像。

DATA

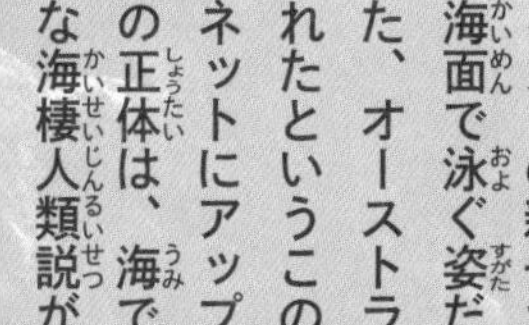

目撃地・生息地	インドネシア、マルク州、オーストラリアほか
属性	半魚人
初目撃	1943年
推定体長	約1.6メートル
見た目の特徴	体の色はピンクでぬめりがある。赤茶色の長い髪、広い額と低い鼻、コイのような口、小さい耳、手足の指の間には水かきをもつ。

UMA FILE 195

昔の報道から〝再発見〟されたUMA

ペルシア湾の大海竜

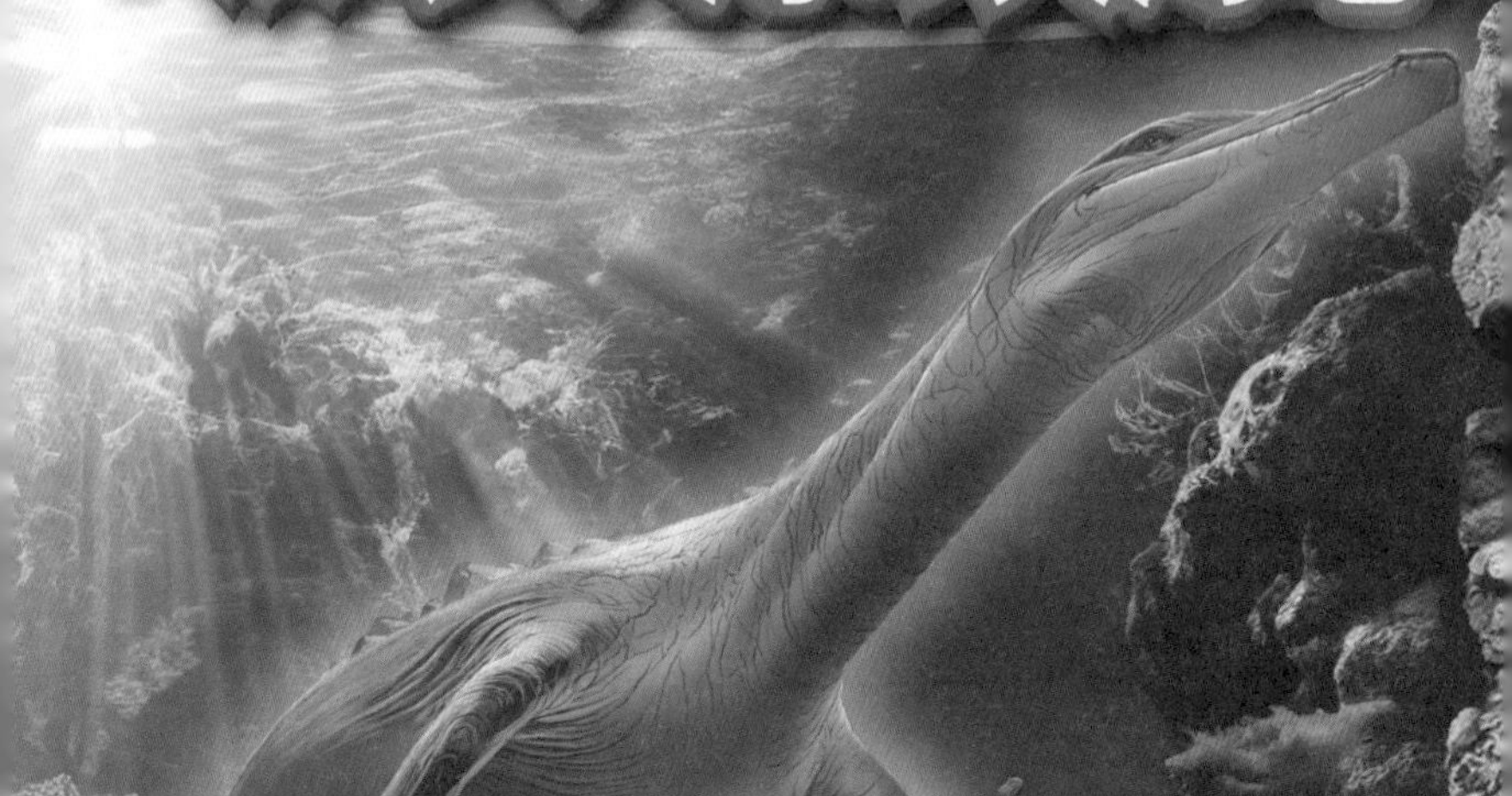

DATA

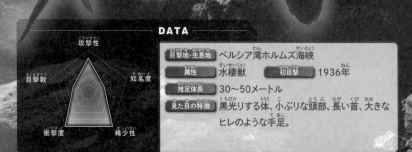

目撃地・生息地	ペルシア湾ホルムズ海峡
属性	水棲獣
初目撃	1936年
推定体長	30〜50メートル
見た目の特徴	黒光りする体、小ぶりな頭部、長い首、大きなヒレのような手足。

古い新聞を電子データにするデジタル化によって、〝再発見〟されたUMAがいる。ペルシア湾の大海竜だ。

1936年10月、イラクからフランスへ向かう小型旅客機の乗客が、ホルムズ海峡の湾上に巨大な影が出現しているのを目撃した。それはなんと、ヘビのような生き物だったのだ。乗客は幸運にも、手持ちのカメラでその姿を撮影することができた。

この怪物の写真は同年12月に発行された新聞紙面をかざった。写真は話題を呼んだものの、やがて起きた第二次世界大戦によって人々の記憶から忘れられてしまった。

そして84年後の2020年、新聞がデジタル化されたことにより、この怪物の写真が再注目されたというわけだ。

ところで、2013年7月、同じペルシア湾で謎めいた腐乱死体が発見されている。全長約15メートルで、形状は太古の恐竜や首長竜を思わせる。やはりペルシア湾には未知の生物が存在するのかもしれない。

1936年にペルシア湾で撮影された巨大海竜の姿。当時、新聞で報じられた(→)。
2013年にイラク軍が発見したペルシア湾の謎の巨大海竜の死骸(←)。

UMA FILE 196

腐敗したチュパカブラの死骸!?
サンディエゴ・モンスター

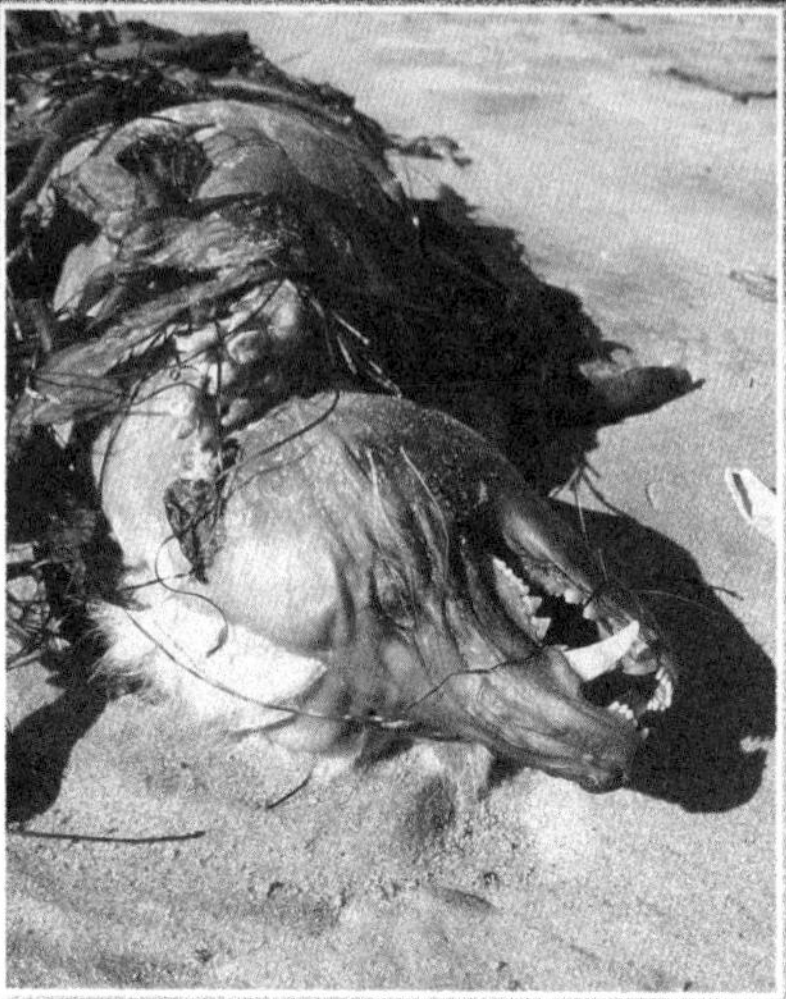

2012年2月、カリフォルニア州サンディエゴの海岸に漂着した不気味な生物の死骸。

2012年2月、カリフォルニア州サンディエゴの海岸に打ちあげられた、グロテスクな死骸の写真が公開された。

撮影者によれば、死骸は悪臭を放っていて、ハエがたかっていたそうだ。

ごく普通の動物の死骸が腐敗した結果、モンスターとされてしまう可能性がある一方で、作られたニセモノである可能性も視野に入れておかねばならない。

だが、撮影者はこの死骸が未知の生物の死骸だと信じているという。その正体は、チュパカブラ（134ページ）にちがいない、と。はたして、本当にそうなのだろうか。

DATA

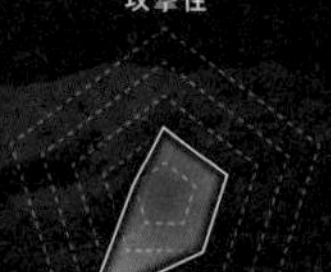

目撃地・生息地	アメリカ、カリフォルニア州		
属性	漂着死体	初目撃	2012年
推定体長	不明		
見た目の特徴	体の色は赤みがかっている。猛獣を思わせる頭部で、口からはみ出すほどの2本の大きなキバをもつ。		

UMA FILE 197

プテラノドンの頭部をもつ奇獣
ケープコッド・モンスター

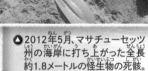

▲2012年5月、マサチューセッツ州の海岸に打ち上がった全長約1.8メートルの怪生物の死骸。

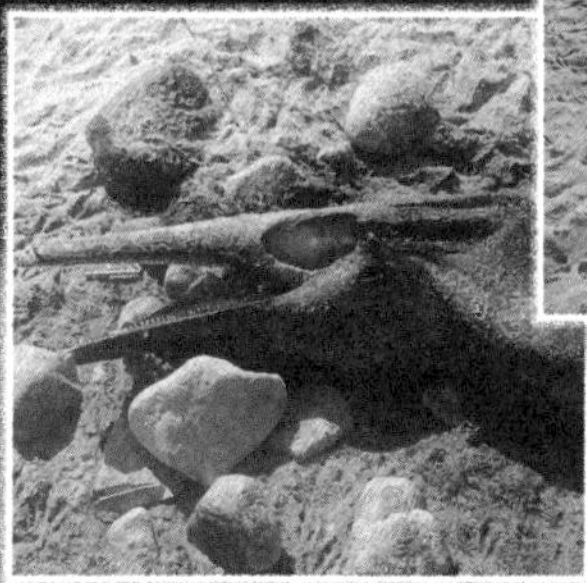

▲怪生物の頭部はまるで翼竜プテラノドンを思わせるものだった。

2012年5月、マサチューセッツ州のケープコッドの海岸に、怪生物の死骸が打ちあがった。その日の朝、海岸を歩いていた人物が発見し、撮影した。

怪生物の写真は未確認動物研究家が鑑定し、ミズウオの新種と推測した。しかし、ミズウオの口や頭部とは形がちがう。そのため「むしろ太古の翼竜プテラノドンを思わせる」と語った。

その後、研究家はDNA鑑定をしたいと発見者に提案したが、発見者はDNA鑑定に使えるものを残していなかったため、分析できなかった。はたしてこれは新種生物の発見だったのか？

DATA

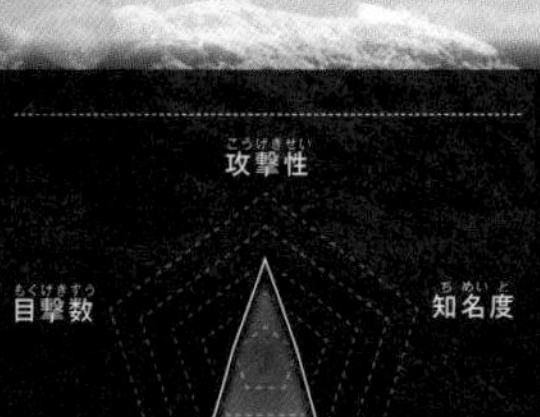

目撃地・生息地	アメリカ、マサチューセッツ州		
属性	漂着死体	初目撃	2012年
推定体長	約1.8メートル		
見た目の特徴	体の色は黒く、ウナギのような細長い体で、頭部は翼竜を思わせるとさかと、長くとがったくちばしをもつ。くちばしには小さな歯がある。		

UMA FILE 198

フロリダの水棲獣

水面に体を見せた巨大な筋肉質の怪物

△2022年9月、マナティとは明らかに違う、巨大な水棲獣が水面に姿を現した。

2022年9月、フロリダ州のインディアンリバー郡にある潟状水域で、ボートに乗っていた夫妻が撮影した奇妙な生物。

撮影者はボートの上から、うなり声をあげながら水面を移動する物体に遭遇。付近の水域ではめずらしくないマナティと思ったが、水牛のように筋肉質で明らかに違っていた。生物はすぐに水中に潜り姿を見せることはなかった。

映像はSNSに投稿され、話題を呼んだ。動物の専門家の中には、マナティ説を主張するものもいる。体長は同じくらいだが、見た目が違うので、その可能性は低いといわざるを得ない。

DATA

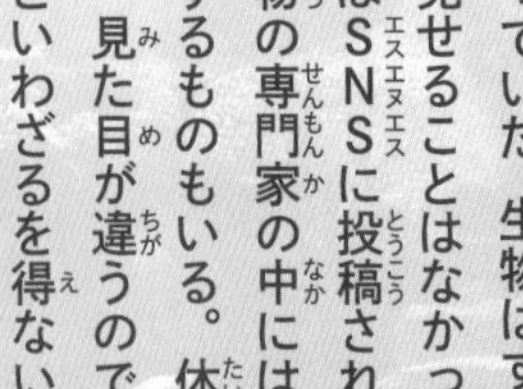

目撃地・生息地	アメリカ、フロリダ州
属性	水棲獣
初目撃	2022年
推定体長	3.6〜4.5メートル
見た目の特徴	全身には毛がなく、頭も手足もはっきりとはわからない。見方によっては巨大なクマもしくは水牛のようにも見える。

UMA FILE 199

マーマン

半魚人型都市伝説UMA出現

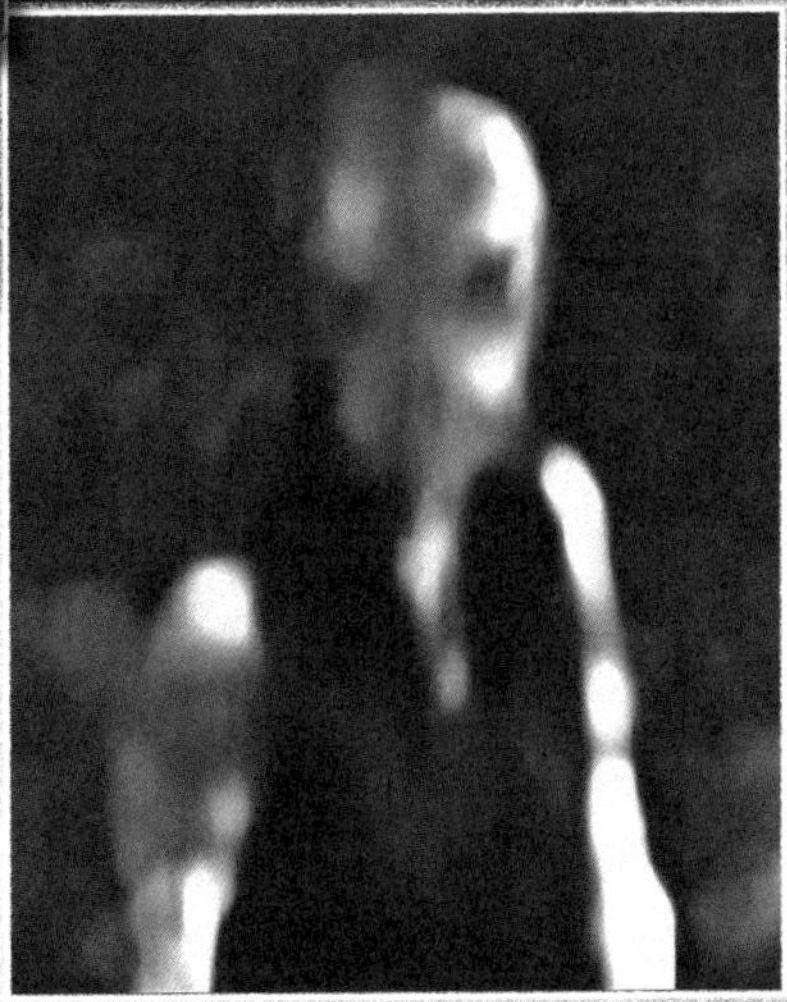

2021年12月、イギリスの海岸の岩場に出現した水棲UMA。半魚人の一種だろうか?

マーマンは、デヴォンシャー州トーキー、ホープスノーズの海岸の岩場に出現する水棲UMA。地元では古くから都市伝説的に語られてきた存在だ。

2021年12月、崖の上から風景を撮っていた人物が、眼下に見える岩の上で魚を食べていたマーマンに気づき、シャッターを切った。マーマンも撮影者に気づき、魚を放りだすと、シューッと叫び威嚇した。さらに拳をあげて、おそいかかってきそうだったが、すぐに海に向かって走り姿を消したという。

ごくたまに海岸に姿を現すが、その生態も正体もふくめ謎めいたUMAである。

DATA

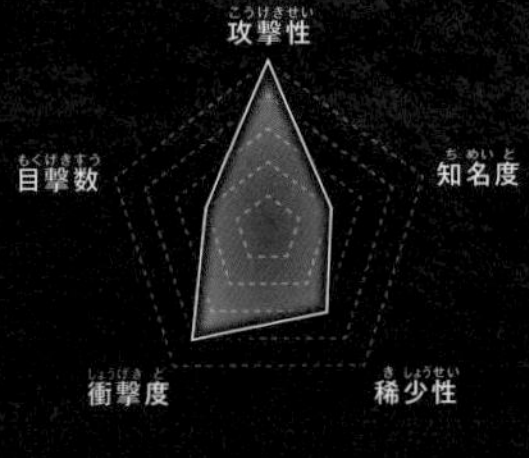

目撃地・生息地	イギリス、デヴォンシャー州
属性	都市伝説
初目撃	2021年
推定体長	不明
見た目の特徴	体の色は灰色で、黒い服を着ている。丸みのある頭部に、黒くて丸い大きな目をしている。

打ちあげられた謎の水棲小型犬

モントーク・モンスター

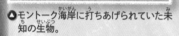

△モントーク海岸に打ちあげられていた未知の生物。

2008年7月、ニューヨーク州のモントーク海岸に、小型犬サイズの、未知の生物の死骸が打ちあげられた。

この死骸を写真で見るかぎり、地球上のどの生物にも分類できなかった。そのため、正体をめぐって、DNA操作で作りだされた生物説、アメリカ軍が極秘開発した生物兵器説と、さまざまな説が飛びだした。

ところが、かんじんの死骸がじゅうぶんな調査がなされないまま砂浜に放置され、数日後には行方不明に。波にさらわれたのか、何者かがひそかに回収したのか。

DATA

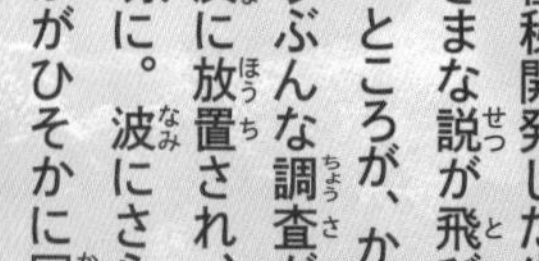

目撃地・生息地	アメリカ、ニューヨーク州
属性	漂着死体
初目撃	2008年
推定体長	不明
見た目の特徴	体の色は赤褐色で、全身に毛はない。イヌもしくはアライグマのような顔で、口にはするどいキバがある。

未知の巨大UMAのような既知の生物たち②

仰天！巨大化する生き物～海・川編～

陸上の生き物は体重を自分の体で支えるため、その大きさには限界がある。しかし、わたしたちがお風呂の中では体が軽く感じるように、水中の生き物は自分で体重を支える必要がない。そのため、地上の生き物より体が大きくなる傾向がある。ときには常識外れに巨大になることもあるようだ。

COLUMN

大きさ2倍以上の巨大マンタ

1933年8月、アメリカ、ニュージャージー州のブリール沖で捕獲されたエイのなかま、マンタはケタ外れの大きさだった。

ふつうのマンタは、横幅は平均2～3メートルほどの大きさだが、その倍以上もあったのだ。しかも、この海では、捕獲こそされていないものの、もっと巨大な種が目撃されている。最大ともなると、どれほどになるのだろうか？

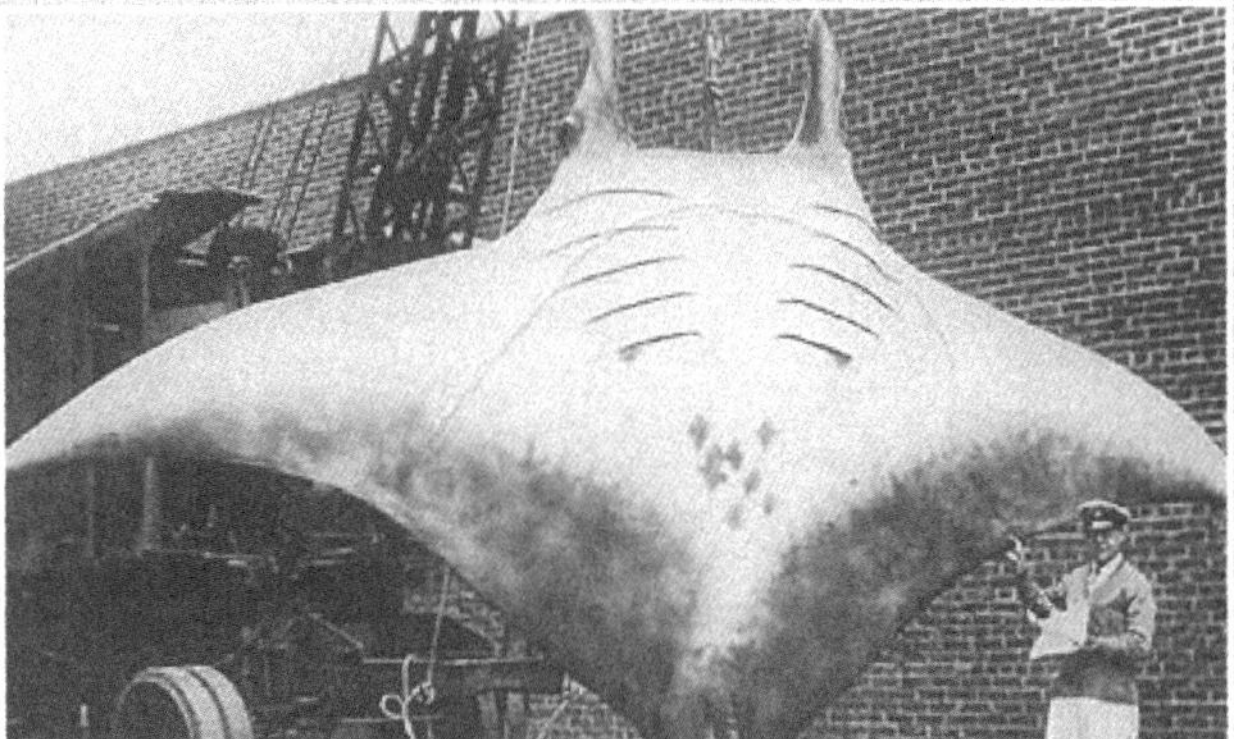

△1933年にアメリカで捕獲された巨大マンタ。ふつう、横幅の平均が2～3メートルのところ、このマンタは6メートル、体重は2.2トンだった。

COLUMN

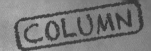

天変地異の前兆!? 巨大リュウグウノツカイ

もうひとつ海の規格外の巨大化生物を紹介しよう。それがリュウグウノツカイだ。硬骨魚類では世界最長で、タチウオのような銀白色で細長い体が特徴だ。ふだんはインド洋から太平洋にかけての水深200メートル以上深海にひそむ。そのため、滅多に目にすることはないのだが――じつはリュウグウノツカイが打ちあげられると、天変地異の前ぶれ、などとうわさされることも多い魚なのだ。ふつうのリュウグウノツカイの体長は約3メートルだが、これまで最大で全長11メートル、体重272キロサイズのものが見つかっている。

△1973年に東南アジアのメコン川で、アメリカ兵によって捕獲されたリュウグウノツカイ。そのサイズは全長7.8メートルにもおよんだ。

謎の巨大化をとげたサケ

巨大生物は海だけではなく、河川でも見つかっている。

2008年11月、アメリカ、カリフォルニア州のバトルクリーク川では、巨大なサケが捕獲された。サケの成魚の平均サイズは70〜80センチ、まれに90センチのものが見つかる。しかし、このとき捕獲されたサケは全長120センチ、重さ約39キロもあったのだ。

捕まえたのは生物学者のドン・キラム博士。長年、サケの生体を研究してきた人物だが、彼をして「これほど巨大化したサケを見たのは初めてだ」という。博士は現在、巨大化の原因を研究中だという。

▶カリフォルニア州で捕獲され、ドン・キラム博士に「ただただ驚くばかり」といわせた巨大サケ。

世界記録更新のナマズ

タイのメコン川で、2005年5月、世界記録を更新するナマズが捕獲され、話題になった。

全長60センチほどがナマズの平均サイズだが、このとき見つかったナマズの大きさはなんと、約2.7メートル、体重は293キロ、胴回りは2メートルだったのだ。

海や河川には、私たちの考えもおよばない巨大化生物が潜んでいる可能性がある。しかし、なぜこうも巨大化していくのか？　水中だから巨大化できるとはいえ、ここまで巨大化する理由はいまだ解明されていない。

◀世界記録を更新したメコン川の超巨大ナマズ。

五十音順UMAさくいん

ア行

カ行

サ行

タ行

ナ行

五十音順UMAさくいん

ハ行

マ行

ヤ・ラ・ワ行

監修 並木伸一郎【プロフィール】

1947年生まれ。早稲田大学卒・NTT勤務ののち、奇現象、特にUFO・UMA問題の調査・研究に専念。海外の研究家とも交流が深く、雑誌、テレビなど幅広く活動している。ポルトガルICER日本代表、日本宇宙現象研究会を主宰。著書および監修書に『未確認動物UMA大全』(学研パブリッシング)「ほんとうにあった!? 世界の超ミステリー」シリーズ全10巻(ポプラ社)など多数。
YouTubeNamiki Mystery Channel「並木ミステリーCH」発信中。

文 こざきゆう【プロフィール】

児童書中心のライター&作家。伝記・学習漫画の原作、読み物のほか、動物、歴史など雑学ジャンルで執筆。UMA関連の本には、「ほんとうにあった!? 世界の超ミステリー」シリーズ全10巻(ポプラ社)、『おはなしミステリードリル　未知生物事件ファイル』、『がんばるUMA事典』、『ムー公式 実践・超不思議生物捕獲マニュアル』や一部執筆参加の『地球の歩き方 ムー　異世界(パラレルワールド)の歩き方』(以上、Gakken)などがある。

【参考文献】

『増補版　未確認動物UMA大全』――(並木伸一郎・著／学研パブリッシング・刊)
『決定版　未確認動物UMA生態図鑑』――(並木伸一郎・著／学研プラス・刊)
『決定版　最強のUMA図鑑』――(並木伸一郎・著／学研パブリッシング・刊)
『ムー認定　世界の超常生物ミステリー』――(並木伸一郎・著／学研パブリッシング・刊)
『ムー的未確認モンスター怪奇譚』――(並木伸一郎・著／学研プラス・刊)
『知ってびっくり!　世界のなぞ・ふしぎ物語』――(並木伸一郎・監修／学研プラス・刊)
『未確認動物UMAの謎と真実』――(学研プラス・刊)
『スーパーUMA目撃ファイル2010』――(並木伸一郎・著／竹書房・刊)
『新・世界驚愕ミステリー99』――(並木伸一郎・著／双葉社・刊)
『世界UMAショック』――(並木伸一郎・著／マガジンランド・刊)
『ISC NEWSLETTER』――(INTERNATIONNAL SOCIETY OF CRYPTOZOOLOGY)
『増補改訂版　日本の妖怪の謎と不思議』――(学研パブリッシング・刊)
『未確認動物UMAの謎』――(並木伸一郎・著／学研プラス・刊)
『戦慄!!呪いの都市伝説モンスター』――(並木伸一郎・監修／講談社・刊)

■監　　修　並木伸一郎
■　文　　こざきゆう
■イラスト　合間太郎、anco、石丸 純、黒田アサキ、児玉智則
■デザイン　KnD WORKS

シン・世界の超ミステリー
未確認動物UMA超図鑑

発　　行　2024年7月　第1刷
　　　　　2024年8月　第2刷

発 行 者　加藤裕樹
編　　集　大塚訓章
発 行 所　株式会社ポプラ社
　　　　　〒141-8210　東京都品川区西五反田3-5-8　JR目黒MARCビル12階
　　　　　ホームページ　www.poplar.co.jp

印刷・製本　中央精版印刷株式会社

ISBN978-4-591-17598-9　N.D.C.147　287P　19cm　Printed in Japan